・郵送申込みは、必ず「**簡易書留郵便**」扱いとし、郵便局の**窓口**から全国社会保険労務士会連合会試験センターへ郵送する（郵便ポストへの投函は不可）。受験手数料15,000円（払込手数料313円は受験申込者負担）は、受験案内書同封の専用の払込用紙を使用して、必ず**郵便局・ゆうちょ銀行の窓口**から納付する。5月31日消印有効。

6．郵送による受験案内等の入手手順

受験案内の請求受付けは3月上旬より、発送は4月中旬以降（官報公示後）。

1．準備するもの

①封筒：角形2号（A4判が折らずに入る大きさ：縦332mm×横240mm）を1通、長形3号（縦235mm×横120mm）を1通

②切手：84円分・140円分。

2．返信用封筒――上記1の角形2号を返信用とし、140円分（速達は400円）の切手を貼付して、受験案内請求者（以下、「請求者」という）の①郵便番号、②住所、③氏名を記入する（マンション・アパート名、部屋番号など詳細に正しく記入のこと）。

3．往信用封筒――上記1の長形3号を往信用とし、84円分の切手を貼付して、試験センターの宛名、請求者（差出人）の①郵便番号、②住所、③氏名を記入。なお、必ず往信用封筒の表面に「**受験案内 請求**」と赤い文字で記入する（書類送付状や受験案内請求の文書等を同封する必要はない。）。

4．封筒の送付――上記2の返信用封筒を折りたたみ、3の往信用封筒に入れて送付（投函）する。

（注）電話、FAX、試験センター窓口、各都道府県社会保険労務士会の窓口での請求は受け付けない。

7．合格者の発表

10月4日（水）に厚生労働省ホームページ及び試験オフィシャルサイトに合格者受験番号が掲載される。合格証書は10月16日（月）発送。10月下旬に官報に合格者受験番号が公告される。

8．受験資格――短期大学卒業以上又は行政書士試験合格者等（次頁受験資格表参照）。

9．受験申込書請求先、受験申込書提出先及び受験に関するお問い合わせ

全国社会保険労務士会連合会 試験センター

〒103-8347 東京都中央区日本橋本石町3-2-12 社会保険労務士会館5階

電　話：03-6225-4880

受付時間　土日・祝日・年末年始を除く：9時30分～17時30分

ＦＡＸ：03-6225-4883（受付時間24時間 …先を明記のこと。）

試験センターホームページ（https://ww…en.or.jp）

検索→ 社会保険労務士試…

受験資格の概要（詳しくは、試験センターにお問い合せ、ご確認ください。）

受験資格	
⑴　学校教育法による大学、短期大学、専門職大学、専門職短期大学若しくは高等専門学校（５年制）を卒業した者又は専門職大学の前期課程を修了した者（専攻の学部学科は問わない）	⑼　国又は地方公共団体の公務員として行政事務に従事した期間及び行政執行法人（旧特定独立行政法人）、特定地方独立行政法人又は日本郵政公社※の役員又は職員として行政事務に相当する事務に従事した期間が通算して３年以上になる者 ※民営化後の従事期間とは通算できない。 全国健康保険協会、日本年金機構の役員（非常勤の者を除く）又は従業者として社会保険諸法令の実施事務に従事した期間が通算３年以上になる者（社会保険庁の職員として行政事務に従事した期間を含む）。
⑵　上記の大学（短期大学を除く）において、62単位以上を修得した者又は一般教養科目と専門教育科目等との区分けをしているものにおいて一般教養科目36単位以上を修得し、かつ、専門教育科目等の単位を加えて合計48単位以上の卒業要件単位を修得した者	
⑶　旧高等学校令による高等学校高等科、旧大学令による大学予科又は旧専門学校令による専門学校を卒業し、又は修了した者	⑽　行政書士となる資格を有する者
⑷　前記⑴又は⑶に掲げる学校等以外で、厚生労働大臣が認めた学校等を卒業し又は所定の課程を修了した者	⑾　社会保険労務士若しくは社会保険労務士法人又は弁護士若しくは弁護士法人の業務の補助の事務に従事した期間が通算して３年以上になる者
⑸　修業年限が２年以上で、かつ、課程の修了に必要な総授業時間数が1,700時間（62単位）以上の専修学校の専門課程を修了した者	⑿　労働組合の役員として労働組合の業務に専ら従事（いわゆる「専従」という）した期間が通算して３年以上になる者又は会社その他の法人（法人でない社団又は財団を含み、労働組合を除く。以下「法人等」という）の役員として労務を担当した期間が通算して３年以上になる者
⑹　社会保険労務士試験以外の国家試験のうち厚生労働大臣が認めた国家試験に合格した者※主なもの下記欄外参照	
⑺　司法試験予備試験、旧法による司法試験第一次試験、旧司法試験第一次試験又は高等試験予備試験に合格した者	⒀　労働組合の職員又は法人等若しくは事業を営む個人の従業者として労働社会保険諸法令に関する事務に従事した期間が通算して３年以上になる者
⑻　労働社会保険諸法令の規定に基づいて設立された法人の役員（非常勤の者を除く）又は従業者として同法令の実施事務に従事した期間が通算して３年以上になる者	⒁　全国社会保険労務士会連合会において、個別の受験資格審査により、学校教育法に定める短期大学を卒業した者と同等以上の学力があると認められる者

※　⑹の「厚生労働大臣が認めた国家試験に合格した者」のうち主なものは次のとおり。
国家公務員採用総合職試験並びに一般職大卒程度試験、一般職高卒者試験（事務に限る）及び一般職社会人試験（事務に限る）（旧国家公務員採用Ⅰ種～Ⅲ種（行政事務及び税務に限る）試験並びに旧国家公務員採用上級（甲種・乙種）、中級及び初級（行政事務及び税務に限る）試験を含む）、労働基準監督官採用試験、公認会計士試験（旧第２次試験を含む）、不動産鑑定士試験（旧第２次試験を含む）、弁理士試験、税理士試験、１級建築士試験、司法書士試験、土地家屋調査士試験、気象予報士試験、中小企業診断士試験（旧中小企業診断士試験を含む）他。

ごうかく社労士 まる覚え一問一答 2024年版

労務経理ゼミナール 代表
秋保雅男――監著
労務経理ゼミナール［共著］

中央経済グループパブリッシング

はしがき

社労士試験では基本的事項が出題されています。しかし基本的事項というのは、なかなか頭に入りにくいものです。例えば労働基準法26条の「休業手当」は、全科目で賃金としての扱いを受けます。ところが似たような規定の同法76条の「休業補償」は、業務災害について使用者責任を定めた規定であり、賃金ではありません。賃金といえるためには、使用者から“労働の対償”として支払われるものでなくてはなりません。休業補償はあくまで災害補償の性格ですから、賃金とならないのです。このような重要かつ基本的な事項が繰り返し出題されているのに、皆なかなか正解できずにいるのです。

本書は短文の短答式問題集です。一問一問の解答時間は30秒から1分ぐらいでしょうか。小間切れ時間の活用に最適です。問題を読んでまず正誤を判断し、隣にある解説・解答ですぐ確認します。この繰り返しにより短時間で効果的に基本的事項が身についてきます。

以前、私の教室で、まだ原稿の段階の本書の問題を受講生に解いてもらったところ、実力向上がめざましく、多くの方が合格しました。合格の要因をききますと、ほとんどの方が本書の基となった“一問一答”が良かった、と答えていました。

そこでその原稿に改正点などを加え、誕生したのが『うかるぞ社労士一問一答』です。中央経済グループパブリッシングのご厚意により、2021年度から『ごうかく社労士』シリーズとして復活しました。本書を十分に活用し、「ごうかく社労士基本テキスト」の該当頁もあわせて熟読して基礎力を身につけ、次の段階の過去問題や予想問題へ移ります。

これらを併用し、ぜひとも2024年度の社労士試験の合格奪取を実現されることを心から祈ります。

2024年2月　　　　　　　　監修・著者　秋保　雅男

秋保雅男

ＲＫＺ（労務経理
ゼミナール）
代表取締役
社会保険労務士

40年超の講師歴、２万時間超の講義時間数が数多くの合格者達を輩出。
有名社労士講師として、TAC、LEC、朝日カルチャーセンター、産能大学、早稲田大学、労務経理ゼミナール等で企業研修担当講師や、社労士試験等の受験指導講師を歴任。各科目の趣旨、仕組み、考え方等全てを明解に、分かりやすく、面白く講義する。日本のフーズ・フー（Who's who）といわれる明治22年刊行の㈱交詢社出版局の「日本紳士録」に、平成4年から掲載。興信データ㈱の第42版「人事興信録」等の日本のほとんどの現代人名辞典に掲載。平成30年、社労士制度50周年の記念行事の一環で全国社会保険労務士会連合会より表彰。

（Facebook、Twitter 検索）
「社労士受験の秋保雅男」

（主な著書）
「うかるぞ社労士基本テキスト」他、うかるぞ社労士シリーズの監修（週刊住宅新聞社）、「ごうかく社労士基本テキスト」他、ごうかく社労士シリーズの監修（中央経済グループパブリッシング）、「年金のもらい方」（東洋経済新報社）、「年金Q&A680」（税務経理協会）、「労務管理ノウハウ（上・下）」（税務経理協会）他著書等50冊超となっている。

松本幹夫

ＲＫＺ（労務経理
ゼミナール）講師
社会保険労務士

昭和22年9月17日東京生まれ。
昭和45年4月日本大学法学部法律学科卒業。大手印刷会社の営業、生産管理、総務を経験、平成4年社会保険労務士試験合格後独立。現在、㈱労務経理ゼミナール所属松本労務管理事務所代表。

（主な著書）
「ごうかく社労士基本テキスト」（共著）（中央経済グループパブリッシング）、「ごうかく社労士まる覚え一問一答」（共著）（中央経済グループパブリッシング）、「過去問セレクト550」（税務経理協会）

古川飛祐

ＲＫＺ（労務経理
ゼミナール）講師
社会保険労務士

古川労務管理事務所（労働保険事務組合八幡共栄会併設）で29年間の実務経験がある。社労士試験をトップクラスで合格し、㈱労務経理ゼミナール、早稲田大学エクステンションセンター講師を歴任。受験生から高い信頼を得ている。

（主な著書）
「ごうかく社労士まる覚えサブノート」（共著）中央経済グループパブリッシング、「秋保雅男の社労士試験最短最速合格法」（共著）日本実業出版社、「社労士年金ズバッと解法」秀和システム、「法務教科書マイナンバー実務検定1級合格ガイド」翔泳社、「やさしくわかる社労士業務便覧」税務経理協会

まる覚え 一問一答――CONTENTS

Chapter 4 雇用保険法

Chapter 5 労働保険の保険料の徴収等に関する法律

Chapter 6 健康保険法

Chapter 7 国民年金法

Chapter 8 厚生年金保険法

本文イラスト：高世えり子

本書の特長

問題を解き、すぐに解説を読むことによって、知識の定着を確認し、基本事項をマスターするのがねらいです。

また、下記のアイテムが、学習を手助けします。

アドバイス

わたしが、科目の紹介や出題傾向、攻略法などをアドバイスします。

ポイント

設問に関連した、用語や基本事項を分かりやすく説明、また本試験の出題例なども掲載。

知っトク知識

直接試験には出ませんが、受験対策上知っておいた方がよいと思われる豆知識、こぼれ話、覚え方、考え方などを紹介しています。

気分転換を兼ね、気軽に読んでいただければと思います。

参照ページ ご

『ごうかく社労士 基本テキスト』の参照ページを「ご」として掲載。分からないところや間違えたところは、「基本テキスト」に戻ってすぐ確認！　基本テキストの学習進度に合わせた学習ができます。

労務経理ゼミナール代表 **秋保雅男**

最近の出題傾向と対策

基本書を一度や二度読んだだけでは、過去問題を解いてみても、なかなか解けるものではありません。知識が定着しておらず、基本が身についていないからです。本書は「ごうかく社労士速習！入門」や「ごうかく社労士基本テキスト」から「ごうかく社労士基本問題集〔過去＆予想〕」へ移行する橋渡しとして、一問一答の形式とすることにより、基本事項のマスターをねらったものです。例えば、平均賃金について問われても正解できない方がたくさんいます。基本的事項は重要かつ難解であり、繰り返し学習が必要です。

社労士試験は、基本事項だけで６割～７割を得点できますから、基礎知識のマスターは合格圏への最短距離となるでしょう。基礎知識で確実に得点できる問題を落とさないようにすることが合格の第一条件であり、万一難問が出題されても、それは他の人も全員苦しんでいるな、と思い、冷静に解答してください。

本書の問題は、いわゆる短答式であり、択一式問題と異なり消去法による解答が使えません。一問ずつ○×を判定していきますので、正確な知識が要求されます。ですから実力がつくのです。

本書は、全科目にわたり必要な基本事項を網羅しています。また本書に掲載した「ごうかく社労士基本テキスト」の該当頁（ごで表示）を読み込むようにすると、基本事項の確認に加え、応用力もつき、より効果的です。

以下、各科目別に簡潔に最近の出題傾向と対策を説明します。

❶ 労働基準法

令和５年の選択式では、「消滅時効」について問われました。また、年次有給休暇や労働時間の判例も出題されました。判例は答えにくいものですが、その分、労働安全衛生法で得点すればよい構成になっていました。

❷ 労働安全衛生法

安衛法は労基法以上に難易度にばらつきが多い科目ですから、基本的事項が出題されたら確実に得点しなくてはなりません。とにかく安衛法は、「継続事業」と「建設現場」における安全衛生管理体制について、完全にマスターしてください。

令和５年の選択式は、「重量表示」と、伝染性の疾病の場合の就業禁止からの出題でした。いずれも、最も基本的な語句が問われました。

❸ 労働者災害補償保険法

標準的な出題が続いていますが、平成25年の選択式などのように、超難問が出題されることがあります。一般的には、基本事項を応用力まで完全に身につけるために、“基本書＋問題慣れ”によって得点力を身につけます。法令全体からバランスよく出題されているので、準備しやすい科目といえます。

近年、労災保険法は難問がよく出題されますから、応用力をつけるよう反復学習を徹底してください。

❹ 雇用保険法

日雇労働者関係が、平成23～25年・27年・29年・令和５年と頻繁に出題されています。日雇労働者の定義は必ず覚えておきましょう。

令和５年の選択式では、ほかに技能習得手当、基本手当（受給期間の延長）が出題されました。

難しい問題が含まれていることがありますが、まず用語を覚えるようにしてください。

5 労働保険の保険料の徴収等に関する法律

労災・雇用・徴収法からは、択一式では7：7：6の比率で出題されています。徴収法の出題は、平成10年以降一貫して基本的問題となっており、基礎知識さえしっかり身につけていれば、得点しやすい科目です。

選択式では、平成6年度以後は徴収法からの出題はありません。

6 健康保険法

平成20年の高齢者医療、平成12年の介護保険制度といった医療制度改革で、健康保険法も改正の連続です。75歳以上の人は“高齢者の医療の確保に関する法律”の適用を受けるため、健康保険法の適用が除外されます。平成26年からは産前産後休業期間中の保険料免除制度が創設されました。令和4年10月施行の改正では、適用業種が追加され（一定の士業）、短時間労働者への適用も拡大されました（1年要件を廃止し、特定適用事業所の規模を被保険者数500人超えから100人超えとした）。これらは、厚生年金保険法でも重要な改正です。

選択式では、平成15年・16年・28年・令和2年・5年と高額療養費が出題されています。

また健康保険法では国庫負担及び国庫補助が特に重要です。

7 国民年金法

最近、年金財政の悪化や保険料の納付率の悪化から、マクロ経済スライド制や保険料の多段階免除制度などの導入が行われ、その他併給の調整の扱いなど、国年法、厚年法を通して難解な内容が加わってきたため、理解するのに時間を要します。

平成 27 年には、厚生年金保険と共済年金が一体化される改正が行われています。平成 29 年には、老齢基礎年金の受給資格期間が 25 年から 10 年に短縮される改正が行われ、多くの無年金者が救済されました。令和元年からは保険料率が 17,000 円×改定率と、基本額が 100 円増額されましたが、これは第 1 号被保険者の産前産後期間の保険料免除が創設されたためです。

令和 5 年には、老齢基礎年金を遅れて請求した場合に、一定の場合は 5 年より前の分を「繰下げ待機期間」とみなし、できるだけ時効消滅しないように改正されました。

8 厚生年金保険法

もともと年金科目は、「過去（法改正による経過措置、受給権者の既得権）」「現在」「未来（保険料、財政収支等）」について出題されます。得点に差が出やすい科目で、実力を身につけた者にとっては、高得点が期待できます。年金は、ぜひ満点を目指して学習してください。それが可能な科目であり、ここで点を稼がないと合格は難しいともいえます。同じパターンの出題も多いので、過去問を含め問題を数多く解き、熟練することが大切です。

ボリュームが多いのは老齢厚生年金ですが、被保険者、障害・遺族給付、離婚分割などバランスよく学習してください。

9 労働一般常識

近年、諸法令や労務管理にならんで「労働経済」からの出題が増えています。法定福利費と法定外福利費や、労働分配率等の用語にも注意が必要です。また諸法令については、最近の改正事項に注意していきます。令和 6 年度試験では、障害者雇用促進法の改正があります（障害者雇用率の改正）。「労働組合法」、

「労働者派遣法」、「男女雇用機会均等法」、「最低賃金法」は、古くから重要法令として頻繁に出題されています。

⑩ 社会保険一般常識

同じ一般常識でも社会保険は、国民健康保険法や社会保険労務士法などの諸法規からの出題が多いため、得点しやすいといえます。“高齢者の医療の確保に関する法律”が老人保健法に代わるものとして、特に重要でしょう。介護保険法も毎年出題されています。確定給付企業年金法と確定拠出年金法は、制度の違いを覚えるのが学習の第一歩です。

選択式では平成25年、26年、28年と厚生労働白書からの出題です。医療・介護の沿革や社会保障協定は伝統的な重要事項で必須の暗記項目といえます。

平成27年以降の選択式は社会保険労務士法、児童手当法、国民健康保険法、介護保険法など法令からの出題が中心です。医療保険については、船員保険法を含め、難問に見えても健康保険法の応用で解けることがほとんどです。

Chapter 1 労働基準法

Question & Answer

原則として使用者は、児童が満 13 歳に達するまでの間、これを使用してはならない。×

Q128 参照

Section 1．総　則

Question

Q1　労働条件は、労働者が人たるに値する生活を営むための必要を充たすべきものでなければならない。

Q2　労働条件は、労働者と使用者が、対等の立場において決定すべきものである。

Q3　使用者は、労働者の国籍、信条又は社会的身分を理由として、賃金、労働時間その他の労働条件について、差別的取扱をしてはならない。

Q4　Ｑ３に規定する労働条件とは、職場における労働者の待遇一切をさし、賃金、労働時間の他、解雇、災害補償、安全衛生、寄宿舎等に関する条件も含まれる。

Q5　公民としての権利を行使し、又は公の職務を執行するために、労働者が労働時間中に、必要な時間を請求した場合、使用者はこれを拒んではならないこととされており、「公の職務」には、予備自衛官の防衛招集及び訓練招集も含まれる。

【ポイント】　Ｑ５

①　**公民としての権利**には、選挙権・被選挙権、住民投票・国民投票、行政事件訴訟法による**民衆訴訟**などがある（民法による

労働者を保護する原理原則です。

Answer

［A 1］ 労基法１条の労働条件に関する規定である。択一・選択ともに出題されている重要な条文であり、覚えておこう。（平27 択一、平 19 選択）　ご p5/ ○

［A 2］ なお、**労働者**及び**使用者**は、**労働協約**、**就業規則**及び**労働契約**を**遵守**し、誠実に各々その**義務を履行**しなければならない。（平 19 選択、令５択一）　ご p6/ ○

［A 3］ 均等待遇に関する条文である。ここでいう**労働条件**は、職場における**労働者の待遇一切**（賃金、労働時間のほか、解雇、災害補償、安全衛生等）をさす。（平 30・令５択一）　ご p7/ ○

［A 4］ 設問のとおりである（平 30 択一）。なお、労働組合員であることを理由に差別することは、**労働組合法で禁止**しており、男女差別は、**男女雇用機会均等法で禁止**している。　ご p7/ ○

［A 5］ 「公の職務」には、予備自衛官の防衛招集及び訓練招集は含まれない。　ご p10〜11/ ×

損害賠償に関する**訴権の行使**は、該当しない）。

② 公の職務には、**労働審判員**、**裁判員**、民事訴訟法による証人などがある（**非常勤の消防団員**の職務は、該当しない）。

Question

Q6

使用者は、暴行、脅迫、監禁その他精神又は身体の自由を不当に拘束する手段によって、労働者の意思に反して労働を強制してはならないが、例えば詐欺の手段を用いることはこの労働基準法５条に違反する。

Q7

何人も、法律に基いて許される場合の外、業として他人の就業に介入して利益を得てはならず、労働者派遣法による所定の許可を受けず労働者派遣法に違反している状態の労働者派遣は、この労働基準法６条にも違反する。

Q8

一般職の地方公務員には、労働基準法は適用されない。

Q9

同居の親族及び家事使用人についてはいかなる場合も労働基準法の適用はない。

Q10

労働基準法で使用者とは、事業主又は事業の経営担当者その他その事業の労働者に関する事項について、事業主のために行為をするすべての者をいう。

【ポイント】

①　労働基準法は、原則として、**全業種に適用**があり、**国籍を問わず**、**他人を１人**でも労働者として**使用**する事業又は事務所に、**場所を単位**として、事業の**実質的種類別**に適用される。

Answer

[A 6] 詐欺の手段が用いられても、それは、通常労働者は無意識の状態にあって意思を抑圧されるものではないから、必ずしもそれ自体としては法5条に違反しない。

こ p8〜9 関連 / ×

[A 7] 設問の場合、労働者派遣法には違反しているが、**労働基準法6条に違反するとはいえない**。（平15択一） こ p10/ ×

[A 8] 一般職の地方公務員は、「**一部適用、一部適用除外**」である。原則的な労働時間の規定などは適用される。 こ p13/ ×

[A 9] "同居の親族のみ" は適用除外とされているが、**他人**を一人でも雇っていれば適用される（平20・令4択一）。なお、「法人に雇われ、その役職員の家庭において、その家族の指揮命令の下で「**家事一般に従事**」しているものは、労働者ではなく**家事使用人**である。（平29択一） こ P13/ ×

[A10] 「**事業主**」とは、個人企業では事業主個人、法人では法人そのもの、「**経営担当者**」とは、事業経営一般につき責任を負う者、「**事業主のために行為をするすべての者**」とは、人事・労務管理等について権限を与えられている者をいい、実態で判断する。（令5択一） こ p14〜15/ ○

② 労働基準法は、一般法である**民法の特別法**である。特別法は一般法に優先するため、例えば、労働基準法（特別法）の**労働契約**に関する規定は、民法（一般法）の雇用契約に**優先して適用**される。

Question

Q11

労働基準法で労働者とは、職業の種類を問わず事業又は事務所に使用される者で、賃金を支払われる者をいい、法人の代表取締役、団体・組合の代表者は労働者ではない。また、法人の重役（取締役）も労働者ではない。

Q12

非常勤の消防団員であって火災、堤防の決壊等限られた場合のみ出勤するものは労働基準法が適用されない。また、競輪選手や労働委員会の委員は、労働基準法９条の労働者ではない。

Q13

労働基準法で使用者とは、事業主又は事業の経営担当者その他その事業の労働者に関する事項について、事業主のために行為をするすべての者をいい、単に上司の命令の伝達者にすぎない場合は使用者とみなされない。

Q14

派遣労働者の休憩に関する規定については、派遣元の使用者に責任がある。

Q15

在籍出向の場合、出向元、出向先、出向労働者の三者間で取り決められた権限と責任に応じて、出向元又は出向先が使用者としての責任を負う。

Answer

[A11]　法人の代表取締役等は労働者ではないが、**法人の重役**等で業務執行権又は代表権を持たない者が**工場長**、**部長**の職にあって**賃金を受ける**場合は、その労働者的部分につき労働者として**労基法の適用**を受ける。（平 29・令 4 択一）　ⓒ p15/ ×

[A12]　記述のとおり。なお、インターンシップにおける学生は、作業による利益・効果が当該事業場に帰属し、かつ、事業場との間に**使用従属関係**が認められる場合には労働者に該当する。　ⓒ p14 関連 / ○

[A13]　使用者とは労働基準法各条の義務についての履行の責任者をいい、その認定は部長、課長等の形式にとらわれることなく、各事業において、労働基準法各条の義務について**実質的に一定の権限を与えられているか否か**による。（令 2 択一）　ⓒ p15/ ○

[A14]　休憩、休日、育児時間などは、**派遣先の使用者**に責任がある。労使協定の締結などは派遣元の使用者である。　ⓒ p17/ ×

[A15]　在籍出向における使用者としての責任は、三者間で取り決められた権限と責任に応じて、出向元又は出向先が負う。（平 19・令 2 択一）　ⓒ p15〜16/ ○

【ポイント】
Q 14　基本的な労働契約関係については、**派遣元に労基法の責任**を負わせている。ただし、実際に指揮命令をして労働させるのは派遣先なので、一定の項目（公民権行使の保障、育児時間、生理日に関する措置等）については**派遣先に責任**を負わせている。

Section
2. 賃金と平均賃金

Question

Q16 賃金とは、賃金、給料、手当、賞与その他名称の如何を問わず、労働の対償として使用者が労働者に支払うすべてのものをいう。

Q17 制服・作業衣等業務上必要な被服、出張旅費、労働基準法 20 条の解雇予告手当、労働基準法 76 条の休業補償は、いずれも賃金とならない。

Q18 使用者の責めに帰すべき事由による休業期間、育児休業をした期間、介護休業をした期間、子の看護休暇を取得した期間は、平均賃金を算定する上では、「総日数」及び「賃金の総額」から控除する。

Q19 6 月 21 日が算定事由発生日で、直前の賃金締切日が 6 月 15 日の場合、3 月 16 日から 6 月 15 日までの期間の賃金総額によって平均賃金を算定する。

Q20 使用者は、通勤定期乗車券を会社で購入し労働者に支給しようとするときは、過半数代表者等とその旨の労使協定を締結しなければならない。

大事なお給料の範囲や支払方法などの決まりごと

Answer

[A16] 賃金の定義に関する記述である。なお、社会保険（健保法・厚年法）では「報酬」というが、内容は、労基法とほぼ同じである。（平 23 択一） ご p18・498/ ○

[A17] 正しい。休業補償は**災害補償**であり、最低基準の100 分の 60 を超える部分も賃金ではない。なお、労働基準法 26 条の休業手当は賃金である。 ご p19/ ○

[A18] 子の看護休暇を取得した期間は**控除されない**。そのほかの点は正しい。（平 13 択一） ご p21/ ×

[A19] 平均賃金を計算する場合、「算定事由発生日以前 3 箇月間」は、賃金締切日がある場合は、**直前の賃金締切日**（設問では 6 月 15 日）**から起算**する。（平 27 択一） ご p20/ ○

[A20] **通勤定期乗車券**の支給は、**実物給与**となる（平 26・27 択一）。実物給与を支給するためには、労使協定ではなく、**労働協約**にその旨の定めがある場合に限られる。 ご p19・23/ ×

【ポイント】

Q 16 退職手当、結婚祝金等の**恩恵的給付**でも、労働協約、就業規則、労働契約等によって**支給条件が明確**なものは**賃金**に該当する。（平 19・27 択一）

Question

Q21 賃金を労働者の指定する銀行等へ振り込むには、労働者個人個人の同意が必要である。

Q22 派遣労働者の賃金を、派遣先の使用者を通じて支払うことは、賃金直接払の原則に違反し、許されない。

Q23 社宅費を賃金から控除することは、労働協約で定めた場合のみ認められる。

Q24 使用者は、労働者を1日のうち一部のみ休業させた場合には、その日について平均賃金の100分の60を支払うことを要しない。

Q25 休業手当は、労働者の生活保障の意味合いを持つものであるから、労働協約、就業規則等で休日とされている日についても支払わなければならない。

Answer

[A21] 文書又は口頭でも良いが、労働者個人の**同意**が必要である（平 28 択一）。なお、労働者が預貯金口座を指定したときは、原則として、同意が得られたと解される（平 28 択一）。令和 5 年 4 月から追加されたデジタル賃金による支払は、労働者個人の同意書等が必要となる。 ご p23/ ○

[A22] 派遣労働者の賃金を、**派遣先の使用者を通じて支払うことは、伝達の手段として手渡す**のであれば、賃金直接払の原則に違反しない。（平 30 択一） ご p24/ ×

[A23] 社宅費の控除は、過半数代表者との労使協定（届出不要）により可能である。労働協約に限定されない。 ご p24/ ×

[A24] この場合も、その日について**平均賃金の 100 分の 60** を支払わなければならない。したがって、現実に労働者が労働した分の賃金が平均賃金の 100 分の 60 に満たない場合は、その**差額**を休業手当として支払わなければならない。（令 5 択一） ご p28/ ×

[A25] 労働協約、就業規則等で休日とされている日に休業しても、休業手当を支払う義務はない。（令 3 択一） ご p27/ ×

【ポイント】
Q 21　労働者の同意を得た場合に限って、賃金をその労働者の指定する本人の預金口座、貯金口座に**振込み**又は証券総合口座に払い込むことができる。**労働協約や労使協定**による**代替はできない**。

Section
3. 労働契約

Question

Q26 労働基準法で定める基準に達しない労働条件を定める労働契約は、その部分が無効となり、無効となった部分は、労働基準法で定める基準による。

Q27 一定の事業の完了に必要な期間を定める労働契約は、３年を超えてはならない。

Q28 高度の専門的知識等を有する労働者との労働契約は、最長５年まで認められる。

Q29 高度の専門的知識等を有しない 64 歳の者との労働契約は、３年を超えることも可能である。

Q30 61 歳の労働者が３年間の期間の定めのある労働契約を締結した場合には、「労働契約の期間の初日から１年を経過した日以後、いつでも退職を申し出ることができる」とする規定は適用されない。

【ポイント】［期間の定めのある労働契約］
　期間の定めのある労働契約の上限は、平成 16 年改正で「１年（又は３年）」から「３年（又は５年）」に改正された経緯がある。このため、**上限３年の適用を受ける労働者**について、「当該労働契約

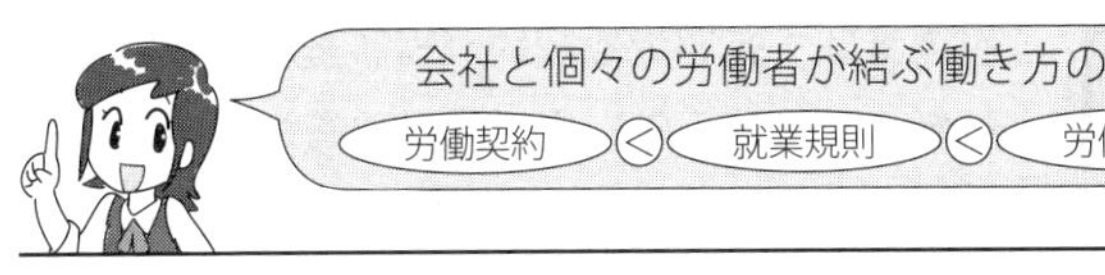

会社と個々の労働者が結ぶ働き方の契約
労働契約
<
就業規則
<
労働協約

Answer

[A26] 「**部分無効自動引上げ**」という考え方。労基法に**違反する部分のみ無効**とし、その部分は労基法に定める基準まで引き上げた上で、労働契約が成立する。(平 27・令 5 択一)

ご p30/ ○

[A27] **一定の事業の完了**に必要な期間を定める労働契約には、「3 年」の制限はない。 ご p31/ ×

[A28] 設問の者は、高度の専門的知識等を**必要とする業務**に就く場合に限り、**5 年**まで認められる。(平 28・令 4 択一)

ご p31/ ×

[A29] **満 60 歳以上**の労働者との間に締結される労働契約は、期間を定める場合、業務の内容を問わず **5 年**まで認められる。(平 29 択一) ご p31/ ○

[A30] **5 年契約が可能な労働者**が期間の定めのある労働契約を締結した場合には、たとえそれが 5 年未満であっても、設問のような退職の自由はない。 ご p31/ ○

の期間の初日から **1 年を経過した日以後においては、その使用者に申し出ることにより、いつでも退職することができる**」とする暫定措置が設けられている。(平 16・18・24 択一)

Question

Q31 使用者は、有期労働契約（当該契約を２回以上更新し、又は１年以上継続勤務等の要件に該当するものとする）を更新しない場合は、期間満了日の 30 日前までに、その予告をしなければならない。

Q32 行政官庁は、「有期労働契約の締結、更新、雇止め等に関する基準」に関し、期間の定めのある労働契約を締結する使用者に対し必要な助言及び指導を行うことができる。

Q33 所定労働日以外の日の労働の有無は、労働条件の締結の際に、使用者が労働者に対し、書面により明示しなければならない事項に含まれる。

Q34 使用者は、労働契約の不履行について違約金を定め、又は損害賠償を予定する契約を締結してはならない。

Q35 使用者は、前借金その他労働することを条件とする前貸の債権と賃金を相殺してはならない。

Answer

[A31] 「２回以上」は「**３回以上**」、「１年以上」は「**１年を超えて**」である。なお、あらかじめ更新しない旨を明示されている者には予告不要である。（平 24 択一） ご P34/ ×

[A32] この「助言及び指導」の対象者は**使用者**である。なお、「基準」には、無期転換後の労働条件について説明する努力義務も加わった。 ご p34/ ○

[A33] 所定労働日以外の日の労働の有無は、明示すべき事項に含まれない。なお、**所定労働時間を超える労働の有無**は、明示すべき事項に含まれる。 ご p36/ ×

[A34] 労働契約の不履行について違約金を定め、又は**損害賠償額を予定**する契約をしてはならない。額を予定することが禁止されている。現実に生じた損害の賠償を請求することは禁止されていない。（平 30・令４択一） ご p38/ ×

[A35] 労働することを条件とする相殺が禁止されている。総合的に判断して、労働することが条件となっていないことが極めて明白である場合は、相殺することができる。（平 28・令４・５択一） ご p38/ ○

【ポイント】［労働条件の明示］
Q 33 労働条件の明示について“所定労働時間を超える労働の有無”は明示事項だが、“所定労働日以外の日の労働の有無”は書面による絶対的明示事項に当たらない、という内容が出題された。（平 18 択一）

Question

Q36 使用者は、労働者の貯蓄金をその委託を受けて管理する場合においては、貯蓄金の管理に関する規程を作成し、行政官庁に届け出なければならない。

Q37 使用者が貯蓄金の返還請求に応じないときは、行政官庁はその貯蓄金の管理を中止すべきことを命ずることができる。

Q38 通勤災害による傷病の療養のために休業している労働者を解雇することは、制限されていない。

Q39 産前産後の女性が労働基準法65条の規定によって休業し、引き続き育児休業を取得した場合には、その休業期間中とその後30日間は解雇してはならない。

Q40 労働者が業務上負傷し、又は疾病にかかり療養のために休業する期間とその後30日間は解雇できないが、療養の開始後3年を経過し、労災保険法の休業補償給付を受けている労働者についてはこの限りでない。

Q41 天災事変その他やむを得ない事由のために事業の継続が不可能となった場合には、行政官庁（所轄労働基準監督署長）の認定を受けることにより、解雇制限期間中の労働者を解雇することができる。

Q42 労働者を解雇する場合、30日前に予告するか30日分以上の平均賃金を支払わなければならないが、例えば20日分の平均賃金を支払って10日前に解雇予告をすることも認められている。

Answer

[A36] “貯蓄金の管理に関する**規程**” は、労働者に**周知**すればよく、行政官庁に届け出る義務はない。（令3択一） ⓒ p39/ ×

[A37] 使用者が**返還請求に応じない**場合に限って、行政官庁が**貯蓄金の管理中止命令**をすることができる。 ⓒ p40/ ○

[A38] **通勤災害**による休業には、**解雇制限はない**。なお、業務災害による傷病の療養のために休業している期間と、その後30日間は、解雇してはならない。 ⓒ p42/ ○

[A39] **育児休業期間**については、労働基準法による解雇制限はない。なお、育児休業の申出・取得等を理由とする解雇等は、育児・介護休業法で禁止している。（平6・13択一）

ⓒ p42/ ×

[A40] 休業補償給付ではなく、**傷病補償年金**である。

ⓒ p42/ ×

[A41] 打切補償を支払い解雇する場合には、行政官庁の認定は不要であるが、**天災事変その他やむを得ない事由**のために**事業の継続が不可能**となった場合は、**行政官庁の認定**を受けなければ解雇することができない。 ⓒ p42/ ○

[A42] 「30日」は、**予告日数と平均賃金の支払い**とを**組み合わせる**ことができる。したがって、平均賃金20日分を支払って、10日前に予告すれば、解雇予告の要件を満たしたことになる。（平26択一） ⓒ p43/ ○

Question

Q43 労働者側からする任意退職についても、30 日前に予告しなければならない。

Q44 即時解雇の場合の解雇予告手当は、解雇の申し渡しと同時に支払わなければならない。

Q45 天災事変その他やむを得ない事由のために一時的に操業を中止することとなった場合は、行政官庁の認定を受けて、予告せずに労働者を解雇することができる。

Q46 労働者のある行為が、労働者の責に帰すべき事由に該当し、使用者が即時解雇の意思表示をした後に解雇予告除外認定を受けたときは、その解雇の効力は、認定を受けた日に発生する。

Q47 予告義務に反する解雇については、その通知は即時解雇としては無効であり、その後 30 日を経過しても解雇の効力は生じない。

Q48 日々雇い入れられる者が、14 日を超えて引き続き使用されたときは、そのときから解雇予告の規定が適用される。

Q49 3 カ月の期間を定めて雇い入れた労働者を、雇入れ後 1 カ月目に解雇する場合には、解雇予告をする必要はない。

Answer

[A43]　労働者側からする任意退職は、**30日前に予告する必要はない**。民法627条の規定により、雇用期間の定めのない場合は、2週間前に申し入れて退職することが可能である。(平15・23択一)　ご p41/ ×

[A44]　正しい（平30択一）。なお、予告と予告手当を**併用**する場合の解雇予告手当は、解雇の日までに支払えば足りる。
ご p44/ ○

[A45]　天災事変その他やむを得ない事由のために**事業の継続が不可能**となった場合は、行政官庁の認定を受けて、予告せずに労働者を解雇することができる。　ご p45/ ×

[A46]　この場合、その解雇の効力は、使用者が“即時解雇の意思表示をした日”に**さかのぼって**発生する。(平24択一)
ご p45/ ×

[A47]　この場合、使用者が即時解雇に固執する趣旨でない限り、**通知後所定の30日を経過したとき又は通知後に所定の予告手当を支払ったときから解雇の効力が生ずる**と解される。(平19・21択一)　ご p44/ ×

[A48]　**日々雇い入れられる者**は、原則として解雇予告は不要であるが、**1カ月を超え引き続き使用**されたときは、解雇予告が必要となる。　ご p45/ ×

[A49]　**2カ月以内**の期間を定めて使用される者は、解雇予告は不要である。**所定の期間を超えて**引き続き使用する場合には、解雇予告が必要となる。(平15択一)　ご p45/ ×

Question

Q50 試用期間が３カ月とされている事業場に使用される者は、３カ月を超えて引き続き使用されたときから、解雇予告の規定が適用される。

Q51 労働者が退職する場合において、使用期間、業務の種類、その事業における地位、賃金又は退職の事由について証明書を請求したときは、使用者は、労働者の請求しない事項を含めて、遅滞なく、証明書を交付しなければならない。

Q52 解雇の理由について、解雇予告期間中の労働者から証明書の交付の請求があった場合には、使用者は、遅滞なくこれを交付しなければならないが、即時解雇の場合には、この規定は適用されない。

Q53 使用者は、予め第三者と謀り、労働者の就業を妨げることを目的として、労働者の国籍、信条、社会的身分、労働組合運動に関する通信をしてはならないとしているが、これらの事項は例示列挙である。

Q54 退職時の証明書に秘密の記号を記入してはならない。また、退職時の証明は、退職理由によって拒否できない。

Q55 退職手当は、就業規則等に支払時期が定められている場合、権利者の請求があったとしても７日以内でなく、定められた時期に支払えば足りる。

Answer

[A50] **試の使用期間中**の者は、事業場で定めている試用期間を問わず、**14 日を超えて引き続き使用**されれば、そのときから**解雇予告**の規定が適用される。(平 26 択一)　ご p45/ ×

[A51] 退職時の証明書には、**労働者の請求しない事項**を記入してはならないものとされている。証明事項のうち、労働者の**請求する事項のみ**証明すればよい。(平 22・令 4 択一)

ご p46〜47/ ×

[A52] 「**解雇の理由**」についての証明書交付義務は、**解雇予告期間中**の問題であり、即時解雇の場合には適用される余地はない。(平 16 択一)　ご p46・47/ ○

[A53] 前半は正しいが、労働者の**国籍**、**信条**、**社会的身分**、労働組合運動に関する通信は "例示列挙" ではなく "**限定列挙**" である。(平 22 択一)　ご p46・47/ ×

[A54] 秘密の記号については、いかなる事項を記入しても違法となる。また、退職理由によって、証明を拒むことはできない。(令元択一)　ご p46・47/ ○

[A55] 正しい。なお、金品の返還は、退職手当以外は原則として 7 日以内に返還であるが、争いがある場合は、異議のない部分を 7 日以内に返還すればよい。(平 7 ・12 択一)

ご p48/ ○

Section
4. 労働時間

Question

Q56 昼休み中の来客当番、強制参加の教育訓練、労働安全衛生法に規定する安全委員会の時間は、いずれも労働時間である。

Q57 労働者数が常時７人の接客娯楽業は、１週間の労働時間を44時間までとする特例が認められている。

Q58 労働基準法32条の労働時間は、労働契約、就業規則、労働協約等の定めるところより決定されるべきものである。

Q59 １カ月単位の変形労働時間制の実施にあたっては、労使協定又は就業規則その他これに準ずるものにより、変形期間における各日・各週の労働時間を具体的に定めることを要する。

Q60 １カ月単位の変形労働時間制において、特例事業ではない場合の法定労働時間の総枠は、「40H×変形期間の暦日数/７」と計算される。

Q61 フレックスタイム制を採用する場合には、使用者は、各労働者の労働時間を把握する義務を免れる。

労基法の出題の中心！
よく働き、よく休むことが生産性を上げます。

Answer

[A56] 記述のとおり。なお、昼休み中に来客当番をさせ、他の時間に休憩を与える場合は、一定の業種を除き労使協定が必要となる。(令5択一) ㋙ p50/ ○

[A57] 週44時間の特例は、**常時10人未満**の商業、映画・演劇業（映画の製作の事業を除く）、保健衛生業、接客娯楽業に限り認められる。(令4択一) ㋙ p51/ ○

[A58] 労基法32条の労働時間に該当するか否かは、労働者の行為が**使用者の指揮命令下に置かれたもの**と評価することができるか否かによって客観的に定まるものである。(平14・20・22・27・28択一) ㋙ p50/ ×

[A59] 変形期間を平均し1週間の労働時間が法定労働時間内であっても、使用者が業務の都合によって任意に労働時間を変更するような制度は、1カ月単位の変形労働時間制に該当しない。(平18・22択一) ㋙ p52/ ○

[A60] “**40H ×変形期間の暦日数/ 7** ”と計算される。例えば、暦日数が30日なら、40日×30/ 7 =171.42Hとなる。(平19択一) ㋙ p54/ ○

[A61] フレックスタイム制を採用する場合にも、使用者は、各労働者の**労働時間を把握**する必要がある。(平17択一) ㋙ p56/ ×

Question

Q62 フレックスタイム制において清算期間は３カ月以内に限られるが、清算期間が１カ月を超える場合の労使協定は、行政官庁に届け出る必要がある。

Q63 １年単位の変形労働時間制は、対象期間の途中で採用された労働者及び対象期間の途中で退職する予定の労働者についても適用される。

Q64 １年単位の変形労働時間制を導入するに際して、対象期間ごとの労働日を定める場合、就業規則その他これに準ずるもので労働日を特定しなければならない。

Q65 １年単位の変形労働時間制を採用する場合、労働時間に限度が設けられているが、原則として１日に 16 時間、１週間に 48 時間とされている。

Q66 １年単位の変形労働時間制の対象期間を区分する場合は、第２期目以降は、各期間の初日の少なくとも 30 日前に、個々の労働者の同意を得て、各期間の労働日とその労働時間を定める。

【ポイント】［変形労働時間制の主な相違点］
① **１日及び１週間の労働時間の上限**……「**１カ月**単位」及び「１カ月以内の**フレックスタイム制**」は、**上限なし**（変形期間の中で週 40 時間又は 44 時間となればよい）。「**１年**単位」は１日 **10 時間**・１週 **52 時間**、「**１週間**単位」は１日 **10 時間**・１週 **40 時**

[A62] **フレックスタイム制の清算期間**は、**3カ月以内**に限られている。なお、清算期間が**1カ月を超える**場合は、**有効期間**を定めなければならない。（令2択一） ⓒ p55/ ○

[A63] 正しい。**対象期間**は**1カ月超え1年以内**の範囲内で定める。なお、途中退職者等については、法37条の規定の例による**割増賃金の支払**が必要となる場合がある。 ⓒ p58/ ○

[A64] **1年単位**の変形労働時間制は、**労使協定**において、**労働日及び労働日ごとの労働時間**を**定める**必要がある。

ⓒ p58/ ×

[A65] **1年単位**の変形労働時間制では、原則として**1日10時間**、**1週間52時間**が上限とされている（平30択一）。なお、対象期間が**3カ月を超える**場合には、**1年当たり280日**が限度となる。 ⓒ p59/ ×

[A66] 第2期目以降は、各期間の初日の少なくとも**30日前**に、**過半数労働組合等の同意**を得て、各期間の労働日及び労働日ごとの労働時間を定める。（平18択一） ⓒ p57・58/ ×

間が上限。

② **特例時間（1週44時間制）の適用**……「**1カ月**単位」及び「1カ月以内の**フレックスタイム**制」は、**適用**あり。「**1年**単位」及び「**1週間**単位」は、適用なし（1週**40時間**）。

Question

Q67

常時労働者数が 30 人未満で、小売業、旅館、料理店及び飲食店の事業においては、労使協定により、1 週 40 時間、1 日 10 時間以内で、1 週間単位の非定型的変形労働時間制を実施できる。

Q68

1 週間単位の非定型的変形労働時間制を採用する場合、特例事業であれば、1 週間の労働時間の限度は 44 時間である。

Q69

1 週間単位の変形労働時間制を採用した場合、使用者は、1 週間の各日の労働時間を、少なくとも 30 日前に、書面又は口頭により通知しなければならない。

Q70

1 週間単位の非定型的変形労働時間制では、緊急でやむを得ない事由がある場合には、その前日までに書面で通知することにより、あらかじめ通知した労働時間を変更できる。

Q71

公務のために臨時の必要がある場合においては、官公署の事業（法別表第 1 に掲げる事業を除く。）に従事する国家公務員又は地方公務員について、所定の手続により許可を得て時間外労働又は休日労働が可能となる。

Q72

天災事変等非常災害の場合、事態急迫のために行政官庁の許可を受ける暇がない場合は、事後に遅滞なく届け出なければならない。

Answer

[A67] 「労使協定で実施できる」という表現の場合は、原則として正解と答えるべきであろう。より正確には、労働組合のない事業場における労働者の過半数代表者との労使協定は免罰効果に過ぎず、実施するためには就業規則等への記載が必要となる。（平28択一） ご p60/ ○

[A68] 特例事業（1週間の労働時間が44時間まで認められている事業）が“**1週間単位**の変形労働時間制”を採用したときは、1週**40時間が上限**となる。 ご p61・62/ ×

[A69] 1週間の各日の労働時間は、少なくとも“**当該1週間の開始する前**”に、“**書面**”で通知しなければならない。口頭で通知することはできない。 ご p61/ ×

[A70] 緊急でやむを得ない事由がある場合には、**変更日の前日**までに**書面**により当該労働者に**通知**することにより、あらかじめ通知した**労働時間を変更**することができる。 ご p61/ ○

[A71] 公務のための臨時の必要があるか否かの認定は、使用者たる当該行政庁に委ねられている。したがって、**「許可」は不要**である。 ご p63/ ×

[A72] この場合は、**事後**に**遅滞なく**届け出ればよい。なお、行政官庁が不適当と認めるときは、その後にその時間に相当する休憩又は休日を与えるべきことを命ずることができる。（平22択一） ご p62/ ○

Question

Q73 非常災害により労働させたときは、36協定なしに、時間外・休日労働をさせることができるが、当該時間に対する割増賃金の支払は不要である。

Q74 使用者は6時間の労働をさせる場合は少なくとも45分、8時間の労働の場合においては、少なくとも1時間の休憩時間を労働時間の途中に与えなければならない。

Q75 運輸交通業、商業、金融・広告業、映画・演劇業、通信業、保健衛生業、接客娯楽業及び官公署の事業（法別表第1に掲げる事業を除く。）については、労使協定を締結しなくても、一斉に休憩時間を与えなくてよい。

Q76 休憩時間の自由利用といってもそれは時間を自由に利用することが認められたものにすぎず、その時間の自由な利用が企業施設内において行われる場合には、使用者の企業施設に対する管理権の合理的な行使として是認される範囲内の適法な規制による制約を免れることはできない。

Q77 使用者は、4週間を通じ4日以上の休日を与える場合には、労使協定で4日以上の休日を与えることとする4週間の起算日を明らかにしなければならない。

Q78 休日の振替は、あらかじめ休日と定められた日を労働日とし、その代わりに他の労働日を休日とすることである。これは、労働日と休日がトレードされただけで法定休日労働としての割増賃金の支払義務及び時間外労働としての割増賃金の支払い義務が生じることはない。

Answer

[A73]　**非常災害**の場合には、36 協定なしに時間外労働等をさせることができるが、その場合でも**割増賃金の支払は必要**である。（平 23 択一）　ご p62・72/ ×

[A74]　**6時間ピッタリ**までは、休憩時間を**与えなくてもよい**（平 21 択一）。**8時間ピッタリ**は **45 分**となる。8時間を少しでも超えると 1 時間の休憩を与えなければならない。（平 23・24 択一）　ご p64/ ×

[A75]　一斉休憩が**不要**なのは、「**運輸交通**業、**商**業、**金融・広告**業、**映画・演劇**業、**通信**業、**保健衛生**業、**接客娯楽**業及び**官公署**の事業」に限定している。これ以外の事業については、**労使協定**がある場合に、一斉の休憩時間を与えないことができる。（令 5 択一）　ご p65/ ○

[A76]　記述のとおり。休憩時間中に政治的なビラを配布する行為に関する判例である。　ご p64/ ○

[A77]　**4週間を通じ4日以上の休日**を与える場合には、「**就業規則**その他これに準ずるもの」において、当該**4週間の起算日**を明らかにするものとされている。（平 23 択一）　ご p66/ ×

[A78]　振替休日を別の週に与えることとすると、法定休日労働として割増賃金の支払義務は生じないが、休日の振替の結果、法定休日に労働させた週の労働時間が**法定労働時間超え**になる場合は、**時間外労働**として、割増賃金を支払わなければならない。前半は正しい。（平 18 択一）　ご p67/ ×

Question

Q79

代休とは、休日労働が行われた場合に、事後にその代償措置として、以後の労働日の労働義務を免除することをいい、先に行われた休日労働に対する割増賃金が発生する。

Q80

徹夜残業により労働時間が翌日の法定休日に及んだ場合、法定休日の午前0時からの労働は、休日労働とされる。

Q81

時間外労働及び休日労働をさせるためには、労基法36条により労使協定を締結し、行政官庁に届け出て、就業規則等に時間外労働や休日労働を行うべき旨を定めなければならない。

Q82

36協定には、対象期間における1日、1カ月及び1年のそれぞれの期間について労働時間を延長して労働させることができる時間又は労働させることができる休日の日数を定めなければならない。

Q83

使用者は、労働者が過半数代表者であること、過半数代表者になろうとしたこと等を理由として、不利益な取扱いをしないようにしなければならない。

Q84

36協定を締結する場合の、「労働者の過半数を代表する者」の「労働者」には、当該事業場に派遣されている派遣労働者も含まれる。

Answer

[A79] **休日の振替**では、原則として、法定休日労働としての割増賃金の支払義務は**発生しない**が、**代休**の場合には、休日労働に対する割増賃金の**支払義務が発生**する。 p66～67/ ○

[A80] **法定休日の午前0時から**の労働は、時間外労働ではなく**休日労働**とされる。なお、深夜時間帯（原則、**午後10時から午前5時まで**）は深夜労働の割増賃金も必要である。（平30択一） p68/ ○

[A81] 時間外労働と休日労働は、36協定締結と行政官庁に届け出ることにより合法的に行うことができる（**免罰効果**）（令3択一）。そして、就業規則等に定めることにより、命令に従わせる効果（**法的規範性**）が生ずる。 p67～69/ ○

[A82] 延長時間は、当該事業場の**業務量**、**時間外労働の動向**その他の事情を考慮して**通常予見される時間外労働の範囲内**において、**限度時間**（原則として**1カ月45時間**、**1年360時間**）を超えない時間としなければならない。 p70/ ○

[A83] 使用者は、これらを理由として、不利益な取扱いをしないようにしなければならない。なお設問のほか、"労働者が過半数代表者として正当な行為をしたこと"を理由として、不利益な取扱いをしないようにしなければならない。（平19択一） p70/ ○

[A84] 当該事業場に派遣されている派遣労働者は、「労働者」に含めない。**派遣労働者は、派遣元の労働者である**。（平25択一） p70/ ×

Question

Q85 坑内労働その他厚生労働省令で定める健康上特に有害な業務は労働時間を延長することはできない。

Q86 36協定の締結により労働時間の延長を定めるにあたり、厚生労働大臣の定める指針に適合しない協定については、行政官庁は、労使当事者に対し、必要な助言及び指導を行うことができる。

Q87 36協定において協定し、届けられた延長することができる時間数を超えて労働させることは、個別の労働者の同意があれば違法ではない。

Q88 36協定の締結に反対する労働者は、当該事業場の就業規則に時間外・休日労働を命ぜられたら労働すべき根拠が定められており、当該就業規則の適用を受ける場合であっても、時間外・休日労働の義務を負わない。

Q89 時間外労働が1カ月について60時間を超え、さらに深夜に及んだ場合、7割5分以上の率で計算した割増賃金の支払い義務がある。

【ポイント】［労働者の過半数を代表する者］

労使協定における「労働者の過半数を代表する者」の労働者には、法41条の管理監督者や休職中の労働者など、その事業場に使用されるすべての労働者を含む。（平13・14）

Answer

[A85] **健康上**特に**有害**な業務は、２時間超えの時間外労働が禁止されている。 ご p71/ ×

[A86] 正しい。行政官庁は、協定を変更できるわけではない。（平 11 択一） ご p68・69/ ○

[A87] 36 協定において協定し、届けられた延長することができる時間数を超えて労働させることは原則として違法とされ、個別の労働者の同意があっても同様である。（平 12 択一） ご p72/ ×

[A88] 36 協定の締結に反対している労働者も、当該就業規則の適用を受ける場合は、時間外・休日労働をする義務を負う。（平 22 択一） ご p67/ ×

[A89] 時間外労働が **60 時間を超え**、さらに**深夜**に及んだ場合には、**７割５分以上**（５割以上＋深夜２割５分以上）の率で計算した割増賃金を支払わなければならない。 ご p73～74/ ○

労働者を代表する者は、法 41 条の監督又は管理の地位にある者とすることはできない。

過半数を代表する者を選ぶ場合は、**投票・挙手**等の方法による手続により、選出された者であることが求められる。（平 22 択一）

Question

Q90 割増賃金の基礎となる賃金に算入しない賃金は、家族手当、通勤手当、別居手当、子女教育手当、臨時に支払われる賃金、１カ月を超える期間ごとに支払われる賃金及び一定額の住宅手当がある。

Q91 １カ月における時間外労働、休日労働、深夜業の各々の時間数の合計に１時間未満の端数が生じたときは、当該端数は切り捨てる。

Q92 １カ月 60 時間を超える時間外労働を行わせた場合には、使用者は、５割以上の率による割増賃金を支払わなければならないが、５割以上の率のうち２割５分を超える部分については、代替休暇を与えることができる。

Q93 就業規則によって、歩合給の支給により割増賃金を支払うこととしている場合に、通常の労働時間の賃金に当たる部分と時間外及び深夜の割増賃金に当たる部分とを判別することができない場合でも、労働基準法上、問題はない。

Q94 労働時間は、事業場を異にするＡ事業場とＢ事業場で労働する場合でも通算しなければならない。この労働時間の計算は、**事業主を異**にする場合も含まれる。

Answer

[A90]　前半の列挙は正しいが、“**一定額**の住宅手当”は**算入される**ので、誤り。なお住宅に要する費用に定率を乗じた額を支給するもの及び住宅に要する費用を段階的に区分し、費用が増えるにしたがって額を多く支給する住宅手当は算入されない。(平19択一)　ご p76/ ×

[A91]　1カ月における時間外労働、休日労働、深夜業の各々の**時間数の合計**に**1時間未満の端数**が生じたときに、**30分未満の端数を切り捨て、それ以上を1時間に切り上げる**ことは法律違反とならない。(平19・25・27択一)　ご p77/ ×

[A92]　**代替休暇**として与えることができる時間の時間数とは、「**月60時間を超えた時間外労働の時間数×換算率**」である。たとえば、月92時間の時間外労働が行われた場合（割増率は法定の最低基準を採用）、代替休暇として与えることができる時間の時間数は、8時間となる。　ご p74〜76/ ○

[A93]　歩合給の額が、時間外及び深夜の労働を行った場合でも増額されず、**通常の労働時間の賃金**に当たる部分と時間外及び深夜の割増賃金に当たる部分とを判別することもできない場合は、割増賃金が支払われたとはいえない。　ご p74 関連×

[A94]　A事業場で6時間勤務し、B事業場で4時間勤務する場合は、通算して10時間となるため、後から労働したB事業場の使用者が36協定の締結・届出、割増賃金の支払いが必要となる。(平22択一)　ご p77/ ○

【ポイント】

Q 92　月92時間の時間外労働が行われた場合、「60時間を超えた時間数**32時間**（92時間−60時間）**×換算率**（5割−2割5分＝**2割5分**）＝**8時間**」となる。なお、代替休暇の単位は**1日又は半日単位**とされている。

Question

Q95 労働者が労働時間の全部又は一部について事業場外で業務に従事した場合において、労働時間を算定し難いときは、原則として、通常必要とされる時間、労働したものとみなす。

Q96 事業場外労働のみなし労働時間制について通常必要とされる時間について労使協定で定めた場合は、労使協定で定めた時間労働したものとみなすが、当該労使協定は行政官庁へ届け出なければならない。

Q97 専門業務型裁量労働制に係る労使協定には、厚生労働省令で定める業務のうち、労働者に就かせる業務を定め、１日当たりの労働時間を定めなければならない。

Q98 専門業務型裁量労働制の労使協定には、対象業務に従事する労働者のみなし労働時間について当該労働者の同意を得なければならないことを定める必要はない。

Q99 専門業務型裁量労働制の対象業務には、銀行又は証券会社における顧客の合併及び買収に関する調査又は分析及びこれに基づく合併及び買収に関する考案及び助言の業務が含まれる。

Q100 企画業務型裁量労働制は、労使委員会の委員全員の議決により、一定の事項を決議し、かつ使用者が当該決議を行政官庁に届け出たときは、当該委員会で定めた時間を、労働時間とみなす。

Answer

[A95]　原則として、**所定労働時間**、労働したものとみなす。**例外**として、所定労働時間を超えて労働することが必要な場合には、“通常必要とされる時間”、労働したものとみなす。（平12・27選択）

ⓒ p78〜79/ ×

[A96]　労使協定で定めた時間が所定労働時間を超えていても、法定労働時間以内の場合は、当該労使協定の届出は不要である。法定労働時間を**超えた**場合は、**労使協定**を行政官庁に**届け出**なければならない。（令元択一）

ⓒ p78〜79/ ×

[A97]　正しい。なお、専門業務型裁量労働制においては、**労使協定**を締結して行政官庁に**届け出**なければならず、労使協定で定めた時間が労働時間とみなされる。（平19択一）

ⓒ p79〜80/ ○

[A98]　専門業務型裁量労働制の労使協定には、対象業務に就かせたときは労使協定に定めた時間労働したものとみなすことについて、**対象労働者の同意を得なければならない**ことを定めなければならない。企画業務型裁量労働制においても決議しなければならない。（平16択一）

ⓒ p80/ ×

[A99]　令和6年4月1日から、設問の業務が対象業務に加わる。

ⓒ p80関連/ ○

[A100]　委員の“全員の議決”が誤っており、“**5分の4以上の議決**”である。後半は正しく、「労使委員会で定めた時間」を労働時間とみなす。

ⓒ p81/ ×

Question

Q101 企画業務型裁量労働制の対象業務は、事業の運営に関する事項についての企画、立案、調査及び分析の業務に限定している。

Q102 企画業務型裁量労働制においては、一定の事項を労使委員会の決議の有効期間の始期から起算して６カ月以内に１回、及びその後１年以内ごとに１回、所轄労働基準監督署長に定期的に報告しなければならない。

Q103 労使委員会が設置された事業場においては、その委員の５分の４以上の多数による議決によって、協定代替決議を行うことができるが、当該代替決議は労基法に規定するすべての労使協定が対象となる。

Q104 年次有給休暇の発生要件である出勤率は、全労働日に対する出勤した日の割合であるが、業務上の負傷、疾病による療養のため休業した期間、産前・産後の女性が労基法 65 条により休業した期間、育児休業、介護休業、子の看護休暇、介護休暇及び年次有給休暇を取得した日は、出勤したものとみなす。

Q105 斉一的取扱いや分割付与により法定の基準日以前に年次有給休暇を付与する場合、その付与要件である出勤率は、本来の基準日までの全労働日について、短縮された期間を全期間出勤したものとみなして算定する。

Answer

[A101] 正しい。なお、業務の性質上その遂行の方法を大幅に**労働者の裁量**にゆだねる必要があるため、当該**業務の遂行の手段及び時間配分の決定等**に関して**使用者が具体的な指示をしない**こととする業務とされている。 🄲 p81・83/ ○

[A102] 定期報告すべき事項は、①対象労働者の**労働時間の状況**、②当該労働者の**健康及び福祉を確保するための措置の実施状況**の２つである。 🄲 p84/ ○

[A103] 労使委員会の委員の５分の４以上の多数の議決により、**協定代替決議**を行うことができるが、①**貯蓄金の管理に関する協定**、②**賃金の一部控除に関する協定**は、労使委員会の決議によって**代替することはできない**。（平 26 択一） 🄲 p85/ ×

[A104] 年次有給休暇は、直前の６カ月又は１年間の出勤率が**８割以上**であることが発生要件となっているが、“**子の看護休暇**及び**介護休暇**” は**出勤したものと扱われない**ため、誤りである（平 18 択一）。なお、遅刻・早退等で一部でも勤務した日は、出勤したものとして扱う。 🄲 p87/ ×

[A105] 例えば、10 月１日に雇用された者に対し、翌年の１月１日に年次有給休暇を付与する場合、翌年の１月１日から３月 31 日（雇入れ後６月目）までの**全期間を出勤**したものとみなして出勤率を算定する。（平 19 択一） 🄲 p88/ ○

Question

Q106
年次有給休暇の付与日数の算定に当たり、「継続勤務」とは在籍期間をいい、必ずしも継続出勤を要しないから、休職期間も含まれる。

Q107
年次有給休暇の利用目的は労働基準法の関知しないところであり、休暇をどのように利用するかは、使用者の干渉を許さない労働者の自由であるとするのが最高裁判所の判例である。

Q108
年次有給休暇の比例付与の対象となる労働者は、週所定労働日数が４日以下で、かつ、週所定労働時間が 20 時間未満であるか、又は週以外の期間によって所定労働日数が定められている場合は、年間の所定労働日数が 216 日以下で、かつ週所定労働時間が 20 時間未満の者である。

Q109
年次有給休暇の権利は、基準日に発生するので、基準日において予定されている所定労働日数及び所定労働時間に応じた日数の年次有給休暇を付与すべきものであるとされている。

Q110
年次有給休暇は、原則として、労働日に、日単位で、労働者が指定した日に与える。

【ポイント】［時間単位年休］（平 24 択一）
　使用者は、**労使協定**により、次に掲げる事項を定めた場合において、**①に掲げる労働者の範囲**に属する労働者が有給休暇を**時間を単位として請求**したときは、**②に掲げる日数**については、**時間を単位**として有給休暇を与えることができる。

Answer

[A106]　労働組合専従期間、定年退職者等が嘱託等で再雇用の期間、在籍出向の期間も「継続勤務」として通算される。

こ p86/ ○

[A107]　記述のとおり。また、年次有給休暇の権利は、労働基準法 39 条所定の要件を満たすことによって法律上当然に労働者に生ずる権利であって、労働者の請求をまってはじめて生ずるものではない。（平 20・22・26・令 4 択一）　こ p85/ ○

[A108]　「20 時間未満」とあるのは、いずれも「**30 時間未満**」である。例えば、**週 3 日**で 1 日 7 時間の者（**週 21 時間**）、**週 4 日**で 1 日 6 時間の者（**週 24 時間**）は比例付与である。週 4 日で 1 日 8 時間の者（**週 32 時間**）、**週 5 日**で 1 日 3 時間の者（週 15 時間）は比例付与ではない。（平 14 択一）　こ p88/ ×

[A109]　雇入れの日から起算して**6 カ月間継続勤務終了日**の**翌日**が最初の基準日となる。雇入れ日が 4 月 1 日の場合には、10 月 1 日が最初の基準日となる。**基準日の労働条件**によって**付与日数が決定**される。（平 17 択一）　こ p88/ ○

[A110]　正しい。これを労働者の「**時季指定権**」という。使用者は、事業の正常な運営が妨げられる場合は、「**時季変更権**」を行使できる。

こ p89/ ○

① 時間を単位として有給休暇を与えることができることとされる労働者の範囲
② 時間を単位として与えることができることとされる有給休暇の日数（**5 日以内**に限る）
③ その他厚生労働省令で定める事項

Question

Q111 派遣労働者の場合、年次有給休暇についての使用者の時季変更権の要件である「事業の正常な運営」が妨げられるか否かの判断は、派遣先の事業でなされる。

Q112 使用者は、労使協定により、一定の事項を定めた場合、時間単位年休を与えることができる。この場合、時間を単位として与えることができることとされる有給休暇の日数は、前年度からの繰越分を含め 10 日以内とされている。

Q113 時間単位年休は、労働者が請求した時季に時間単位により年次有給休暇を与えることができるものであり、計画的付与として時間単位年休を与えることは認められない。

Q114 労使協定で、年次有給休暇の計画的付与の定めをした場合、その対象となる年次有給休暇については、労働者の時季指定権及び使用者の時季変更権は、ともに行使することができない。

Q115 年次有給休暇が 10 労働日以上ある労働者については、その日数のうち５日は基準日から１年以内の期間に、労働者ごとにその時季を定めることにより与えなければならない。

Q116 年次有給休暇の期間中の賃金は、平均賃金、通常の賃金あるいは労使協定で定めた標準報酬月額の30分の１相当額のいずれかを支払わなければならない。

Answer

[A111]　当該派遣労働者の代替要員の手配等は派遣元で行う必要があることから、**派遣元の事業の運営状況を考慮**することとしている。（平16択一）　ⓒ p89/ ×

[A112]　時間を単位として有給休暇を与えることができることとされる有給休暇の日数は**5日以内**であるが、**前年度からの繰越分**も**含めて5日の範囲内**とされている。（平22・26択一）　ⓒ p89/ ×

[A113]　時間単位年休は、労働者が時間単位による取得を請求した場合において、**労働者が請求した時季**に与えることができるものである。（平26択一）　ⓒ p92/ ○

[A114]　年次有給休暇について、計画的付与の定めをしたときは、労働者の**時季指定権**及び使用者の**時季変更権**は、ともに**行使することができない**。　ⓒ p92/ ○

[A115]　自ら取得や計画的付与と合わせて**5日**でもよい。なお、この「**10労働日**」とは、繰越分を合わせてはじめて10労働日となる場合は含まれない。　ⓒ p90/ ○

[A116]　年次有給休暇中の賃金は、**平均賃金**か、所定労働時間労働した場合の**通常の賃金**を支払う。さらに、**労使協定**で健康保険法の**標準報酬月額の30分の1相当額**による定めをした場合は、必ず、それで支払わなければならない。　ⓒ p91/ ×

Question

Q117 年次有給休暇の取得目的は自由であるが、労働者が所属する事業場における争議行為（一斉休暇闘争）に参加する目的で年次有給休暇を請求することは、年次有給休暇の行使にあたらない。

Q118 労働者が長期連続の年次有給休暇を取得する場合は、事前の調整を図る必要があり、これを経ることなく時季指定をした場合には、使用者の時季変更権の行使については、ある程度の裁量的判断の余地があるとするのが最高裁判所の判例である。

<特定高度専門業務・成果型労働制（以下「制度」という）>

Q119 対象業務には、金融商品の開発業務、金融商品のディーリング業務、アナリストの業務などがある。

Q120 制度を導入するためには、労使委員会の４分の３以上の多数の議決により一定事項を決議し、当該決議を行政官庁に届け出ることが必要であり、また、対象労働者の同意を得なければならない。

Q121 制度では、１年間に支払われることが確実と見込まれる賃金の額が、1,075万円を超えることが要件とされている。

Q122 使用者は、対象業務に従事する対象労働者に対し、１年間を通じ52日以上、かつ、毎週１回以上の休日を与えることが必要である。

[A117]　年次有給休暇を使用し、労働者が**所属する事業場における争議行為**（一斉休暇闘争）**に参加**することは年次有給休暇の行使にあたらない。なお、**他の事業場の争議行為に参加**することは、年次有給休暇の行使にあたらないとはいえない。（平22択一）　ご p90/ ○

[A118]　記述のとおり。なお、使用者の裁量的判断は、労働基準法39条の趣旨に沿う**合理的**なものでなければならない。（平22・29選択）　ご p89/ ○

[A119]　業務には、設問の業務のほか、**コンサルタントの業務**、**研究開発の業務**がある。なお、「**特定高度専門業務・成果型労働制**」は、「**高度プロフェッショナル制度**」とも呼ばれている。試験対策として、両方の制度名を覚えておこう。

ご p96/ ○

[A120]　労使委員会の、「**5分の4以上**」の多数による**議決**による**決議**が必要であり、対象労働者から書面等によりその**同意**を得る必要がある。効果として、**労働時間**、**休憩**、**休日及び深夜の割増賃金**に関する規定は**適用されない**。　ご p95/ ×

[A121]　正しくは、**1,075万円「以上」**である。条文は、「**基準年間平均給与額の3倍**の額を相当程度上回る水準として厚生労働省令で定める額（1,075万円）以上」とされている。

ご p97/ ×

[A122]　設問中、52日以上は「**104日以上**」、毎週1回以上は「**4週間を通じ4日以上**」が正しい。　ご p97/ ×

Question

Q123 制度においては、健康管理時間を把握する措置を決議で定めるところにより講じなければならない。

Q124 選択的措置として、健康管理時間が1週間当たり40時間を超えた時間について、決議で定めるところにより1カ月当たり100時間かつ3カ月について240時間を超えない範囲内としなければならない。

Q125 制度を実施した場合の健康管理時間の状況に応じた健康確保措置として、「健康管理時間が一定時間を超えた者に対して、決議で定めるところにより医師又は保健師による面接指導を行うこと」などがある。

Q126 決議の届出をした使用者は、「健康管理時間の状況」、「選択的健康確保措置」等の実施状況を、決議の有効期間の始期から起算して6カ月以内ごとに、所轄労働基準監督署長に報告しなければならない。

Q127 制度の実施要件を満たした場合、対象労働者については、労働時間、休憩、休日及び深夜の割増賃金に関する規定は、適用されない。

【ポイント】［特定高度専門業務・成果型労働制］

決議事項には、次の内容も含まれる。

① 決議の**有効期間の定め**及び当該決議は**自動更新しない**こと（有効期間は、1年以内とすることが望ましい）。

② 労使委員会の開催頻度及び開催時期。

③ **常時50人未満**の事業場である場合には、労働者の健康管理等

Answer

[A123]　**健康管理時間**の把握は、タイムカードの記録、パソコン等の使用時間の記録等の客観的な方法によることとされている。　こ p97/ ○

[A124]　**1カ月**当たり**100時間**又は**3カ月**について**240時間**を超えない範囲内としなければならない。　こ p98/ ×

[A125]　**健康管理時間**が一定時間を超えた者に対して、**医師による面接指導**を行うことなどがある。　こ p98・191/ ×

[A126]　報告事項には、設問のほか「**休日の確保**」、「**健康管理時間の状況に応じた健康確保措置**」の実施状況がある。

こ p99/ ○

[A127]　制度の効果は、「**労働時間**、**休憩**、**休日**及び**深夜割増賃金**」に関する規定は**適用されない**ことにある。

こ p95/ ○

を行うのに必要な知識を有する**医師**を選任すること。

④　労働者の同意及びその撤回、合意した職務の内容、支払われると見込まれる賃金の額、健康管理時間の状況、休日確保措置、選択的措置、健康確保措置として講じた措置、苦情の処理に関して講じた措置、③の医師の選任の記録を決議の有効期間中及び有効期間終了後**5年間（当分の間3年間）保存**すること。

Section 5. 年少者

Question

Q128 原則として使用者は、児童が満 13 歳に達するまでの間に限り、これを使用してはならない。

Q129 非工業的事業で、児童の健康及び福祉に有害でなく、かつ労働が軽易なものについては、行政官庁の許可を受けて満 13 歳以上の者を、労働時間と修学時間を通算して 1 日 8 時間以内、1 週 40 時間以内で使用することができる。

Q130 映画の製作及び演劇の事業については、満 13 歳に満たない者についても、一定の要件を満たせば、使用することができる。

Q131 年少者については、原則として、変形労働時間制、特例事業の特例時間（週 44 時間制）及び高度プロフェッショナル制度は適用されない。

Q132 災害その他避けることのできない事由により、臨時の必要がある場合、使用者は、行政官庁の許可を受けて、労働時間を延長し又は休日に労働させることができるが、年少者については、この規定により労働させることはできない。

【ポイント】
労基法上、「**年少者**」は **18 歳未満**の者をいい、原則として、時間外労働・休日労働の制限、深夜業の制限、坑内労働の制限、危険有害業務の制限、帰郷旅費及び証明書の備付け等により、**保護**

内容はそれほど複雑ではありません。出題ポイントは限られており、しっかり押さえましょう。

Answer

[A128] 児童が**満 15 歳に達した日以後の最初の 3 月 31 日が終了するまで**、使用してはならない。なお、Q129・130 のような例外がある。(平 29 択一) ご p100/ ×

[A129] "**労働**時間と**修学**時間を通算して" 1 日 7 時間以内、1 週 40 時間以内で労働させることができる。(平 29 択一)
ご p100・103/ ×

[A130] **映画の製作及び演劇の事業の子役**などについては、行政官庁の許可を得て、修学時間と労働時間を合わせて、1 日 7 時間以内、1 週 40 時間以内で使用できる。 ご p100/ ○

[A131] **年少者**の労働時間は、原則として、**1 日 8 時間、1 週 40 時間**である。(令元択一) ご p103/ ○

[A132] **非常災害**の場合には、年少者にも、時間外・休日労働及び深夜労働をさせることができる。(平 30・令 3 択一)
ご p63・103/ ×

している。年少者には、特例時間 1 週間 44 時間の適用もない。変形労働時間制も原則として適用されない。「**児童**」の労働時間は、休憩時間を除き、修学時間を通算して 1 日 7 時間、1 週 40 時間が限度となっている。

Question

Q133

使用者は、18 歳未満の年少者について、その年齢を証明する戸籍証明書を事業場に備え、児童については、さらに修学に差し支えないことを証明する学校長の証明書と親権者又は後見人の同意書を事業場に備え付けなければならない。

Q134

交替制によって労働させる事業については、年少者に深夜業をさせることはできない。

Q135

未成年者は、独立して賃金を請求することができる。

Q136

満 15 歳到達年度末後の年少者は、1 週間の法定労働時間 40 時間（特例事業においては 44 時間）を超えない範囲内で、1 週間のうちのある 1 日の労働時間を 4 時間以内に短縮した場合、他の日の労働時間を 10 時間まで延長できる。

Q137

満 15 歳到達年度末後の年少者については、1 日 10 時間、1 週 52 時間の範囲内で、1 カ月単位の変形及び 1 年単位の変形労働時間制により労働させることができる。

【ポイント】

「**年少者**」の範囲は、**18 歳未満**であることに注意。民法の改正に伴い、「**未成年者**」の範囲も **18 歳未満**となった。満 15 歳に達した日以後の最初の 3 月 31 日が終了するまでの者を「**児童**」といって

Answer

[A133]　「年少者」については、年齢を証明する**戸籍証明書**、「児童」については、さらに**学校長の証明書**及び親権者又は後見人の**同意書**を事業場に備え付ける義務がある。（平7記述）

ⓒ p101/ ○

[A134]　**交替制**によって労働させる事業については、**行政官庁の許可**を受けることにより、**30分間の深夜業**をさせることができる。 ⓒ p105/ ×

[A135]　正しい。また、親権者又は後見人は、未成年者の賃金を代わって受け取ってはならない。（平20択一） ⓒ p102/ ○

[A136]　1週間の法定労働時間**40時間以内**で認められる。年少者には法定労働時間の特例（1週間44時間）の適用はない。なお、後段は正しい。 ⓒ p103/ ×

[A137]　満15歳到達年度末後満18歳未満の者には、**1日8時間**、**1週間48時間**を超えない範囲内であれば、**1カ月単位**の変形労働時間制及び**1年単位**の変形労働時間制で労働させることができる。ただし、1週平均40時間以内という条件が求められている。（平23択一） ⓒ p103～104/ ×

いる。児童のうち、13歳未満の者でも子役など、映画の製作及び演劇の事業については、行政官庁の許可を条件として労働させることが可能である。

Question

Q138

商業、金融・広告業、映画・演劇業、保健衛生業など一斉休憩の原則が適用されない事業であっても、年少者に対しては、一斉休憩除外の労使協定を締結しない限り、休憩は一斉に与えなければならない。

Q139

年少者には坑内労働が禁止されているが、職業訓練を受ける者については、満16歳以上の男性に限り坑内労働が認められることがある。

Q140

「演劇の事業に使用される児童（満15歳到達年度末未満の者）が演技を行う業務に従事する場合」には、当分の間、深夜時間帯は午後9時から午前6時までとなる。

Q141

年少者が解雇の日から30日以内に帰郷する場合、使用者は、必要な旅費を支払わなければならない。

Q142

Q141の場合、年少者が、その責めに帰すべき事由に基づき解雇され、使用者がその事由につき、行政官庁の認定を受けたときは、帰郷旅費を支払う必要はない。

Answer

[A138]　運輸交通業、商業、金融・広告業、映画・演劇業、通信業、保健衛生業、接客娯楽業、官公署の事業では、労使協定を締結することなく**一斉に休憩時間を与えなくてもよい**が、この規定は**年少者には適用されない**。（平８・15 択一）

㋙ p65・104/ ○

[A139]　**都道府県知事の認定**した**職業訓練**を受ける者については、**都道府県労働局長の許可**を受けて、**満 16 歳以上の男性**を**坑内労働**に従事させることができる。（平８択一）　㋙ p113/ ○

[A140]　演劇の場合には、午後８時を過ぎても、児童を使用する必要があることがある。このため、**演劇の事業**に限って、深夜時間帯を**午後９時から午前６時**としている。（平 16 択一）

㋙ p105/ ○

[A141]　「30 日以内」ではなく「**14 日以内**」である。「**14 日以内に**」とは、例えば、６月１日に解雇されたとすると翌日の６月２日から数えて 14 日、すなわち６月 15 日までをいう。（平 11・19 択一）　㋙ p106/ ×

[A142]　正しい。なお、法 20 条により、解雇に当たり「**労働者の責に帰すべき事由**」のあることについて行政官庁の**認定**を受けていれば、重ねて認定を受ける必要はない。 ㋙ p106/ ○

【ポイント】

年少者に対しては、その他、**危険**な業務、**有害**な業務、**坑内労働**及び**重量物**を取り扱う業務について、禁止もしくは制限がされている。

Section
6. 妊産婦等

Question

Q143 使用者は、妊娠中の女性及び産後１年を経過しない女性を、妊産婦の妊娠、出産、哺育等に有害な業務に就かせてはならない。

Q144 妊娠中の女性を妊婦といい、産後１年を経過しない女性を産婦という。両者を合わせて妊産婦といい、それぞれ取扱いが異なる。

Q145 産後８週間は就業禁止期間で、特に産後６週間は絶対的就業禁止期間である。産後６週間を経過した女性が請求した場合は、医師が支障がないと認めた業務に就かせることができる。

Q146 妊産婦が請求した場合は他の軽易な業務に転換させなければならない。ただし新たな業務を創設してまで与える義務はない。

Q147 使用者は、生後満１年に達しない生児を育てる労働者が育児時間を請求したときは、原則として１日２回各 30 分の育児時間を与えなければならない。

この問題が解けるようなら、
妊産婦等については理解できたといえます。

Answer

[A143] **妊産婦**については、重量物を取り扱う業務、有害ガスを発散させる場所における業務その他妊産婦の**妊娠**、**出産**、**哺育**等に**有害な業務**に就かせてはならない。（平27択一）

ご p108/ ○

[A144] たとえば、坑内労働についても、妊娠中の女性は**禁止**されており、産婦については、坑内労働に従事しない旨を使用者に**申し出た**者に限り禁止している。（令5択一） ご p107～110/ ○

[A145] 産後6週間を、「**絶対的就業禁止期間**」という。（平4択一）

ご p108～109/ ○

[A146] 設問は"妊娠中の女性"すなわち、**妊婦だけ**を対象とする規定である。産婦は含まれない。（平26・令3択一）

ご p109/ ×

[A147] **育児時間**を与えなければならないのは、**女性労働者**に限られている。なお、労働時間が4時間以内の場合は、1日1回30分のみ、育児時間を与えればよい。（平20択一）

ご p111/ ×

【ポイント】
産前は出産予定日以前を指し、予定日より出産が遅れた場合は、産前に加える。**出産日当日も産前**に含まれる。

Question

Q148

妊産婦が請求したときは、1カ月単位の変形労働時間制、1年単位の変形労働時間制、1週間単位の非定型的変形労働時間制及びフレックスタイム制は、適用されない。

Q149

管理・監督者以外の妊産婦が請求した場合、非常災害、公務のため、及び36協定による時間外労働、休日労働をさせることができない。

Q150

管理・監督者である妊産婦も請求すれば、深夜業を拒むことができる。

Q151

労働基準法でいう出産とは、妊娠4カ月以上の分娩をいい、生産、死産、人工流産を問わず、1カ月を28日として計算するので85日目から保護される。

Q152

使用者は、生理日の就業が著しく困難な女性が休暇を請求した場合は、その者を生理日に就業させてはならない。生理休暇は、有給無給を問わないが暦日単位で与えなければならない。

【ポイント】「**妊産婦**」、「**妊婦**」、「**産婦**」の使い分けに注意を要する。「妊産婦」とは、妊娠中の女性と産後1年を経過しない女性を指す（平27選択）。「妊婦」は妊娠中の女性であり、「産婦」は産後1年を経過しない女性をいう。

女性であることによる保護規定は廃止され、男女差別は、**男女雇用機会均等法**で禁止している。労基法の男女差別の禁止については、**男女同一賃金の原則**だけである。

Answer

[A148] 始業及び終業の時刻を労働者本人が決めることができるため、**フレックスタイム制**だけは適用が解除されない（適用される）。 ご p110/ ×

[A149] 管理監督者以外の妊産婦は、請求すれば、**時間外労働**、**休日労働**、及び**深夜業**を拒むことができる。（平 25 択一） ご p110/ ○

[A150] **管理監督者である妊産婦**は、請求しても時間外労働と休日労働を拒むことはできないが、**深夜業**は請求すれば拒むことができる。（平 29・令 3 択一） ご p110/ ○

[A151] 出産とは**妊娠 4 カ月以上**（**85 日以上**）の分娩をいい、生産、死産、人工流産等を問わない。健康保険法でいう出産も同様である（健保法 298 頁Q 113 参照）。（令 3 択一） ご p109/ ○

[A152] 生理休暇は、有給無給を問わないが、必要な期間又は必要な時間を与える必要がある（平 26 択一）。日単位で与えても、時間単位で与えても差し支えない。 ご p112/ ×

【ポイント】［妊産婦は拒否できるか］

	時間外労働*	休日労働	深夜業
一般の妊産婦	可	可	可
管理監督者である妊産婦	**不可**	**不可**	**可**

＊非常災害時や変形労働時間制による時間外労働を含む。

Section
7. 就業規則

Question

Q153 常時10人以上の労働者を使用する使用者は、就業規則を作成し、行政官庁に届け出なければならない。変更した場合も同様とする。就業規則は合理的なものである限り、法的規範の性質を有する。

Q154 就業規則は、所轄労働基準監督署長へ届け出たときに、効力が発生する。

Q155 労働者は、就業規則の定めが合理的なものである限り、就業規則の存在・内容を知っていると否とを問わず、また個別に同意を与えたかどうかを問わず、当然にその適用を受ける。

Q156 使用者が労働者を懲戒するためには、あらかじめ就業規則において懲戒の種別及び事由を定めておくことを要する。

Q157 就業規則で減給の制裁を定める場合、1回の額が平均賃金の1日分の半額を超えてはならない。総額が一賃金支払期における賃金の総額の10分の1を超えてはならない。

【ポイント】　Q 153

① 「**常時10人以上**」の意味は、「パート、日雇、臨時雇い」を含む。一時的に7、8名になっても、常態として10人以上であれば作成義務と行政官庁への届出義務が生ずる（平26択一）。意見書添付が必要であるが、同意は不要であるから、反対意見でも有

就業規則の作成・改定等は社労士の
重要な業務の一つ。毎年出題されています。

Answer

[A153]　就業規則は**常時 10 人以上**の労働者を使用する場合、作成義務がある（平 28 択一）。通説及び判例では、就業規則は事実たる慣習として、「**法的規範性**」があるとされている。

ご p115/ ○

[A154]　就業規則は、労働者に**周知した時点**で、その効力が発生する。届出だけでは発生しない。 ご p116・117/ ×

[A155]　最高裁判例「**秋北バス事件**」からの出題であるが、繰り返し同じ個所が出題されているので、基本書でしっかり押さえておこう（平 17 択一）。Q 153 の最後「**法的規範**の性質を有する」という記述も同じ判例である。 ご p115/ ○

[A156]　就業規則の相対的必要記載事項として「**表彰及び制裁**」がある。**懲戒**はこの制裁に該当するため、**種別及び事由**を定めておく必要がある。 ご p117/ ○

[A157]　正しい。なお、賞与から減額する場合も、1 回の事由については平均賃金の**半額**を超えてはならず、総額は賞与額の **10 分の 1** を超えてはならない。 ご p118/ ○

効に就業規則が成立する。（平 20 択一）

② 労基法 91 条の減給の制裁の規定の条文では、“就業規則で減給の制裁を定める場合” の就業規則には、常時 10 人未満の事業場における “**就業規則に準じた文書**” も含んでいる。（平 16 択一）

Question

Q158 減給の制裁に関し、平均賃金の算定事由発生日は、減給の制裁の意思表示が相手方に到達した日である。

Q159 出勤停止及びその期間中の賃金を支払わない就業規則の定めは、減給の制裁に該当せず、法 91 条（制裁規定の制限）の適用を受けない。

Q160 ①降給が、従前の職務に従事させるが賃金額のみを減ずる趣旨である場合、②制裁として格下げし、その職務変更に伴い、賃金が低下する場合は、いずれも法 91 条の制裁規定の制限に抵触する。

Q161 就業規則は、法令又は労働協約に反してはならない。行政官庁は、法令又は労働協約に抵触する就業規則の変更を要請することはできるが、変更を命ずることはできない。

Q162 使用者は、就業規則の作成と変更について、当該事業場の労働者の過半数で組織する労働組合（ない場合は、過半数代表者）の同意を得なければならない。

【ポイント】
就業規則は、常時 10 人以上の労働者を使用する事業場で、作成義務及び行政官庁への届出が必要となる。同意は不要であるが、労働者の過半数代表者の**意見書**を添付する。（平 24 択一）

Answer

[A158]　平均賃金の算定事由発生日は、減給の制裁に関しては**減給の制裁の意思表示が相手方に到達した日**である（平30択一）。なお解雇予告手当に関しては、**解雇の通告をした日**である。

ご p20・118/ ○

[A159]　正しい（平16・28択一）。なお、遅刻・早退をした場合に、**その時間に対する賃金額**を減額する就業規則の定めも、減給の制裁に該当せず、法91条の適用を受けない。

ご p118/ ○

[A160]　①は法91条の適用を受ける。②の賃金の低下は、その労働者の**職務の変更**に伴う当然の結果であるから法91条の**制裁規定の制限**に抵触しない。

ご p118関連/ ×

[A161]　就業規則は、法令又は労働協約に反してはならない。**行政官庁**は、法令又は労働協約に抵触する**就業規則の変更を命ずる**ことができる。（平30択一）

ご p118/ ×

[A162]　就業規則の作成と変更については、過半数労働組合（ない場合は、過半数代表者）の"**意見**を聴かなければならない"（平30択一）。同意を得なければならないわけではない。

ご p117/ ×

労働者が意見書添付を拒否した場合は、意見書を求めていることが客観的に証明されれば、就業規則は有効に成立する。効力の発生は、労働者に全文を**周知**させたときである。

Section

8. 寄宿舎、監督機関、雑則、罰則

Question

Q163 使用者は、事業の附属寄宿舎に寄宿する労働者の私生活の自由を侵してはならず、寮長等寄宿舎生活の自治に必要な役員の選任に干渉してはならない。

Q164 Q163の「私生活の自由を侵す行為」には、「共同の利益を害する場所及び時間を除き、面会の自由を制限すること」がある。

Q165 使用者は、事業の附属寄宿舎について換気、採光その他労働者の健康、風紀及び生命の保持に必要な措置を講じなければならない。

Q166 常時10人以上又は危険又は有害な業務の附属寄宿舎を設置、移転、変更する場合は、計画を工事着手30日前までに行政官庁に届け出なければならない。

Q167 前問の附属寄宿舎の設置、移転、変更の場合、行政官庁は、必要であると認めるときは、工事の着手を差し止め、又は計画の変更を命ずることができる。

【ポイント】

① **寄宿舎規則の作成**に当たっては**労働者の同意**が必要であるが、**就業規則の作成**に当たっては労働者の**意見を聴けば**よい。

出題率は高くないけれど、出題されたら確実に正解したいです。

Answer

[A163]　私生活の自由を侵す行為とは、外出又は外泊について使用者の承認を受けさせること、面会の自由を制限すること等が該当する。(平 21 択一)　ご p119/ ○

[A164]　**私生活の自由を侵す行為**には、設問のほか「**外出又は外泊**について**使用者の承認**を受けさせること」「教育、娯楽その他の**行事に参加を強制**すること」がある。　ご p119/ ○

[A165]　設問のとおりである。なおこの措置の基準は厚生労働省令で定める。(平 15 択一)　ご p120/ ○

[A166]　"工事着手 30 日前までに" が誤っており、"工事着手**14 日前**までに" 行政官庁に届け出なければならない。(令 2 選択、平 21 択一)　ご p120/ ×

[A167]　正しい（平 9 択一)。また、事業の附属寄宿舎が、安全及び衛生に関して、定められた基準に反する場合は、行政官庁は使用者に対して、その全部又は一部の使用を停止、変更その他必要な事項を命ずることができる。　ご p120/ ○

② **労働基準監督官**は、事業場、寄宿舎等に**臨検**し、**帳簿・書類の提出**を求め、又は使用者もしくは労働者に対して**尋問**を行うことができる。

Question

Q168 事業の附属寄宿舎が、安全及び衛生に関して定められた基準に違反する場合は、行政官庁は、使用者に使用の停止、変更等を命ずることができる。

Q169 労基法に違反する事実がある場合、労働者は、その事実を行政官庁又は労働基準監督官に申告することができる。使用者はこの申告をしたことを理由として、労働者に対して、解雇その他不利益な取扱いをしてはならない。

Q170 労基法及びこれに基づく命令並びに就業規則については、要旨を周知させれば足りるが、労基法に規定する労使協定、労使委員会の決議は、全文を周知させなければならない。

Q171 使用者は、就業規則等を一定の方法により労働者に周知させなければならないが、周知の方法は、書面を労働者に交付することに限られている。

Q172 使用者は、各事業場ごとに労働者名簿を各労働者（日日雇い入れられる者を含む）について調製し、労働者の氏名、生年月日、履歴その他厚生労働省令で定める事項を記入しなければならない。

Answer

[A168]　行政官庁は、使用者に対して、その全部又は一部の**使用の停止**、**変更**その他必要な事項を**命ずる**ことができる。（平3択一）　ご p120/ ○

[A169]　監督機関への違反の申告制度である。（平20択一、平10記述）

使用者は、この規定に違反すると、6カ月以下の懲役又は30万円以下の罰金に処せられる。（平14択一）　ご p121/ ○

[A170]　**労基法**や**命令**は**要旨**を周知させればよいが、**就業規則**、労基法に規定する**労使協定**及び労使委員会の**決議**は、**全文**を周知させなければならない。（令2択一）　ご p122/ ×

[A171]　**周知**の方法には、①**掲示又は備付け**、②**書面の交付**、③磁気テープ等に**記録**し、かつ各作業場に**常時確認できる機器等を設置**する方法がある。（令元択一）　ご p122～123/ ×

[A172]　労働者名簿は、「**日日雇い入れられる者**を除く」であるから、誤り。（平22択一）

なお労働者名簿の記入事項は、氏名、生年月日、履歴、性別、住所、従事する業務の種類、雇入れ年月日、退職の年月日及びその事由、及び死亡の年月日及びその原因である。

ご p123/ ×

【ポイント】

労基法に規定する**労使協定は 14** ある。これらの 14 の労使協定は**すべて**について、労働者に周知させなければならない。

Question

Q173

賃金台帳には、賃金計算期間、労働日数、労働時間数などを記入しなければならないが、日日雇い入れられる者については、原則として、労働日数は記入を要しないものとされている。

Q174

雇入れ又は退職に関する書類は５年間（当分の間３年間）の保存義務があるが、保存期間の起算日は、労働者の退職又は死亡の日である。

Q175

所轄労働基準監督署長は、解雇予告手当、休業手当、割増賃金及び年次有給休暇の賃金を使用者が支払わなかった場合、労働者の請求により、この未払金の他これと同一額の付加金の支払を命ずることができる。

Q176

付加金の支払の請求は、違反があったときから２年以内にしなければならない。

Q177

使用者が既に解雇予告手当等の支払を完了し、使用者の義務違反の状況が解消した後においては、労働者は付加金の請求を申し立てることはできないとするのが最高裁判所の判例である。

Q178

退職手当、賃金、災害補償の請求権の時効は、権利を行使できるときから５年（当分の間３年間）である。

Answer

[A173]　**日日雇い入れられる者**については、**賃金計算期間の記入は要しない**。ただし、日日雇い入れられる者が１カ月を超えて引き続き使用されたときは、賃金計算期間を記入しなければならない。（平 13 択一）　ご p124/ ×

[A174]　正しい。保存義務がある書類には、**労働者名簿**、**賃金台帳**、**雇入れ又は解雇**に関する書類、**災害補償**に関する書類及び**賃金その他**労働関係に関する重要な書類がある。　ご p124〜125/ ○

[A175]　「所轄労働基準監督署長」は、正しくは「**裁判所**」である。なお、付加金の支払の規定は、解雇予告手当、休業手当、割増賃金及び年次有給休暇中の賃金又は時間の賃金の**限定列挙**である。（平 24 択一）　ご p125/ ×

[A176]　**請求**は「**5年**（当分の間**3年**）以内」に行わなければならない。　ご p125/ ×

[A177]　記述のとおり。付加金支払義務は、使用者が解雇予告手当等を支払わない場合に、当然発生するものではなく、労働者の請求と裁判所の命令があってはじめて発生する。（平 18 択一）　ご p125/ ○

[A178]　労基法の時効は、**賃金の請求権**は**5年間**（**当分の間 3年間**）、**退職手当の請求権**は**5年間**、**その他**（**災害補償**、年次有給休暇、退職時の証明等）**の請求権**は**2年間**である。（令 5 択一）　ご p125/ ×

【ポイント】
Q 176　**付加金の請求**は、**5年**（**当分の間3年**）**以内**であるが、この期間は、「除斥期間」といわれている。

Question

Q179

解雇予告手当の消滅時効は賃金と同様と解されている。

Q180

就業規則で「年次有給休暇は翌年度に繰り越してはならない」と定めた場合は、年度経過後における年次有給休暇の権利は消滅する。

Q181

船員法1条1項に規定する船員については、法1条から法11条までの「総則、賃金」の規定の適用、法116条2項、117条から119条及び121条までの「罰則」に関する規定は、労基法の適用を受けるが、その他の項目については、労基法は適用除外となっている。

Q182

労基法5条の強制労働の禁止の規定違反は、1年以上10年以下の懲役又は20万円以上300万円以下の罰金で労基法上最も重い罰則となっている。

Q183

労基法違反の場合、事業主のために行為をした代理人、使用人、その他従業者等違反行為をした者を罰するが、事業主である法人は、罰則の対象とならない。

Answer

[A179]　**解雇予告手当**は、解雇通知と同時に支払う義務があるため、**消滅時効の問題は生じない**。（平 30 択一）ご p125/ ×

[A180]　できるだけ年度内に年次有給休暇を取らせる趣旨の規定を設けることは差し支えないが、かかる事項を就業規則に規定しても、年度経過後における年次有給休暇の権利は消滅しない。ご p125 関連 / ×

[A181]　船員法 1 条 1 項に規定する船員については、「総則、賃金」、「同居の親族のみ、家事使用人の適用除外」と「罰則」の規定を除いて、他の規定は**適用除外**となっている。（平 16 択一）ご p13/ ○

[A182]　**強制労働の禁止**に関する違反は、労基法上最も重い罰則である。（平 29 択一）ご p 9 ・126/ ○

[A183]　違反行為をした者を罰するほか、事業主に対しても、原則として罰金刑などを科する。これを**両罰規定**という。（平 20 択一）ご p126/ ×

【ポイント】

罰則については、一番重いものは覚えておいた方がよい（平 21 択一）。なお、**1 年単位の変形労働時間制**で、途中退職時に把握される時間外労働について割増賃金を支払わないと、法 24 条の「賃金全額払の原則」に**違反**する。

【知っトク知識】

■賃金支払５原則

試験では、毎年のように出題される重要事項です。例外をしっかり押さえておきましょう。

原　　則	例　　外
通　貨　払	①　**実物給与**（**通勤定期券の支給**等）……**労働協約**に別段の定めがある場合のみ可（労使協定に定めても、実物給与で支払うことはできない） ②　**賃金の口座振込み**……**本人の同意**を得たときのみ可（労働協約、就業規則、労使協定による代替はできない）
直　接　払	①　**使者**に支払うことは差し支えない。 ②　**代理人**に支払うことは**できない**（代理人が弁護士であっても、支払うことはできない）。
全　額　払	①　**法令**に別段の定めがある場合（税金、社会保険料等の源泉控除） ②　**労使協定**がある場合（組合費、購買代金、社宅費、旅行積立金等）……労働協約に限られず、労使協定でできることに注意。
毎月１回以上払	①　臨時に支払われる賃金 ②　賞与 ③　**１カ月を超える期間**について支給・算定される精勤手当、勤続手当、奨励加給、能率手当
一定期日払	①　**毎月月末払い**は**違反しない**。 ②　**毎月第４金曜日払い**という決め方は、**違反**する。

Chapter 2 労働安全衛生法

Question & Answer

総括安全衛生管理者はすべての事業場で選任しなければならない

×

Q10 参照

Section

1. 総 則

Question

Q1 安衛法は、労基法と相まって、労働災害の防止のための危害防止基準の確立、責任体制の明確化及び自主的活動の促進の措置を講ずる等、労働災害防止に関する総合的計画的な対策を推進し、職場における労働者の安全と健康を確保するとともに、快適な職場環境の形成を促進する。

Q2 安衛法において、労働者とは「労基法９条に規定する労働者（一定の者を除く）」をいい、事業者とは「事業を行う者で、労働者を使用する者」をいう。

Q3 事業者は、単にこの法律で定める労働災害の防止のための最低基準を守るだけでなく、快適な職場環境の実現と労働条件の改善を通じて職場における労働者の安全と健康を確保するようにしなければならない。

Q4 ２以上の建設業の事業者が、一の場所で行われる事業の仕事を共同連帯して請け負った場合、そのうちの１人を代表者と定め、仕事開始の 14 日前までに都道府県労働局長に届け出なければならない。

【ポイント】

① 安衛法は範囲が広く、受験対策上、絞込み学習が必要となる。
② 総則等、特に目的条文からの出題が多い。

総則で、安衛法の考え方を理解しましょう。
特に目的条文は重要です。

Answer

[A 1]　安衛法の目的条文である。繰り返し何度も出題されている。(平 12 択一、平 24・令元選択)

ご p129/ ○

[A 2]　労働者のうち「一定の者」とは、**同居の親族のみを使用**する事業又は事務所に使用される者及び**家事使用人**をいう。(平 28・令 2・3 択一)

ご p130/ ○

[A 3]　正しい。なお、建設工事の注文者等**仕事を他人に請け負わせる者**は、施工方法、工期等について、安全で衛生的な作業の遂行をそこなうおそれのある条件を附さないように**配慮**しなければならない。(平 18・令 4 選択)

ご p130/ ○

[A 4]　**仕事開始日の 14 日前まで**に届け出なければならない(平 4 択一)。この届出がないときは、**都道府県労働局長**が代表者を指名する。また、代表者の変更は、届け出なければ効力を生じない。

ご p131/ ○

③　労基法から分離した法律なので、**安全や衛生の最低基準**を定めている。

Question

Q5　労働衛生指導医は、都道府県労働局に置く。都道府県労働局長は、必要があると認めるときは、労働衛生指導医の意見に基づき、事業者に対して、臨時の健康診断の実施その他必要な事項を指示することができる。

Q6　事業者は、労働者が労働災害等により死亡し、又は休業したときは、遅滞なく、労働者死傷病報告書を所轄労働基準監督署長に提出しなければならない。

Q7　化学物質又は化学物質を含有する製剤を製造又は取り扱う業務を行う事業場において、１年以内に２人以上の労働者が同種のがんに罹患したことを把握した場合の「疾病の報告」は、四半期ごとにその最後の月の翌月末日までに提出する。

Q8　法人の代表者又は法人若しくは人の代理人、使用人その他の従業者が、その法人又は人の業務に関して、法122条所定の違反行為をしたときは、行為者以外に、その法人又は人に対しても、罰金刑が科される。

【ポイント】

①　労働災害を防止するため、**労働者側も協力**するように努めなければならない。

Answer

[A 5]　平元・8記述、平14選択等で繰り返し出題されている。設問以外にも、「**作業環境測定の実施**その他必要な事項」を**指示**できる（平23択一）。**労働衛生指導医**は、労働衛生に関し、学識経験を有する医師のうちから厚生労働大臣が任命する。　ご p131/ ○

[A 6]　**労働者死傷病報告書**は、**遅滞なく提出**しなければならないが、休業日数が**4日未満**のときは、**四半期ごと**にその最後の月の翌月末日までに提出しなければならない。（平25択一）　ご p132/ ×

[A 7]　**疾病の報告**は、設問のがんが業務に起因するものと疑われると医師が判断した場合に、事業者が**遅滞なく**、所轄都道府県労働局長に対して行わなければならない。　ご p132/ ×

[A 8]　安衛法においても、労基法と同様、**両罰規定**が設けられている。（平29択一）　ご p132/ ○

② 事業者は、事業場又はその附属建設物内で火災又は爆発の事故等が発生したときは、事故報告書を提出しなければならない。

Section

2. 安全衛生管理体制

Question

Q9 元方（もとかた）事業者とは、業種を問わず元請負人を指すが、元方事業者のうち、建設業、造船業及び製造業に属する事業の元方事業者のみを「特定元方事業者」という。

Q10 事業者は、林業、鉱業、建設業、運送業及び製造業で常時 100 人以上の労働者を使用する事業場においては、総括安全衛生管理者を選任し、一定の事項を統括管理させなければならない。

Q11 常時 150 人の労働者を使用する旅館業の事業場では、当該事業場を統括管理する実質的な権限を有するものを総括安全衛生管理者として選任しなければならない。

Q12 労働基準監督署長は、労働災害を防止するため必要があると認めるときは、事業者に対し、総括安全衛生管理者の増員又は解任を命ずることができる。

Q13 安全管理者は、少なくとも毎月 1 回、作業場を巡視しなければならない。

Q14 都道府県労働局長は、労働災害を防止するため必要があるときは、事業者に対し、安全管理者の増員又は解任を命ずることができる。

安衛法中で最重要事項です。
確実に得点したい事項です。

Answer

[A 9] **特定元方事業者**は、「**建設業**と**造船業**」に属する事業の元方事業者をいう。 ⓒ p154・164/ ×

[A10] 労働者数常時 **100 人以上**で**総括安全衛生管理者**を選任しなければならない業種は、“**林業、鉱業、建設業、運送業**及び**清掃業**” である（平 29 択一）。「製造業」は、常時 300 人以上の労働者を使用する事業場で選任義務がある。

ⓒ p136/ ×

[A11] **旅館業**の事業場では、**常時 300 人以上**の労働者を使用する場合に**総括安全衛生管理者**を選任しなければならない。（平 20・29 択一） ⓒ p136/ ×

[A12] **都道府県労働局長**は、労働災害防止につき**総括安全衛生管理者の業務の執行**について、事業者に**勧告**することができる。安全管理者及び衛生管理者に関する増員・解任命令とは異なることに注意。（平 26 択一） ⓒ p137・140/ ×

[A13] **安全管理者**についての作業場巡視頻度は、特に定められていない（Q 22 との違いに注意）。（平 23 択一）

ⓒ p140・143/ ×

[A14] **安全管理者**につき、事業者に対して行う**増員又は解任命令**は、都道府県労働局長ではなく、**労働基準監督署長**が行う。**衛生管理者**についても同様である。 ⓒ p140/ ×

Question

Q15 使用する労働者が常時 50 人以上である屋外・工業的業種の事業場では、安全管理者を選任し、選任後は遅滞なく所轄労働基準監督署長に届け出なければならない。

Q16 安全管理者は、原則として、事業場に専属の者を選任するが、２人以上の安全管理者を選任する場合、労働安全コンサルタントの資格を有する者のうち、１人については専属の者でなくともよい。

Q17 高等学校又は中等教育学校における理科系統の正規の課程を修めて卒業し、その後３年以上の産業安全の実務に従事した経験を有する者で、一定の研修であって厚生労働大臣が定めるものを修了したものは、安全管理者となることができる。

Q18 衛生管理者は、全業種で、常時 50 人以上の事業場で選任しなければならない。常時 300 人を超える事業場では、１人以上を専任としなければならない。

Q19 衛生管理者は、常時 300 人の労働者を使用する事業場では３人以上、常時 1,500 人の労働者を使用する事業場では４人以上選任しなければならない。

Q20 常時 50 人以上の労働者を使用する機械修理業の事業場では、第２種衛生管理者免許を受けた者から衛生管理者を選任することも可能である。

Answer

[A15]　正しい。なお、選任すべき事由が生じた日から**14日以内**に選任しなければならない。また、旅行・疾病等の場合は**代理者**を選任する。（平24択一）　こ p138・140/ ○

[A16]　２人以上の安全管理者を選任する場合であって、**労働安全コンサルタント**の資格を有する者のうち**1人だけ**は、**専属の者でなくてよい**（平15択一）。衛生管理者についても同様である。　こ p138/ ○

[A17]　**高等学校**又は**中等教育学校**における理科系統の正規の課程を修めて卒業した者が安全管理者となるためには、産業安全の実務に"**4年以上**"従事した経験を有することが必要である。（平24択一）　こ p139/ ×

[A18]　安全管理者は、屋外工業的業種で常時50人以上で選任するが、**衛生管理者**は**全業種**で**常時50人以上**の事業場で選任する。常時**1,000人超え**では１人以上を専任としなければならない。（平26・29択一）　こ p141～142/ ×

[A19]　**衛生管理者**は、使用労働者数が常時**200人超え500人以下**の事業場では**2人以上**選任しなければならない。（平９択一）　こ p141・142/ ×

[A20]　機械修理業は**屋外工業的業種**に該当するため、第２種衛生管理者免許保持者から衛生管理者を選任することはできない。（平24択一）　こ p142～143/ ×

Question

Q21 常時労働者数700人の事業場で坑内労働又は特に有害な一定の業務に常時20人従事させる事業場では、衛生管理者のうち1人を衛生工学衛生管理者免許を受けた者から選任する。

Q22 衛生管理者は、常時、作業場を巡視しなければならない。

Q23 産業医は、常時労働者数2,000人の事業場では、2人以上選任しなければならない。

Q24 常時労働者数1,100人の事業場、常時800人で深夜業を含む業務などの一定の有害業務を行う事業場では、いずれも産業医を専任としなければならない。

Q25 産業医は、労働者の健康を確保するために必要があると認めるときは、衛生管理者に対し、労働者の健康管理等について必要な勧告をすることができる。

Answer

[A21] 常時労働者数**500人を超える**事業場で坑内労働又は特に有害な一定の業務に常時**30人以上**従事させる場合は、衛生管理者のうち**1人以上を専任**とするとともに、衛生管理者のうち1人を**衛生工学衛生管理者免許**を受けた者から選任しなければならない。（平25選択）

ご p142/ ×

[A22] **衛生管理者**は毎週1回、**産業医**は原則として毎月1回、**安全管理者は**常時、作業場等を巡視しなければならない。（平23択一）

ご p140・143・146/ ×

[A23] **産業医**は、業種を問わず常時**50人以上**の労働者を使用する事業場で選任義務がある。常時**3,000人超え**の事業場では、**2人以上**の選任である。（平6・11択一）

ご p144/ ×

[A24] 常時労働者数1,000人以上の事業場、常時500人以上で有害業務（深夜業を含む業務など）を行う事業場では、産業医を**専属**としなければならない。（平29択一）

ご p144〜145/ ×

[A25] 産業医の勧告は、衛生管理者ではなく「**事業者**」に対してすることができる。事業者は、**産業医の勧告**を受けたときは、これを**尊重**しなければならない。（平21選択）

ご p146/ ×

【ポイント】（平23択一）

Q 22 作業場を巡視する義務は、「産業医**月**1回（事業者から毎月1回以上一定の情報の提供を受けている場合であって、事業者の同意を得ているときは、少なくとも**2月に1回**）、店社安全衛生管理者も**月**1回、衛生管理者**週**1回、安全管理者は**常時**＝**毎日**巡視」と覚えておくとよい（少ない順）。

Question

Q26

労働者数常時 50 人未満の事業場についても、保健師に労働者の健康管理等の全部又は一部を行わせなければならない。

Q27

常時労働者数が 10 人の燃料小売業の事業場では、安全衛生推進者を選任し、氏名を関係労働者に周知させなければならない。

Q28

常時労働者数が 40 人の場合、業種を問わず衛生推進者を選任しなければならない。

Q29

屋外工業的業種で一定規模以上の事業場では、事業者は安全委員会を設置する。清掃業では、常時 50 人以上で、委員には必ず産業医を含み、毎月 1 回以上開催する。記録の保存は 3 年間である。

Q30

衛生委員会は、常時 70 人の労働者を使用する事業場では業種を問わず設置する。

Q31

事業者は、総括安全衛生管理者（統括管理する者）、衛生管理者等以外に、作業環境測定士を衛生委員会の委員として指名しなければならない。

Answer

[A26] 常時50人未満の事業場については、労働者の健康管理等を行うのに必要な医学に関する知識を有する**医師**その他厚生労働省令で定める者（一定の**保健師**）に労働者の健康管理等の全部又は一部を行わせるように**努めなければならない**。（平26択一）

ご p146/ ×

[A27] **安全衛生推進者**は、「**屋外・工業的業種**で、**10人以上50人未満**」の事業場で、原則として、**専属**の者を14日以内に選任するが、所轄労働基準監督署長への**届出は不要**である。関係労働者に**周知**させる。（平20択一）

ご p149/ ○

[A28] **衛生推進者**は、**屋外・工業的業種以外**（**非工業的業種**ともいう）の業種で、常時労働者数10人以上50人未満の場合に選任する。

ご p148/ ×

[A29] 安全委員会は、清掃業では、常時50人以上で設置する。委員には、**安全管理者**は含まれるが産業医は含まれない。

ご p149～150・152/ ×

[A30] **衛生委員会**は、業種を問わず、**常時50人以上**の労働者を使用する事業場ごとに設置する。なお、**安全委員会を設置**する事業場には、**衛生委員会も設置**する。この場合、安全衛生委員会に**一本化**することができる。（平29・令4択一）

ご p151/ ○

[A31] **作業環境測定士**は、**衛生委員会の任意的メンバー**であり、委員として**指名することができる**とされている。（平12択一）

ご p151/ ×

Question

Q32 安全委員会及び衛生委員会の委員の半数は、過半数労働組合又は過半数代表者の推薦に基づき指名しなければならない。

Q33 総括安全衛生管理者、衛生管理者、安全衛生推進者、産業医は、派遣先及び派遣元双方に選任義務があり、安全管理者は、派遣先にのみ選任義務がある。また、衛生委員会は、派遣先及び派遣元双方に設置義務があり、安全委員会は、派遣先のみに設置義務がある。

Q34 請負関係の建設業及び造船業の事業場について、特定元方事業者は、労働者数が常時 30 人以上の場合に統括安全衛生責任者を選任しなければならない。

Q35 都道府県労働局長は、労働災害を防止するため必要があると認めるときは、統括安全衛生責任者の業務の執行について、特定元方事業者に勧告できる。

Q36 統括安全衛生責任者を選任した事業者は、元方安全衛生管理者を選任し、所轄労働基準監督署長に報告しなければならない。

Q37 下請業者は、元方事業者の統括安全衛生責任者との連絡係として、安全衛生責任者を選任し、統括安全衛生責任者を選任している事業者に遅滞なく通報しなければならない。

Answer

[A32]　**議長となる者**（総括安全衛生管理者等）**以外の委員の半数**は、過半数労働組合又は過半数代表者の**推薦**に基づき指名しなければならない。（平26択一）　🄲 p150・151/ ×

[A33]　正しい。設問の名称中に“**衛生**”とあれば、**派遣先及び派遣元の双方**に選任・設置義務があり、“**安全**”だけであれば、**派遣先のみ**に選任・設置義務がある。（平30択一）

🄲 p153/ ○

[A34]　**統括安全衛生責任者**は、原則、**常時50人以上**の規模で選任が必要である。**建設業**のうち、ずい道等建設、一定の橋梁の建設、圧気工法による作業の仕事を行う場合は**常時30人以上**の規模で選任する。（令元択一）　🄲 p155/ ×

[A35]　**都道府県労働局長**は、労働災害を防止するため必要があると認めるときは、**統括安全衛生責任者の業務の執行**について、**特定元方事業者に勧告**できる。（平20択一）🄲 p155/ ○

[A36]　統括安全衛生責任者を選任した**建設業**の事業者は、元方安全衛生管理者を選任し、所轄労働基準監督署長に報告しなければならない。（令4択一）　🄲 p156・157/ ×

[A37]　下請業者は、安全衛生責任者を選任し、**元方事業者**に遅滞なく**通報**しなければならないが、所轄労働基準監督署長への**報告義務はない**。　🄲 p157/ ○

Question

Q38

すべての元方事業者は、協議組織の設置及び運営、作業間の連絡及び調整を行うことに関する措置その他必要な措置を講じなければならない。

Q39

特定事業の仕事を自ら行う注文者は、建設物、設備又は原材料を当該仕事を行う場所においてその請負人の労働者に使用させるときは、当該建設物等について、当該労働者の労働災害を防止するため必要な措置を講じるように努めなければならない。

Q40

派遣元事業者は、作業行動その他業務に起因する危険性又は有害性等を調査し、当該派遣労働者の危険又は健康障害を防止するため必要な措置を講ずるように努めなければならない。

Q41

元方事業者は、関係請負人及び関係請負人の労働者が、当該仕事に関し、安衛法又はその命令の規定に違反しないよう必要な指導を行わなければならない。

Q42

元方事業者は、関係請負人又は関係請負人の労働者が、当該仕事に関し、労働安全衛生法又は労働安全衛生法に基づく命令の規定に違反していると認めるときは、是正のため必要な指示を行わなければならない。

Q43

建築物貸与者は、原則として、当該建築物の貸与を受けた事業者の事業に係る当該建築物による労働災害を防止するため必要な措置を講じなければならない。

Answer

[A38] **協議組織の設置及び運営**は、**特定元方事業者**（建設業・造船業）の講ずべき措置であり、その他の業種の元方事業者の講ずべき措置には含まれていない。（平 24・令 4 択一）

ⓒ p155・164〜165/ ×

[A39] 特定事業の仕事を自ら行う**注文者**は、建設物又は設備等を**請負人の労働者に使用**させるときは、当該建設物等について、当該労働者の**労働災害を防止するため必要な措置**を**講じなければならない**。（令元択一） ⓒ p165/ ×

[A40] 派遣労働者に対する健康障害を防止するための措置は、**派遣先事業者が講じなければならない**。（平 30 択一）

ⓒ p163/ ×

[A41] 「元方事業者」とは、**業種の如何にかかわらず、下請混在事業**の元請事業者をいう。元方事業者のうち特に**建設業**と**造船業**を「**特定元方事業者**」という。（平 22・令 4 択一）

ⓒ p164/ ○

[A42] 上記Q 41 と同様、“元方事業者の講ずべき措置” である（平 26 択一）。なお、このQ 42 の指示を受けた**関係請負人**又はその**労働者**は、その指示に従う義務がある。 ⓒ p164/ ○

[A43] 設問のとおりである。なお、当該建築物の全部を一の事業者に貸与するときは、必要な措置を講ずる必要はない。（平 24 択一） ⓒ p166/ ○

Section

3. 機械等、危険物の取扱いの規制

Question

Q44 特定機械等を製造しようとする者は、あらかじめ、都道府県労働局長の許可を受けなければならない。

Q45 特定機械等には、ボイラー（小型ボイラー等を除く）、第一種圧力容器（小型圧力容器等を除く）等があるが、クレーン及び移動式クレーンはつり上げ荷重が５トン以上、デリックはつり上げ荷重が３トン以上、エレベーターは積載荷重が１トン以上とされている。

Q46 特定機械等について、設置工事が落成したときは、労働基準監督署長又は登録製造時等検査機関の行う検査（落成検査）を受けなければならない。

Q47 労働基準監督署長は、特定機械等の一定部分を変更した場合の検査及び使用廃止後再使用時の検査に合格したものについて、検査証を交付する。

Q48 検査証を受けていない特定機械等は、使用してはならない。検査証を受けた特定機械等は、検査証とともにするのでなければ、譲渡し又は貸与してはならない。

労災事故が最も起こりやすい機械等の規制です。
特定機械等を覚えておきましょう。

Answer

[A44] **都道府県労働局長**は、許可の申請を審査し、申請に係る特定機械等の構造等が厚生労働大臣の定める基準に適合していると認めるときでなければ、**許可**をしてはならない。(平14・令5択一) ご p167/○

[A45] **特定機械等**のうち重量制限があるのは、**クレーン**(スタッカー式を除く)及び**移動式クレーン**はつり上げ荷重が**3トン以上**、**デリック**はつり上げ荷重が**2トン以上**、**エレベーター**は積載荷重が**1トン以上**である。(平25択一) ご p167/×

[A46] 労働基準監督署長が行う検査(落成検査・変更検査・使用再開検査)は、"登録製造時等検査機関が行う"という規定はない(平14択一)。なお、「**落成検査**」に**合格**したときは、**労働基準監督署長**が**検査証を交付**する。ご p168〜169/×

[A47] **労働基準監督署長**は、特定機械等の一定部分を**変更**した場合の検査及び**使用休止後再使用**時の検査に合格したものについて、検査証に**裏書**を行う。(平7択一) ご p169/×

[A48] 正しい。使用等の制限として、設問の内容がよく出題されている。(平10・14択一) ご p169/○

Question

Q49 検査証の有効期間の更新を受けようとするときは、厚生労働大臣が行う性能検査を受けなければならない。

Q50 特定機械等以外の機械等のうち、フォークリフト、プレス機械又はシャーの安全装置等は、厚生労働大臣が定める規格又は安全装置を具備しなければ、譲渡し、貸与し、又は設置してはならない。

Q51 動力により駆動される機械等で、作動部分上の突起物又は動力伝導部分もしくは調速部分に防護装置が施されていないものは、譲渡し、貸与し、又は譲渡もしくは貸与の目的で展示してはならない。

Q52 特定機械等以外で危険若しくは有害な作業を要する機械は、厚生労働大臣の定める規格を具備しているかを確認するため個別検定を行っているが、個別検定は登録個別検定機関が行う。

Q53 フォークリフトは、特定自主検査を行わなければならないが、特定自主検査は、一定の資格を有する労働者又は登録を受けた検査業者に実施させなければならない。

Answer

[A49] 性能検査（検査証の有効期間の更新）は、厚生労働大臣ではなく、**登録性能検査機関**が行う。 こ p169～170/ ×

[A50] 設問のほか、クレーン又は移動式クレーンの過負荷防止装置、小型ボイラー、不整地運搬車及び作業床の高さが2m以上の高所作業車等が、同様の譲渡等の制限を受ける。（平10択一） こ p170～171/ ○

[A51] 突起物又は動力伝導部分もしくは調速部分に防護装置が施されていないものは、**譲渡**、**貸与**だけでなく、展示会等で**展示をしてはならない**。（平14択一、平22選択）

こ p171/ ○

[A52] **個別検定**とは、個々の機械について受けなければならない検定で、**登録個別検定機関**が実施している。対象となる機械には、**第二種**圧力容器、**小型**ボイラー、**小型**圧力容器などがある。 こ p171～172/ ○

[A53] 正しい（平30択一）。**特定自主検査**の対象となるのは、動力プレス、**フォークリフト**、建設用車両系機械、不整地運搬車、作業床の高さが2m以上の高所作業者である。

こ p173・174/ ○

【ポイント】 特定機械等の検査

① **都道府県労働局長**（又は登録製造時等検査機関）**が行う検査**……**製造時の検査**・輸入時の検査・検査後一定期間経過後の設置検査・使用**廃止後**再使用時検査

② **労働基準監督署長が行う検査**……設置検査（落成検査）・変更検査・使用**休止後**再使用時検査

Section

4. 有害物に関する規制

Question

Q54 黄りんマッチ、ベンジジン等労働者に重度の健康障害を生ずる物で、政令で定めるものは、製造し、輸入し、譲渡し、提供し、又は使用してはならない。ただし、試験研究のために製造し、輸入し、使用する場合で、あらかじめ、厚生労働大臣の許可を受けた場合は、この限りではない。

Q55 ジクロルベンジジン及びその塩を製造する際は、あらかじめ、都道府県労働局長の許可を受けなければならない。

Q56 ベンゼンを容器に入れ、又は包装して譲渡し、提供する者は、原則として、一定の事項を表示しなければならない。

Q57 通知対象物を譲渡し、又は提供する者は、文書の交付その他厚生労働省令で定める方法により、所定の事項を、譲渡し、又は提供する相手方に通知しなければならない。

Q58 新規化学物質を製造し、又は輸入しようとする事業者は、あらかじめ、厚生労働大臣の定める基準に従って有害性の調査を行い、厚生労働大臣に届け出なければならないが、試験研究のためであれば、届出の必要はない。

覚えよう！　①製造禁止物質…都道府県労働局長の許可、②製造許可物質…厚生労働大臣の許可

Answer

[A54]　あらかじめ"厚生労働大臣の許可"を受けるのではなく、"**都道府県労働局長**の**許可**"を受ける。なお、「譲渡」と「提供」はいかなる場合も禁止される。　㊁ p174・175/ ×

[A55]　あらかじめ"都道府県労働局長の許可"が誤っており、"**厚生労働大臣**の**許可**"を受ける。　㊁ p175/ ×

[A56]　ベンゼンを容器に入れ、又は包装して譲渡する者は、その名称、成分、人体に及ぼす作用、貯蔵又は取扱い上の注意等を容器に表示する。（平 11 択一）　㊁ p176〜177/ ○

[A57]　通知対象物とは、労働者に**危険若しくは健康障害を生ずるおそれのある物**又は**製造許可物質**をいう。なお、主として一般消費者の生活の用に供される場合は、通知は不要である。　㊁ p177/ ○

[A58]　有害性についての調査義務は事業者にあるが、**試験研究目的**の場合は、**届出の必要がない**。（平６・令３択一）　㊁ p179/ ○

Section
5. 安全衛生教育

Question

Q59 雇入れ時、作業内容変更時の安全衛生教育は、全業種で、臨時雇い等も含んだすべての労働者を対象として行う。派遣労働者については、雇入れ時は派遣元に実施義務があり、作業内容変更時は、派遣元及び派遣先に実施義務がある。

Q60 事業者は、危険又は有害な業務で、厚生労働省令で定めるものについて、安全又は衛生のための特別教育を行わなければならず、この記録を３年間保存する義務がある。

Q61 一定の業種においては、事業者は、新たに職長になった者（作業主任者を除く）に対し、安全衛生教育を行わなければならない。

Q62 事業者は、一定の業種に該当するときは、新任職長等の教育を行うが、十分な知識及び技能を有すると認められる者については、当該事項に関する教育を省略することができる。

Q63 安全衛生教育は、事業者の責任において、所定労働時間内に行うことを原則とする。安全衛生教育が法定時間外に行われたときは、割増賃金の支払が必要となる。

雇入れ時及び作業内容変更時の教育は、
臨時雇いを含むすべての労働者が対象です。

Answer

[A59] 派遣労働者の安全衛生教育は、次の者が実施する。

① **雇入れ時**……派遣元

② **変更時**………派遣元及び派遣先

③ **特別教育／職長教育**……派遣先

（平 26・27・30・令 2 択一） こ p180/○

[A60] 特別教育の記録の保存期間は“**3年**”である。（平 22 択一）

なお、特別教育の科目の全部又は一部について、十分な知識及び技能を有する者には、当該項目について**省略**することができる。（平 22 択一） こ p181/○

[A61] 職長教育は、**新たに**職長になった者に対して行う（**新任職長教育**）。すべての職長に対して行うものではない。（令 2 択一） こ p182/○

[A62] 新任職長等教育は、一定の業種（**6 業種**）に義務づけられている。十分な知識及び技能を有すると認められる者については、**省略**することができる。また、作業主任者は除かれている。 こ p182/○

[A63] **安全衛生教育**の実施に要する時間は**労働時間**と解されるので、これが**法定時間外**に行われた場合には、**割増賃金**が支払われなければならない。（令 2 択一） こ p181/○

Section

6. 健康の保持増進のための措置

Question

Q64 事業者は、潜水業務、ずい道等の掘削、高圧室内業務に従事させる労働者については、作業時間についての基準に違反して、当該業務に従事させてはならない。

<作業環境測定>

Q65 都道府県労働局長は、産業医の意見に基づき、厚生労働省令で定めるところにより、事業者に対し、作業環境測定の実施等を指示することができる。

Q66 著しい騒音を発する屋内作業場では、等価騒音レベルを、１カ月以内ごとに１回、測定しなければならない。

Q67 作業環境測定の結果の評価は、第１管理区分から第３管理区分に区分することにより行うが、作業環境が最も良好なのは第３管理区分である。

Q68 作業環境測定の記録の保存義務については、原則３年間であるが、放射性物質は５年間、粉じんについては７年間及びベリリウム及びその化合物質等については 30 年間の保存義務がある。

健康診断、面接指導、ストレスチェックを中心に学習しましょう。

Answer

[A64] 労働安全衛生法において、**作業時間に制限**が設けられているのは、**潜水業務**と**高圧室内業務**のみである。(平23選択)　🄫 p186/ ×

[A65] "産業医" の意見ではなく、"**労働衛生指導医**" の意見に基づき、作業環境測定の実施等を事業者に対し、指示することができる。(平23択一)　🄫 p131・184/ ×

[A66] **著しい騒音**を発する屋内作業場の作業環境測定は、**6カ月以内ごとに1回**、行わなければならない。　🄫 p184/ ×

[A67] **作業環境測定結果**の評価で**最も良好な区分**は、**第1管理区分**である。第3管理区分は、直ちに改善のため必要な措置を取らなければならない区分である。　🄫 p185/ ×

[A68] 正しい。なお、**石綿**等を製造、もしくは取り扱う屋内作業場では、6カ月以内ごとに測定したものを、40年間保存する義務がある。　🄫 p185/ ○

【ポイント】 Q 66 のほか、**石綿**等を取り扱い、又は試験研究のため製造する屋内作業場では、空気中の**石綿の濃度を6カ月以内ごとに1回**、測定しなければならない。この作業環境測定は、厚生労働大臣の定める「作業環境測定基準」に従って行わなければならない。

Question

＜健康診断＞

Q69 雇入れ時の健康診断の対象となる労働者は、常時使用する労働者である。

Q70 定期健康診断は、常用労働者を対象とするが、週所定労働時間が通常の労働者の３分の２以上あれば、パートタイム労働者であっても常用労働者に該当する。

Q71 事業者は、多量の高熱物体を取り扱う業務、身体に著しい振動を与える業務等の一定の業務に従事する労働者に対し、当該業務への配置替えの際及び６月以内毎に１回、定期に、医師による健康診断を行わなければならない。

Q72 事業者は、本邦外の地域に６カ月以上派遣していた労働者を本邦の地域内での業務に就かせるときは、一定の項目について医師による健康診断を行う。

Q73 事業者は、事業に附属する食堂又は炊事場における給食の業務に従事する労働者に対し、雇入れの際、当該業務への配置替えの際及び１年以内ごとに１回、定期に検便による健康診断を行わなければならない。

Q74 一般健康診断に要した時間は、当然には労働時間とすべきものとはされていない。

[A69]　正しい。なお、有期労働契約でも、**1年**（一定の有害業務は**6カ月**）以上使用される予定の者は「**常時使用**」に該当する。（平17・23択一）　　ご p186・187/ ○

[A70]　**週所定労働時間**が当該事業場の同種の業務に従事する通常の労働者の週所定労働時間の**4分の3以上**である者は、名称を問わず、「**常時使用**する労働者」に該当する。（令元択一）

ご p187/ ×

[A71]　当該健康診断は、**多量の高熱物体**を取り扱う業務、**身体に著しい振動**を与える業務、**強烈な騒音**を発する場所での業務、**坑内**業務、**深夜業**を含む業務等について行われる。

ご p188/ ○

[A72]　なお、**6カ月以上派遣**するときも、あらかじめ、一定の項目について医師の健康診断を行う。（令2選択）

ご p188〜189/ ○

[A73]　給食業務従事者の検便による健康診断は、**雇入れ**の際及び**配置替え**の際に行えばよい。その後定期的に行う必要はない。（平15択一）　　ご p189/ ×

[A74]　一般健康診断に要した時間は、当然には労働時間とすべきものとはされていないが、**特殊健康診断**に要した時間は**労働時間**とされる。（平27・令4択一）　　ご p187/ ○

Question

Q75 有害業務で一定のものに従事する労働者に対する、医師による特別の項目の健康診断は、定期に行う必要はない。

Q76 派遣労働者に対する特別の項目の健康診断は、派遣元事業者が行わなければならない。

Q77 歯科医師による健康診断は、常時50人以上の労働者を使用する事業場において、一定の労働者に対し、雇入れの際、当該業務への配置替えの際及び6カ月以内ごとに1回、定期に行わなければならない。

Q78 深夜業に従事する労働者で、一定の厚生労働省令で定める要件に該当するものは、自ら受けた健康診断の結果を証明する書面を事業者に提出できる。

Q79 健康診断の結果についての医師又は歯科医師からの意見聴取は、原則、健康診断が行われた日から3月以内に行う。

Q80 事業者は、健康診断の結果についての医師又は歯科医師の意見を勘案し、就業場所の変更、作業の転換、労働時間の短縮、深夜業の回数の減少等の措置を講じなければならない。

【ポイント】［定期健康診断結果報告書］（平25選択）
　常時50人以上の労働者を使用する事業者は、定期健康診断を行ったときは、**遅滞なく**、「**定期健康診断結果報告書**」を所轄労働基準監督署長に**提出**しなければならない。なお、**歯科医師による**

Answer

[A75] **特別の項目の健康診断**は、雇入れの際、当該業務への配置替えの際及び**6月以内（一定の場合は1年以内）ごとに1回、定期に**行わなければならない。 ご p189/ ×

[A76] 派遣労働者に対する特別の項目の健康診断は、**派遣先**事業者が行わなければならない。（平27択一） ご p189/ ×

[A77] 歯科医師による健康診断は、一定の労働者に対し、規模を問わず行わなければならない。頻度については正しい。（平16択一） ご p189/ ×

[A78] 正しい。なお、自発的健康診断結果を提出できる労働者とは、健康診断を**受けた日前6カ月間**を平均して、**1月当たり4回以上**深夜業に従事したものである。 ご p189/ ○

[A79] 意見聴取は、原則として、健康診断が行われた日から**3月以内**に行う（自発的健康診断については、書面が提出された日から**2月以内**）。 ご p190/ ○

[A80] 正しい。なお、設問のほか、**作業環境測定の実施**、**施設又は設備の設置又は整備**、当該医師又は歯科医師の意見の**衛生委員会、安全衛生委員会**等への報告その他の適切な措置を講じなければならない。（平17択一、平26選択） ご p190/ ○

定期健康診断を行ったときは、**規模を問わず、遅滞なく**、有害な業務に係る**歯科健康診断結果報告書**を所轄労働基準監督署長に提出しなければならない。

Question

Q81 事業者は、一般健康診断の結果、特に健康の保持に努める必要があると認める労働者に対し、医師又は歯科医師による保健指導を行わなければならない。

Q82 面接指導は、原則として、その要件に該当する労働者の申出により行うが、産業医は、面接指導の要件に該当する労働者に対して、当該申出を行うよう勧奨することができる。

Q83 事業者は、面接指導を実施するため、労働者の労働時間の状況を把握するよう努めなければならない。

Q84 事業者は、高度プロフェッショナル制度の対象者であって、その健康管理時間が1週間当たり40時間を超えた場合のその超えた時間が1カ月当たり100時間を超えるものに対し、面接指導を行わなければならない。

Q85 常時10人以上の労働者を使用する事業者は、医師、保健師その他の厚生労働省令で定める者（一定の研修を修了した歯科医師、看護師、精神保健福祉士又は公認心理師）による心理的な負荷の程度を把握するための検査を行わなければならない。

Q86 都道府県労働局長は、がんその他の重度の健康障害を生ずるおそれのある業務に従事していた者のうち、厚生労働省令で定める要件に該当する者に対し、離職の際又は離職後に、健康管理手帳を交付する。

Answer

[A81] 設問の場合は、「**医師又は保健師**」による保健指導を行うように努めなければならない。深夜業従事者の自発的健康診断についても同様である。(平９択一) ご p190・191/ ×

[A82] 面接指導の申出を行うよう**勧奨**することができるのは、“**産業医**” である（平 19 選択)。なお、事業者は、面接指導の記録を５年間保存しておかなければならない。 ご p191/ ○

[A83] 正しくは、“**把握しなければ**” ならない。なお、ここでいう「労働者」には、**労働基準法 41 条該当者**も含まれる。

ご p192/ ×

[A84] **高度プロフェッショナル制度**の対象者については、超えた時間が１カ月当たり **100 時間**を超えるものには、労働者から申出がなくても、**医師の面接指導**を行わなければならない。(令２択一) ご p192/ ○

[A85] 「10 人以上」ではなく、「50 人以上」である。なお、**ストレスチェック制度**の要件に該当する労働者が**面接指導の申出**をしたときは、**医師による面接指導**を行わなければならない。(平 28 選択) ご p193/ ×

[A86] これらの者には**離職**の**際**、又は**離職後**に、健康管理手帳を交付することとなっている。ただし、現に所持している者には、交付しない。 ご p194/ ○

【ポイント】

事業者は、健康診断の結果に基づき、**健康診断個人票**を作成し、**５年間保存**しなければならない。(平 27 択一)

Section

7. 安全衛生改善計画、監督等

Question

Q87 厚生労働大臣は、重大な労働災害が発生した場合において、重大な労働災害の再発を防止するため必要があると認めるときは、事業者に対し、特別安全衛生改善計画を作成し、提出すべきことを指示することができる。

Q88 事業者が、特別安全衛生改善計画又は安全衛生改善計画を作成する場合には、当該事業場の過半数労働組合、当該労働組合がないときは労働者の過半数代表者の意見を聴かなければならない。

Q89 都道府県労働局長は、安全衛生改善計画の作成の指示をした場合、事業者に対し、労働安全（衛生）コンサルタントによる診断を受け、これらの者の意見を聴くべきことを命ずることができる。

Q90 事業者は、ボイラーを設置し、移転し、又はこれらの主要構造部分を変更しようとするときは、工事の開始の日の 30 日前までに、労働基準監督署長に届け出なければならない。

Q91 高さが 300 m以上の塔の建設のように、重大な労働災害を生ずるおそれのある特に大規模な仕事は、その計画をその仕事の開始の日の 30 日前までに、都道府県労働局長に届け出なければならない。

特別安全衛生改善計画と安全衛生改善計画の相違点、計画の届出期限が出題されます。

Answer

[A87] 一般の**安全衛生改善計画**に加え、"**特別安全衛生改善計画の作成・提出**" に関する規定が、設けられている。なお、重大な労働災害には「**労働者の死亡**」等がある。 ご p197/ ○

[A88] **特別安全衛生改善計画**及び**安全衛生改善計画**を作成する場合には、過半数労働組合又は過半数代表者の**意見を聴く**必要がある。(平 10 択一) ご 197/ ○

[A89] 都道府県労働局長は、専門的な助言の必要を認めるときは、事業者に対し、労働安全(衛生)コンサルタントの意見を聴くべきことを**勧奨**することができる。(平 18 択一・平 26 選択) ご p198/ ×

[A90] 正しい。なお、「**14 日前まで**」に届け出なければならないのは、**石綿等の除去作業**、ずい道等建設、土石採取業などである。 ご p198〜199/ ○

[A91] 300 m以上の高さの塔の建設のような、**特に大規模な工事**の場合は、その計画を仕事の開始の日の **30 日前**までに**厚生労働大臣**に届け出なければならない。(平 25 択一) ご p199/ ×

Question

Q92 事業者は、石綿の除去作業の仕事で、厚生労働省令で定めるものを開始しようとする場合は、その計画を仕事の開始の日の 14 日前までに、都道府県労働局長に届け出る。

Q93 労働基準監督署長は、届出事項が安衛法に違反するときは、仕事の開始の差止め又は計画の変更を命ずることができる。厚生労働大臣への届出事項については、厚生労働大臣が差止め又は変更を命ずることができる。

Q94 都道府県労働局長は、労働基準監督署長に届出があった計画のうち、高度の技術的検討を要するものに準ずるものとして厚生労働省令で定めるものについて審査し、必要があると認めるときは、事業者の意見を聴いて、必要な勧告又は要請をすることができる。

Q95 労働者は、事業場に安衛法等の規定に違反する事実があるときは、その事実を都道府県労働局長、労働基準監督署長又は労働基準監督官に申告して是正のため適当な措置をとるように求めることができる。

Answer

[A92]　設問の計画は、仕事の開始の日の**14日前**までに、所轄**労働基準監督署長**に届け出なければならない。（平18択一）

ご p199/ ×

[A93]　労働基準監督署長又は厚生労働大臣が差止め又は変更を命じ、仕事の発注者に対して必要な**勧告**又は**要請**を行うことができる。（平10択一）

ご p199・200/ ○

[A94]　**都道府県労働局長**が審査をするときは、**学識経験者の意見**を聴き、必要があると認めるときは、事業者の意見を聴いたうえで、必要な**勧告又は要請**をすることができる。

ご p200〜201/ ○

[A95]　設問のとおり（平18択一）。なお、事業者は、労働者が**申告したことを理由**として、**解雇その他不利益な取扱い**をしてはならない。

ご p201/ ○

【ポイント】

労働者は、事業場に労働安全衛生法又はこれに基づく命令の規定に違反する事実があるときは、その事実を都道府県労働局長、労働基準監督署長又は労働基準監督官に**申告**して是正のため適当な措置をとるように求めることができる。（平18択一）

事業者は、上記の申告をしたことを理由として、労働者に対し、**解雇**その他**不利益**な取扱いをしてはならない。

【知っトク知識】

■総括安全衛生管理者

次の事業場で選任が必要となります。なお、総括安全衛生管理者は、事業場を統括管理する実質的な権限を有する者をもって充てることとされています。

業　種	労働者数
林業、鉱業、建設業、運送業及び清掃業（屋外的業種）	常時 **100 人以上**
製造業（物の加工業を含む）、電気業、ガス業、熱供給業、水道業、通信業、各種商品卸売業、家具・建具・じゅう器等卸売業、各種商品小売業、家具・建具・じゅう器小売業、燃料小売業、旅館業、ゴルフ場業、自動車整備業及び機械修理業（工業的業種）	常時 **300 人以上**
その他の業種	常時 **1,000 人以上**

■特定機械等

特定機械等の種類は次のとおりです。

① ボイラー（小型ボイラー等を除く）
② 第一種圧力容器（小型圧力容器等を除く）
③ つり上げ荷重が **3 トン以上**のクレーン（スタッカー式は1トン以上）
④ つり上げ荷重が **3 トン以上**の移動式クレーン
⑤ つり上げ荷重が **2 トン以上**のデリック
⑥ 積載荷重が **1 トン以上**のエレベーター
⑦ ガイドレールの高さが 18m 以上の建設用リフト（積載荷重が 0.25 トン未満のものを除く）
⑧ ゴンドラ

Chapter 3

労働者災害補償保険法

Question & Answer

複数事業労働者の給付基礎日額は災害の原因が発生した事業での賃金のみを基礎とする

×

Q20 参照

Section

1.労災保険の目的・適用、業務災害

Question

Q1　労災保険法は、業務上の事由、事業主が同一人でない２以上の事業に使用される労働者の２以上の事業の業務を要因とする事由又は通勤による労働者の負傷、疾病、障害又は死亡等に関して保険給付を行うほか、社会復帰促進等事業を行う。

Q2　労災保険事業に要する費用は、すべて事業主の負担する保険料で賄われており、労働者が費用を負担することはない。

Q3　１週間の所定労働時間が 20 時間未満の労働者及び不法就労外国人には、労災保険は適用されない。

Q4　労災保険法は、国の直営事業、非現業の官公署の事業には適用されず、行政執行法人の職員及び地方公務員にも適用されることはない。

Q5　労働者を常時使用せず、年間使用延べ労働者数が 200 人である個人経営の林業は、労災保険の暫定任意適用事業である。

業務災害に該当するかどうかの具体例が
よく出題されます。

Answer

[A 1] 労災保険法は、「**保険給付**」と「**社会復帰促進等事業**」が２本柱であるといわれている。昭和 48 年から**通勤災害**が加わり、平成 13 年から**二次健康診断等給付**が設けられた（平 22 選択）。さらに、令和２年から「**事業主が同一人でない２以上の事業に使用される労働者**」の災害（**複数業務要因災害**）も補償されるようになっている。 ご p205/ ○

[A 2] “すべて事業主の負担する保険料で賄われている”が誤りで、**国庫**は「予算の範囲内において**補助**」することができる。（平 26 択一） ご p298/ ×

[A 3] 労災保険は、労働時間の**長短を問わず**適用される。また、**不法就労外国人**も労働者である限り、労災保険が適用される。 ご p209/ ×

[A 4] **地方公務員**のうち**現業部門**（市営の水道、電気、交通運輸等）**の非常勤職員**は、労災保険法が**適用**される。（平 29 択一） ご p208/ ×

[A 5] **林業**の場合は、労働者を**常時使用せず**、かつ、年間使用延べ労働者数が **300 人未満**の**個人経営**の事業に限り、暫定任意適用事業に該当する。 ご p208/ ○

Question

Q6

派遣労働者については、派遣先が適用事業とされる。

Q7

船員法１条に規定する船員を使用して行う船舶所有者の事業は、他の条件にかかわらず、労災保険法の強制適用事業となる。

Q8

労災保険法の保険給付の事由となる通勤災害の疾病の範囲は、労働基準法施行規則に定められている。

Q9

業務上の疾病の範囲は、労働基準法施行規則別表第１の２に掲げられているが、同表の最後の号に掲げられている疾病は、「その他業務に起因することの明らかな疾病」とされている。

Q10

脳血管疾患及び虚血性心疾患等の認定基準において、基準の一つに「短期間の過重業務」があるが、短期間とは発症前おおむね１月間をいう。

Q11

「心理的負荷による精神障害の認定基準」によれば、発病直前の連続２カ月間に１カ月当たり概ね 120 時間以上の時間外労働が行われ、その業務内容が通常その程度の労働時間を要するものである場合は、総合評価が「強」とされる長時間労働に該当する。

Answer

[A 6] 派遣労働者については、**派遣元**が適用事業とされる。(平 16 択一) ㊂ p209/ ×

[A 7] **船員保険の被保険者**には、**労災保険が適用**される。船員保険では、労災保険の保険給付の上乗せ給付を行っている。(平 26 択一) ㊂ p209・901～902/ ○

[A 8] **業務災害**は、労基法の災害補償に代えて行われるものであるから、その疾病の範囲は労働基準法施行規則に定められており、**通勤災害**は労災法による給付であるからその疾病の範囲は、労災保険法施行規則に定められている。(平 28 択一、平 18 選択) ㊂ p213～214・216/ ×

[A 9] 労基則では「業務上の疾病は、別表第 1 の 2」に掲げる疾病とされている。1 号では「**業務上の負傷に起因する疾病**」、11 号では「**その他業務に起因することの明らかな疾病**」と規定されている。(平 18 選択) ㊂ p213/ ○

[A10] 短期間とは発症前おおむね "**1 週間**" をいう。(平 28 選択、令 4 択一) ㊂ p215/ ×

[A11] 設問以外に「**極度の長時間労働** (発病直前の 1 カ月間に概ね **160 時間**を超えるような、又はこれと同程度の時間外労働 (労働密度が特に低い場合を除く))」も**総合評価**が「**強**」とされる長時間労働に該当する。 ㊂ p215/ ○

Section

2. 通勤災害

Question

Q12 「通勤による疾病」とは、①通勤による負傷に起因する疾病、②その他通勤に起因することの明らかな疾病の２つがある。

Q13 通勤とは、労働者が就業に関し、次に掲げる移動を、合理的な経路及び方法により行うことをいい、業務の性質を有するものを含む。
①住居と就業の場所との間の往復　②厚生労働省令で定める就業の場所から他の就業の場所への移動　③住居と就業の場所との間の往復に先行し、又は後続する住居間の移動で厚生労働省令で定める要件に該当するもの。

Q14 移動の経路を逸脱又は中断した場合、逸脱・中断が、日常生活上必要な行為であって厚生労働省令で定めるものをやむを得ない事由により行うための最小限度の場合、逸脱・中断の間を除き、その後の移動は通勤とする。

Q15 通勤途中で、理・美容院に立ち寄る行為は、特段の事情が認められる場合を除き、日用品の購入その他日常生活上必要な行為に該当する。

Q16 要介護状態にある父の介護を継続的に又は反復して行う場合、「日常生活上必要な行為」に該当する。

通勤災害は、その具体例と日常生活上必要な行為が出題の中心です。

Answer

[A12] 通勤による疾病は、**労災保険法施行規則**に設問のとおり規定されている。（平19択一、平18選択） ご p216/ ○

[A13] **業務の性質を有するものは除く**。労災法の「通勤」の定義が平成18年4月より改正され、従来の「**住居と就業**の場所との間の往復」に加え、「二重就業者の**各事業場間**の移動」「単身赴任者の**赴任先住居⟷帰省先住居**間の移動」を通勤災害保護制度の対象とした。（平29・令3・4択一、令2選択） ご p217/ ×

[A14] 逸脱・中断が**日常生活上必要な行為**であって厚生労働省令で定めるものをやむを得ない事由により行うための**最小限度**の場合、逸脱・中断の間を**除き**、その後の**移動は通勤**とする。（平28・令3・4択一） ご p220～221/ ○

[A15] 理・美容院に立ち寄る行為も「日用品の購入その他日常生活上必要な行為」に当たる。（平27択一） ご p222/ ○

[A16] 要介護状態にある**配偶者、子、父母、孫、祖父母及び兄弟姉妹並びに配偶者の父母**の介護（継続的又は反復して行われるものに限る）は、**日常生活上必要な行為**に該当する。（平21選択、平25択一） ご p222/ ○

Section
3. 給付基礎日額

Question

Q17 給付基礎日額は、原則として、労働基準法12条の平均賃金に相当する額であるが、スライド制が適用される場合はスライド率を乗じ、1円未満は切り上げる。

Q18 労働基準法12条の平均賃金に相当する額を給付基礎日額とすることが適当でないと認められるときは、政府（所轄労働基準監督署長）が算定する額を給付基礎日額とする。

Q19 給付基礎日額を算定する場合の算定事由発生日とは、①負傷もしくは死亡の原因である事故が発生した日、又は②診断によって疾病の発生が確定した日である。

Q20 複数事業労働者の給付基礎日額は、災害の原因が発生した事業での賃金のみを基礎として、政府が算定する額である。

Q21 休業給付基礎日額に係る年齢階層別の最低・最高限度額の適用は、療養を開始した日から起算して、1年6カ月を経過したときから適用される。

災害が発生し、負傷・死亡したときにもらえる金額の基になるのが給付基礎日額です。

Answer

[A17] 給付基礎日額は、原則として、労働基準法の平均賃金にスライド率を乗じて得た額である。端数処理は“円未満を**切り上げる**”。(平 27 択一) ⓒ p223・227・229・231・232/ ○

[A18] 「適当でないと認められるとき」とは、平均賃金の算定期間中に私傷病による療養のための休業期間がある場合などが該当する。(平 21 択一) ⓒ p223/ ○

[A19] なお、所定労働時間が二暦日にわたる場合（一昼夜交替勤務等を除く）で二暦日目に算定事由が発生したときは、一暦日目が算定事由発生日とされる。(平 21 択一) ⓒ p223/ ○

[A20] **複数事業労働者**の給付基礎日額は、当該複数事業労働者を使用する**事業ごとに算定した給付基礎日額に相当する額を合算した額**を基礎として、政府が算定する額である。(令 5 択一) ⓒ p225/ ×

[A21] 休業給付基礎日額に係る年齢階層別の最低・最高限度額の適用は、“**療養を開始**した日”から起算して、**1年6カ月**を経過したときから適用される。(平 21 択一) ⓒ p228/ ○

【ポイント】

給付基礎日額には、休業給付基礎日額、複数事業労働者の給付基礎日額、年金給付基礎日額及び一時金給付基礎日額があるが、その違いが出題される。それぞれの特徴を理解しておこう。

Question

Q22 四半期ごとの平均給与額が算定事由発生日の属する四半期の平均給与額の 100 分の 110 を超え、又は 100 分の 90 を下るに至った場合は、厚生労働大臣の定める率を乗じて得た額が休業給付基礎日額となり、平均給与額が 10 %を超えて変動した四半期の翌四半期の最初の日から改定される。

Q23 年金給付基礎日額は、休業給付基礎日額と異なり、スライド制には平均給与額 10 %超変動の要件はなく、年度単位の平均給与額を基準として改定する。

Q24 年金給付基礎日額に年齢階層別最低・最高限度額が適用されるのは、年金が支給開始され１年６カ月を経過したときからである。

Q25 障害補償一時金、遺族補償一時金、葬祭料等の一時金については、年金たる保険給付と同様のスライドが行われ、年齢階層別の最低・最高限度額も適用される。

Q26 特別加入者の給付基礎日額は、特別加入者の希望に基づき都道府県労働局長が決定した額であり、当該額には年齢階層別の最低・最高限度額は適用されないが、スライド制は適用される。

Answer

[A22]　平均給与額が10％を超えて変動した四半期の"**翌々四半期**の最初の日"から改定される。この四半期単位の改定は、「休業給付基礎日額」にのみ適用される。　ⓒ p227〜228/ ×

[A23]　**年金給付基礎日額**は、年度単位の平均給与額を基準とするが、平均給与額10％超変動の要件はなく、**完全自動賃金スライド制**を採用している（平均給与額がわずかでも変動すれば改定する）。（平19択一）　ⓒ p230/ ○

[A24]　休業給付基礎日額は、療養開始から1年6カ月を経過したときから適用されるが、年金給付基礎日額の年齢階層別は、年金が支給される**最初の月**から適用される。　ⓒ p231/ ×

[A25]　一時金にも**年度単位のスライド制**が適用される。算定事由発生日の年度の翌々年度の8月1日以後に支給される一時金は、スライド率を乗じた額となる。ただし、**年齢階層別の最低・最高限度額は適用されない**。（平21択一）　ⓒ p232/ ×

[A26]　特別加入者の給付基礎日額には、**スライド制の適用はある**が、年齢を問わず、希望に基づき都道府県労働局長が定めた額であることから、**年齢階層別の最低・最高限度額の適用はない**。　ⓒ p231・297/ ○

【ポイント】
特別加入者の給付基礎日額は、特別加入者の希望する額に基づいて**都道府県労働局長が決定**した額である。

Section
4. 業務災害に関する保険給付

Question

＜療養補償給付等＞

Q27 療養の給付の範囲は、診察、薬剤又は治療材料の支給等のうち、政府が必要と認めるものに限られる。

Q28 療養の給付は、指定病院等で行われるが、指定病院等とは、社会復帰促進等事業として設置された病院・診療所（労災病院）、都道府県労働局長が指定する病院・診療所、薬局、訪問看護事業者である。

Q29 療養補償給付は、原則として現物給付（療養の給付）であるが、療養の給付をすることが困難な場合、療養の給付を受けないことについて、労働者に相当の理由がある場合には、現金給付である療養の費用が支給される。

Q30 療養補償給付は、指定病院等を経由して「療養補償給付たる療養の給付請求書」を所轄労働基準監督署長へ提出して支給を受ける。療養補償給付の請求書を直接、所轄労働基準監督署長に提出することはない。

＜休業補償給付＞

Q31 休業補償給付とは、業務上の負傷又は疾病により療養していること、その療養のため労働することができないこと、及び労働することができないため賃金を受けない場合に支給される。

保険給付の種類を覚えましょう。自分が当事者になったとして考えてみましょう。

Answer

[A27] 療養の給付の範囲は、診察、薬剤又は治療材料の支給等のうち、"**政府が必要と認めるもの**"に限られている。(平30択一)

ご p234/ ○

[A28] 療養の給付は、**労災指定病院**等で行われる。なお、指定病院等を**変更**しようとするときは、届書を、新たに療養の給付を受けようとする指定病院等を経由して所轄労働基準監督署長に提出する。

ご p235/ ○

[A29] 「療養補償給付」は、**療養の給付**(現物給付)と**療養の費用の支給**(現金給付)に分かれるが、**療養の給付が原則**である。本問のような場合には、**例外**として、療養の費用の支給が行われる。(平21択一)

ご p234/ ○

[A30] 「指定病院等以外の病院で、治療し、事業主及び診療担当者の**証明**を受けた場合」は、「療養補償給付たる療養の費用請求書」を**直接**、所轄労働基準監督署長に提出し、療養の費用の支給を受ける。(平27択一)

ご p235/ ×

[A31] 全部休業において、事業主から平均賃金の**100分の60未満**の支給があれば、賃金を**受けない日**とみなされ休業補償給付が支給される。100分の60以上であると、「賃金を受けた日」となり、休業補償給付は支給されない。(令5選択)

ご p235・236/ ○

Question

Q32 休業した日から３日間は待期期間として休業補償給付は支給されないため、待期期間の３日間は、事業主が労働基準法 76 条の休業補償を行う。

Q33 一部労働をして賃金が支払われる場合、「給付基礎日額（年齢階層別最高限度額を超えるときは最高限度額）－部分算定日に支払われる賃金の額」の 100 分の 60 が支給される。

＜傷病補償年金＞

Q34 傷病補償年金の支給額は、第１級は給付基礎日額の 313 日分、第２級は給付基礎日額の 277 日分、第３級は給付基礎日額の 245 日分である。

Q35 傷病に係る療養の開始後１年６カ月を経過した日又は同日後に傷病等級１級・２級・３級に該当した場合は、労働者の請求により、休業補償給付から傷病補償年金に切り替わることがある。

Q36 症状の変更による傷病補償年金１級～３級の範囲内の変更は、職権により行われるが、傷病補償年金を支給されていた者が、症状が軽減し、休業補償給付を受給するためには、労働者の請求が必要である。

Q37 傷病補償年金は、労働者が刑事施設、労役場その他これらに準ずる施設に拘禁されている間及び少年院その他これに準ずる施設に収容されている間は、支給されない。

Answer

[A32] 休業補償給付の待期期間の3日間は、継続・断続を問わない。4日目から療養のために休業する期間支給される。

ご p236/ ○

[A33] **“給付基礎日額－部分算定日に支払われる賃金の額”**について、年齢階層別の最高限度額相当額と比較する。給付基礎日額と最高限度額を比較するわけではない。（平30択一）

ご p236/ ×

[A34] 傷病補償年金の傷病等級ごとの支給額は、障害補償年金の第1級から第3級までの支給額と同額である。

ご p237・240/ ○

[A35] 傷病補償年金は、行政官庁の**職権**によって支給される。「傷病の状態等に関する届書」を「療養開始後**1年6カ月**経過した日から1カ月以内」に提出し、所轄労働基準監督署長の**職権**により支給される。（平21択一）

ご p237～238/ ×

[A36] 傷病補償年金は、労働者の請求によるものではなく、**職権**で支給が決まるが、「休業補償給付は、労働者の**請求**が必要」となる（平29択一）。いずれの場合も療養補償給付とは併給される。

ご p238/ ○

[A37] 刑事施設等に拘禁、少年院等に収容されている間に支給されないのは、**休業補償給付**である。（平24択一）

ご p237/ ×

Question

Q38

療養補償給付と傷病補償給付は併給されるが、休業補償給付と傷病補償年金は併給されない。

Q39

療養開始後３年を経過した日において傷病補償年金を受けている場合、又は療養開始後３年を経過した日後に傷病補償年金を受けることとなった場合は、当該３年を経過した日又は傷病補償年金を受けることとなった日に、使用者は打切補償を支払ったものとみなされ、解雇制限が解除される。

＜障害補償給付＞

Q40

障害補償給付は、療養補償給付とは併給されない。

Q41

障害補償給付に係る障害等級は、労災保険法施行規則別表第１の障害等級表に定められており、第１級から第 14 級に区別されている。

Q42

同一の事由により、14 級、10 級及び８級の障害が残った場合は、14 級以上の障害が２以上あるので、重い方の障害等級（８級）を全体の障害等級とする。

Q43

併合繰上げで、13 級以上の障害が２以上となった場合は、重い方を１級繰り上げるが、第９級と第 13 級の場合は、両者の合算日数を支給する。

Q44

併合繰上げで、８級以上が２以上の場合は、重い方を２級繰り上げ、５級以上の障害が２以上の場合は、重い方の等級を３級繰り上げる。

Answer

[A38] **休業補償給付と傷病補償年金**は、**併給されない**。傷病補償年金は、休業補償給付に**代えて**支給されるものである。(平 30 択一)
ご p239/ ○

[A39] その他、療養開始後３年を経過し、平均賃金の **1,200 日**分を支払うと、使用者は行政官庁の「認定が不要」で解雇できる（労基法の打切補償）。(平 24 選択、令２択一)
ご p238〜239/ ○

[A40] 療養補償給付は、**治ゆ**した場合は行われなくなる。このため、**障害補償給付とは併給されない**。
ご p239/ ○

[A41] **障害補償給付**に係る障害等級は、**第１級から第 14 級**（**第１級から第７級は年金、第８級から第 14 級は一時金**）に区別されている。
ご p239〜240/ ○

[A42] この場合には、**同一の事由**により **13 級以上の障害が２以上**残ったと考えるので、**重い方の８級を１級繰り上げて** 7 級の障害補償年金を支給する。(令４選択、令２択一)
ご p241/ ×

[A43] 第９級と第 13 級の場合は「併合繰上げの例外」で、**合算日数分の 492 日分**を支給し、８級の 503 日分は支給しない。
ご p241/ ○

[A44] 「**８級と７級**の場合には、重い方の７級を **2 級**繰り上げ、**5 級**を支給」し、「**5 級と 4 級**の組合せであれば重い方の４級を **3 級**繰り上げ、**1 級**を支給」する。(平 30 択一)
ご p241/ ○

Question

Q45 すでに身体に障害（業務上外を問わない）のあった労働者が、その後、新たな業務災害により、同一の部位について、障害の程度を重くした場合、重くなった程度の額を支給する。

Q46 加重前が一時金で加重後が年金の場合、加重後の障害補償年金の額から加重前の障害補償一時金の額の 30 分の 1 の額を差し引いた額が支給される。

Q47 障害補償一時金を受けた労働者の障害の程度が自然的経過により増進し、又は軽減したために、新たに他の障害等級に該当するに至った場合には、新たな障害等級に応ずる障害補償年金又は障害補償一時金が支給される。

<障害補償年金前払一時金>

Q48 障害補償年金前払一時金の額は、障害等級に応じて定められているが、第 1 級の上限は、給付基礎日額の 1,200 日分である。

Q49 障害補償年金前払一時金の請求は、障害補償年金の請求と同時に行わなければならない。

Q50 障害補償年金前払一時金の請求は、同一の事由につき 2 回に分けて行うことができる。

Q51 障害補償年金前払一時金が支給される場合には、障害補償年金は、各月に支給されるべき額の合計額が、当該前払一時金の額に達するまでの間支給停止される。

Answer

[A45] 加重の場合、先発障害の分はそのまま支給し、障害の程度を重くした分は、先発障害の分を差し引いた「**差額**」分を**併行**して支給する。（令4選択、平30択一） ご p242/ ×

[A46] 年金の平均受給期間を25年とし、「**加重後の障害補償年金の額－加重前の障害補償一時金の額×1／25**」が、加重後の年金として支給される。（平21・令3択一） ご p242/ ×

[A47] 障害補償一時金を受けた労働者ではなく、**障害補償年金**の受給権者であれば、「**変更**の取扱い」ができる。障害補償一時金を受けた者には、変更の取扱いはしない。（平30択一）
ご p243/ ×

[A48] 正しくは**1,340日分**である。なお、遺族補償年金前払一時金の上限額は、給付基礎日額の1,000日分である。
ご p244/ ×

[A49] 障害補償年金前払一時金の請求は、原則、障害補償年金の請求と**同時**であるが、例外として「障害補償年金の**支給決定の通知**があった日の翌日から**1年を経過**する日まで」の間は、障害補償年金の請求後でも請求できる。 ご p244～245/ ×

[A50] 請求は、同一の事由につき**1回のみ**であり、何度かに分けて請求することはできない。（平20択一） ご p245/ ×

[A51] 正しい。なお、障害補償年金前払一金を受けたことにより障害補償年金が全額支給停止されても、20歳前傷病による障害基礎年金の支給停止は解除されない。 ご p245/ ○

Question

＜障害補償年金差額一時金＞

Q52 障害補償年金差額一時金を受けることができる遺族は、生計を同じくしていた配偶者、子、父母、孫、祖父母及び兄弟姉妹である。

Q53 すでに支払われた障害補償年金及び障害補償年金前払一時金の合計額が、一定額（障害補償年金前払一時金の限度額の最高額）に満たない場合には、障害補償年金差額一時金が支給される。

＜介護補償給付＞

Q54 介護補償給付は、障害補償年金又は傷病補償年金の１級又は２級の受給権者のうち、常時又は随時介護を要する状態にある者に支給される。

Q55 傷病補償年金を受ける権利を有する者は、傷病補償年金の支給決定を受けた後でなければ、介護補償給付の請求をすることはできない。

Q56 病院又は診療所に入所している間、介護老人保健施設、特別養護老人ホーム等に入所している間も、介護補償給付は支給される。

Q57 介護補償給付の月額は、常時又は随時介護を受ける場合に通常介護に要する費用を考慮して厚生労働大臣が定める額であり、原則として、親族等による介護を受けた日がある場合については、最低保障額が適用される。

Answer

[A52]　障害補償年金差額一時金は、労働者の死亡の当時、その者と生計を同じくしていなかった遺族も支給対象となるが、生計を同じくしていた遺族が先順位となる。（平 26 選択）

p246/ ×

[A53]　障害補償年金差額一時金は、障害補償年金の受給権者が死亡した場合に、**すでに支給された「障害補償年金及び障害補償年金前払一時金の合計額」**が、**「前払一時金の最高限度額」に満たない**場合に、その**差額**が一定の遺族に支給される。（平 26 選択）

p245・246/ ○

[A54]　①障害補償年金又は傷病補償年金の受給権者であること、②障害等級又は傷病等級が**1級又は2級**であり、③常時又は随時介護を要する状態にあり、**かつ常時又は随時介護を受けていること**、が要件である。（平 25 選択）

p247/ ×

[A55]　**傷病補償年金**は、労働基準監督署長の**職権により支給**される。そのため、介護補償給付は、**傷病補償年金の支給決定を受けた後**でなければ、請求することができない。

p249/ ○

[A56]　介護老人保健施設を含む病院又は診療所などに**入所**している間は、介護補償給付は**支給されない**。十分な介護サービスの提供があることにより、親族等から介護を受ける必要がないなどの理由による。（平 30 択一）

p247/ ×

[A57]　介護補償給付の額は、原則としてその月に介護費用として支出された額（実費）であるが、**その月に親族等による介護を受けた日がある**場合については、**最低保障額が適用**される。親族等による介護を受けた日がない場合には、実費となる。

p248/ ○

Question

Q58 介護費用を支出して、親族等による介護を受け始めた月については、支出した介護費用が最低保障額に満たなくとも、実費のみ支給する。

Q59 介護費用を支出しないで、親族等による介護を受け始めた月については、介護補償給付を支給しない。

＜遺族補償年金＞

Q60 配偶者について、事実上婚姻関係と同様の事情にあった者と婚姻の届出をしている配偶者がいる場合、婚姻の届出をしている配偶者が、法律上当然に、遺族補償年金を受けることができる遺族となる。

Q61 父母は、遺族補償年金の受給資格者であるが、受給権者となるには原則として、労働者が死亡の当時、60 歳以上又は障害等級５級以上の障害状態にあることが必要である。

Q62 労働者の死亡当時胎児であった子が出生したときは、将来に向かって、その子は労働者の収入によって生計を維持していた子とみなされる。

Q63 遺族補償年金は、受給資格者の最先順位者が受給権者になるが、例えば受給権者である妻が失権した場合に、次順位者として子がいれば最先順位者として受給権者となる。

Answer

[A58] 親族、友人、知人等による介護を受けた月について、最低保障額の適用があるのは、2カ月目からである。「受け始めた月」は、**実費**が限度で**最低保障額**の適用はない。(平25択一)

ご p248/ ○

[A59] **介護費用を支出しない**で、**親族等による介護を受け始めた月**は、給付を行わず、**翌月から**行う。Q 58との違いに注意。

ご p248/ ○

[A60] 届出による婚姻関係がその実体を失って**形骸化**し、かつ、その状態が固定化し近い将来**解消される見込みがなかった**場合に限り、重婚的内縁関係にあった者が配偶者として遺族補償年金を受けることができる(公的年金も同様)。(平17択一)

ご p251/ ×

[A61] 正しい。なお、父母(夫、祖父母及び兄弟姉妹も同様)は、労働者の死亡の当時、**55歳以上60歳未満**でも受給資格を得るが、**60歳まで支給停止**される(遺族の数にも含まない)。(令3選択)

ご p251/ ○

[A62] 正しい。なお、胎児が「出生したときに障害等級5級以上」に該当していても、労働者の死亡当時「障害状態にあった子」とはみなされず、**18歳到達年度末で失権**する。(平19・令5択一)

ご p251/ ○

[A63] **転給制度**は、労災保険法の**遺族補償年金独自の規定**である。厚生年金保険の遺族厚生年金には、このような制度は設けられていない。

ご p252/ ○

【ポイント】 介護補償給付のうち、**随時介護**として支給される範囲は、「身体障害1級の精神神経障害及び胸腹部臓器障害以外の部位」と「障害補償年金及び傷病補償年金の2級」のうち、「**精神神経障害**及び**胸腹部臓器障害**」に限定している。

Question

Q64

労働者の死亡の当時、その収入によって生計を維持していた遺族が、妻（35歳）、子2人（7歳と5歳）、父（56歳）、母（54歳）であるときは（いずれも障害の状態にない）、子が受給権者となり、給付基礎日額の245日分の遺族補償年金が支給される。

Q65

遺族補償年金の受給権者が55歳未満の配偶者1人の場合、労働者の死亡後に障害等級5級以上になれば、その翌月から153日分から175日分に増額改定される。

Q66

遺族補償年金の受給権者が夫（60歳）で、その生計を同じくしている15歳の子と、死亡した妻の姉58歳がいた場合、夫が受給する額は201日分であるが、姉が60歳になると223日分に増額改定される。

Q67

遺族補償年金の受給権者の所在が1年以上明らかでないときは、同順位者又は次順位者の申出によって、その所在が明らかでない間、将来に向かって、支給が停止される。

Q68

遺族補償年金の受給権者である妻が、死亡した夫の父の養子となっても、その受給権は消滅しない。

Q69

労働者が死亡した当時、健常者であった16歳の子が、その後18歳到達年度末までの間に障害状態に該当した場合、18歳到達年度末が終了しても失格しない。

Answer

[A64] 労働者の死亡の当時、**健常者である56歳の父**は、いわゆる**若年停止対象者**に該当する。したがって、年金額の基礎となる受給資格者は、妻と2人の子であり、子が受給権者となり、223日分が支給される。 ご p251・252〜253/ ×

[A65] 「**妻**1人が受給権者」で他に生計を同じくする受給資格者がいない場合は、「障害の増進・軽減により**増額・減額改定**」される。また**55歳以上**になると**増額改定**される。（平25択一） ご p253/ ×

[A66] 原則として、被災労働者が死亡した時点で障害要件や年齢要件をみるが、「生計を同じくする若年停止対象者が60歳」になった場合には、**増額改定**を行う。 ご p251・252〜253/ ○

[A67] 所在不明時の遺族補償年金は、"行方不明となったとき" に**さかのぼって支給が停止**される。なお、この規定により支給停止を受けた受給権者は、いつでも、支給停止の解除の申請をすることができる。（平27択一） ご p254/ ×

[A68] 遺族補償年金の受給権者が、**直系血族又は直系姻族以外**の養子となったときは、その受給権は消滅する。直系血族又は直系姻族の養子となっても消滅しない。（平28択一） ご p253/ ○

[A69] 遺族補償年金の支給要件は、**労働者の死亡の当時**でみる。労働者の死亡の当時健常者であった子は、障害状態になっても、18歳到達年度末で受給資格者ではなくなる。（平19択一） ご p250〜251/ ×

Question

<遺族補償年金前払一時金>

Q70 遺族補償年金前払一時金を受けることができる遺族は、労働者の死亡の当時その収入によって生計を維持していた者に限らない。

Q71 遺族補償年金の受給権者は、同一の事由に関し、給付基礎日額の1,000日分に達するまで、遺族補償年金前払一時金を複数回請求することができる。

Q72 遺族補償年金前払一時金が支給されたことにより遺族補償年金が全額支給停止された場合、国民年金の20歳前傷病による障害基礎年金は支給停止されない。

Q73 55歳以上60歳未満の夫、父母、祖父母、兄弟姉妹が、遺族補償年金の受給権者となった場合は、60歳に達するまで遺族補償年金は支給停止となり、その間に遺族補償年金前払一時金及び遺族特別支給金を請求しても支給されない。

<遺族補償一時金>

Q74 遺族補償一時金を受けることができる遺族は、労働者の死亡の当時、その収入によって生計を維持していた者に限られる。

Q75 遺族補償年金の受給資格者であった妻が婚姻によって失権した場合でも、遺族補償一時金の受給資格者となる。

Answer

[A70]　遺族補償年金前払一時金は、**遺族補償年金の受給権者の請求**によって支給される。したがって、前払一時金を受給できるのは、“労働者の死亡の当時その者の収入によって**生計を維持**していた者”に限られる。（平9択一）　ご p255/ ×

[A71]　**遺族補償年金前払一時金**の請求は、**同一の事由**に関し、**1回に限り**行うことができる。なお、遺族補償年金前払一時金の額は、給付基礎日額の1,000日分が上限である。（平26選択）　ご p255/ ×

[A72]　**遺族補償年金前払一時金が支給**され、“遺族補償年金が全額支給停止”された場合であっても、“20歳前傷病による障害基礎年金の支給停止は解除されない”。　ご p256/ ×

[A73]　**若年停止対象者**は60歳までは支給停止されるのが原則だが、遺族補償年金**前払一時金**及び**遺族特別支給金**は請求すれば支給される。ただし、60歳以後、前払一時金相当の額に達するまで遺族補償年金は**支給停止**される。

ご p252・255・286・288/ ×

[A74]　遺族補償一時金は、①**配偶者**、②死亡の当時その収入によって**生計を維持**していた子、父母、孫及び祖父母、③死亡の当時**生計を維持していなかった**子、父母、孫及び祖父母、④**兄弟姉妹**に支給される。（平25・令3択一）　ご p257/ ×

[A75]　**遺族補償一時金**において、労働者との身分関係は労働者の**死亡の当時の身分関係**であり、死亡後の身分関係の変動（婚姻・離縁）に影響を受けない。したがって、遺族補償年金の受給権者であったが**婚姻により失権した配偶者**であっても、受給資格者となる。（平28択一）　ご p257/ ○

Question

Q76 生計を維持していた妹と生計を維持していなかった子がいる場合、遺族補償一時金は子に支給される。

＜遺族補償給付の受給資格の欠格＞

Q77 労働者の死亡前に、その死亡によって遺族補償年金を受けることができる先順位又は同順位の遺族となるべき者を故意に死亡させた者は、遺族補償年金の受給資格者とはしない。

Q78 遺族補償年金の受給資格者又は受給資格者となるべき者を、故意又は重大な過失により死亡させた者は遺族補償一時金の受給資格者としない。

＜葬祭料＞

Q79 葬祭料を請求することができるのは、葬祭を行う者であるから、必ずしも死亡した者の親族に限られない。

Q80 葬祭料の支給額は、315,000 円＋給付基礎日額の 30 日分又は給付基礎日額の 60 日分のどちらか低い金額が支給される。

Q81 葬祭料の請求書には、葬祭に要した費用を証明する書類を添付する必要はない。

Answer

[A76]　**兄弟姉妹**は、生計維持の有無にかかわらず、**遺族補償一時金**の受給資格の順位は、**最後位**である（平 28・令 3 択一)。設問では、子に支給される。　ご p257/ ○

[A77]　故意に死亡させたことが、刑法上の処罰の対象となるか否かの問題とは別に、遺族補償年金の**先順位**又は**同順位**の遺族となるべき者を**故意に死亡**させた場合は、遺族補償年金の**受給資格者としない**。(平 23 択一)

なお後順位者については規定されていない。自分より後順位者を死亡させても、遺族補償年金の給付上、実益はない。

ご p258/ ○

[A78]　「重大な過失」は含まれない。なお、労働者を**故意**に死亡させた者は、遺族補償年金を受けることができる遺族（受給資格者）としない。(平 25 択一)　ご p258/ ×

[A79]　このため、他に葬祭を行う者がいないために会社が社葬として行ったときは、会社に支給される。(平 19 選択)

ご p258/ ○

[A80]　〔**315,000 円**＋給付基礎日額の **30 日分**〕が**原則**となっているが、給付基礎日額の **60 日分**が**最低保障額**となっているため、どちらか**高い額**が支給される。(平 18 択一)　ご p258/ ×

[A81]　葬祭料の額は、Q 80 の金額である。したがって、葬祭に要した費用の証明書は不要である。(平 10 択一)

ご p258/ ○

Section
5. 通勤災害に関する保険給付

Question

Q82 通勤災害により支給される休業給付は、待期期間3日間は支給されないため、当該3日間については、事業主が休業補償をする必要がある。

Q83 通勤災害による療養給付には、一部負担金が徴収される。徴収額は一律200円で、労働者に支払うべき休業給付から控除する。

Q84 第三者の行為によって生じた事故についての療養を受ける者も、一部負担金を負担するが、これを求償することができる。

Q85 一部負担金は、療養開始後3日以内に治った場合や、死亡した場合も徴収される。

Q86 療養給付の一部負担金は、特別加入者も徴収される。

通勤災害は、会社に責任はありません。そのため、Q82 や Q83 のような規定が出てきます。

Answer

[A82] **通勤災害**により支給される**休業給付**に関しては、**待期期間 3 日間**について、事業主は**休業補償を行う義務はない**。休業補償が必要なのは、“**業務災害**” により支給される休業補償給付の場合である。（平 24 択一） ご p262/ ×

[A83] 一部負担金の徴収額は原則 “**200 円**” であるが、健康保険法の日雇特例被保険者は **100 円**の一部負担金が徴収され、この他、一部負担金が徴収されない**例外**もある。（平 24 択一） ご p262/ ×

[A84] 通勤災害が**第三者の行為**による場合は、一部負担金は徴収されない。（平 27 択一） ご p262/ ×

[A85] 設問の場合は徴収されない。一部負担金は、指定病院等の窓口で支払うべき性格のものではなく、**休業給付から控除**する方法で徴収する。（令元択一） ご p262/ ×

[A86] **特別加入者**からは、一部負担金を**徴収しない**。 ご p262/ ×

【ポイント】
Q 83 同一の通勤災害に係る療養給付について、すでに一部負担金を納付した者に対しては、再度一部負担金を徴収することはない。

Section
6. 二次健康診断等給付

Question

Q87 二次健康診断とは、脳血管及び心臓の状態を把握するために必要な検査（一次健康診断として行った検査を除く）であって厚生労働省令で定めるものを行う医師による健康診断である。１年度につき１回に限る。

Q88 一次健康診断において、脳血管疾患及び心臓疾患の発生にかかわる検査が行われ、いずれかの項目に異常の所見がみられるが、発病していない場合には、二次健康診断を実施する。

Q89 特定保健指導とは、二次健康診断の結果に基づき、脳血管疾患及び心臓疾患の発生の予防を図るため、面接により行われる保健師による保健指導であり、これは、二次健康診断ごとに１回に限る。

Q90 健診給付病院等とは、健康保険の保険医療機関としての指定を受けた病院等をいう。

Q91 二次健康診断等給付の請求書は、健診給付病院等を経由して所轄都道府県労働局長へ提出しなければならない。

過労死防止のための給付です。発病前の給付という特徴があります。

Answer

[A87] **二次健康診断**は、**1年度につき1回**に限って行われる。なお、一次健康診断とは、労働安全衛生法の規定による健康診断（一般健康診断、一般健康診断に係る事業者の指定した医師等以外の医師等が行う健康診断）のうち、直近のものをいう。 こ p264/ ○

[A88] “いずれかの項目に”は、正しくは“**いずれの項目にも**”である。なお、「発病していないこと」が条件になる。脳血管疾患や心臓疾患が発病していたら、**直ちに治療**となる。この場合は、**労災保険**の**療養補償給付**等又は**健康保険**の**保険給付**が行われる。（平23・30択一） こ p263・264/ ×

[A89] 「保健師」は「**医師又は保健師**」である。なお、二次健康診断の結果その他の事情により既に脳血管疾患又は心臓疾患の**症状を有する**と認められる労働者については、当該二次健康診断に係る**特定保健指導を行わない**。（平30択一）

こ p264/ ×

[A90] 「健診給付病院等」とは、**社会復帰促進等事業**として設置された病院、診療所又は**都道府県労働局長の指定**する病院、診療所をいう。 こ p264/ ×

[A91] 二次健康診断等給付の請求書は、**所轄都道府県労働局長**（監督署長ではない）に提出する。（平30択一）

こ p265/ ○

【ポイント】 **Q 89「医師又は保健師による保健指導」**には、①栄養指導　②運動指導　③生活指導がある。

Section 7. 保険給付の通則

Question

Q92 年金たる保険給付の支給は、月単位で行われ、支給すべき事由が生じた月から始まり、支給を受ける権利が消滅した月で終わる。また、支給停止事由が生じた月から、その事由が消滅した月までの間は支給が停止される。

Q93 傷病補償年金は、2月、4月、6月、8月、10月及び12月に支給されるが、その支分権の消滅時効は2年である。

Q94 年金たる保険給付の支給停止事由が生じたにもかかわらず、引き続きその支払いが行われた場合、及び減額して改定すべき事由が生じたにもかかわらず、減額しないで支払われた保険給付は、その後に支払われるべき年金たる保険給付の内払とみなすことができる。

Q95 傷病補償年金の受給権者が、同一の傷病に関して障害補償年金を受けることとなり傷病補償年金の受給権を失った場合に、引き続き傷病補償年金が支払われた場合は、過誤払調整の問題となる。

Q96 年金たる保険給付の受給権者が死亡したため、その受給権が消滅したにもかかわらず、死亡日の属する月の翌月以後の分としてその年金たる保険給付が誤って支払われた場合には、過誤払による返還金債権への充当が行われる。

他の法律と共通事項が多いので、労災でしっかり押さえておくと後の学習が楽になります。

Answer

[A92] 年金たる保険給付の支給は、支給すべき事由が生じた月の**翌月**から始め、支給を受ける権利が消滅した**月**で終わる。支給停止も、支給停止事由が生じた月の**翌月**から、その事由が消滅した**月**までである。（令3選択、令元択一） ⓒ p267/ ×

[A93] 保険給付を**支払期月**に支払われる権利を「**支分権**」という。支分権の消滅時効は**5年**となっている。（平11択一）

ⓒ p267・301/ ×

[A94] 「同一人」に対して、「間違って」保険給付がなされた場合に、「**内払調整**」が行われる。（平24択一）

ただし、「**死亡が原因**の給付」は、内払調整の対象とはならない（Q 96 参照）。 ⓒ p268/ ○

[A95] **同一の傷病**に関して、それまで受給していた保険給付の受給権を失い、新たな種類の保険給付の受給権を得た場合の調整は、過誤払調整ではなく**内払調整**である。（平19・25択一） ⓒ p268/ ×

[A96] 受給権者が**死亡**した場合の支払の調整は、**過誤払**による返還金債権への**充当**という形で処理される。年金の受給権者が「死亡した」と問題文にあれば、過誤払と考えよう。（平25択一） ⓒ p269/ ○

Question

Q97 未支給の保険給付があるときは、一定の遺族はその死亡した者の名でその未支給の保険給付を請求することができる。

Q98 業務災害の場合、遺族補償年金以外の保険給付については、死亡した受給権者に生計を維持されていた配偶者、子、父母、孫、祖父母及び兄弟姉妹のうちの最先順位者が、未支給の保険給付を請求する。

Q99 未支給の遺族補償年金を受けることができる遺族は、死亡した遺族補償年金の受給権者以外の当該遺族補償年金の受給資格者である。

Q100 未支給の保険給付の規定は、民法の相続人の特例であるから、未支給の保険給付の請求権者に該当する者がいない場合は、相続人が請求権者となる。

Q101 未支給の保険給付を受けるべき同順位者が２人以上いるときは、その１人がした請求は、全員のためその全額につきしたものとみなされる。

Q102 船舶又は航空機事故により、労働者の生死が３カ月間分からない場合には、事故が起こった日又は労働者が行方不明となった日に、死亡したものとみなす。

Answer

[A97]　未支給の保険給付は、遺族が**自己の名**で請求する。死亡した者の名で請求するわけではない。（令２択一）

こ p271/ ×

[A98]　死亡した受給権者に「生計を維持されていた」が誤りで、死亡した受給権者と「生計を**同じく**していた」配偶者、子、父母、孫、祖父母及び兄弟姉妹のうちの**最先順位者**である。（令２択一）

こ p271/ ×

[A99]　**未支給の遺族補償年金**を受けることができる遺族は、**死亡した遺族補償年金の受給権者以外の当該遺族補償年金の受給資格者**である。（令２択一）

こ p271/ ○

[A100]　未支給の保険給付の請求権者がいない場合は、「死亡した受給権者」の**相続人**、さらには、その「請求権者」の**相続人**となる。（平 15 択一）

こ p271/ ○

[A101]　正しい。この場合、その１人に対してした支給は、全員に対してしたものとみなされる。（平 30 択一）

こ p271/ ○

[A102]　この場合には、死亡したものと“みなす”のではなく、死亡したものと“**推定**する”。このため、後日生存が明らかとなったときは、支給された遺族補償給付等を返還しなければならない。（平 27 択一）

こ p271～272/ ×

Question

Q103 労働者が故意もしくは重大な過失により、障害もしくは死亡又はその原因となった事故を発生させた場合には、政府は、保険給付の全部を行わない。

Q104 業務上の心理的負荷に起因する精神障害によって正常な認識、行為選択の能力が著しく阻害され、又は自殺を思い止まる精神的な抑制が著しく阻害されている状態で自殺が行われたと認められる場合には、「故意」による死亡に該当せず、支給制限は行われない。

Q105 労働者が正当な理由がなく、療養に関する指示に従わないことにより、負傷、疾病、障害の程度を増進させたときは、保険給付の全部を行わない。

Q106 労働者が故意の犯罪行為もしくは重大な過失により、負傷、疾病もしくは死亡もしくはこれらの原因となった事故を発生させた場合には、これを支給事由とする保険給付の全部又は一部を行わないことができる。

＜費用徴収＞

Q107 偽りその他不正の手段により保険給付を受けた者があるときは、政府は、その保険給付に要した費用に相当する金額の全部又は一部をその者から徴収することができる。

Q108 事業主が虚偽の報告又は証明をしたため保険給付が行われたときは、政府は、事業主に対し、連帯して徴収金の納付を命じることができる。

Answer

[A103]　**全部行わない**のは、“**故意**に負傷、疾病、障害もしくは死亡又はその**直接の原因**”となった事故を発生させた場合である。「**重大な過失**」、単なる「**原因**」の場合には、その**全部又は一部**を行わないことができる。（平15選択・令2択一）

ⓒ p272/ ×

[A104]　「**自殺**」の場合には、どの法律でも、原則として**支給制限は行われない**。健康保険法では「自殺」であっても埋葬料は支給（ⓒ p566）、国民年金法及び厚生年金保険法でも遺族給付は支給される（国民年金法につきⓒ p668）。（平15選択）

ⓒ p272/ ○

[A105]　正当な理由なく、療養に関する指示に従わないことにより、負傷、疾病、障害の程度を増進させたときは、“**全部又は一部**”を行わないことができる。（令2択一）　ⓒ p272/ ×

[A106]　支給制限は、「**全く**行わない」のか、あるいは「**全部又は一部**を行わないことが**できる**」のかを区別すること。（令2択一）

ⓒ p272/ ○

[A107]　政府は、**保険給付費用**相当額をその者から徴収できる（令2択一）。不正受給者から徴収する価額は、保険給付のうち、**偽りその他不正の手段により給付を受けた分**に限られている。

ⓒ p273/ ○

[A108]　事業主が虚偽の報告又は証明をしたため保険給付が行われたときは、費用徴収に関して、**事業主も連帯納付義務**がある。（令2択一）

ⓒ p273/ ○

Question

Q109

事業主が故意に保険関係成立届を提出しない期間中に発生した事故については、政府は、保険給付に要した費用に相当する額の 80 %を限度として給付のつど徴収することができる。

Q110

事業主が故意又は重大な過失により生じさせた業務災害の原因である事故について政府が保険給付を行ったときは、その保険給付の額の 40 %相当額を支給のつど徴収することができる。

Q111

第三者行為災害の場合、求償は、災害発生後５年以内に支給事由の生じた保険給付につき、災害発生後５年を限度として行われる。

＜受給権の保護等＞

Q112

保険給付を受ける権利は、労働者が退職すると消滅する。

Q113

遺族補償年金を受ける権利は、次順位者に譲り渡すことができる。

Q114

租税その他の公課は、保険給付として支給を受けた金品を標準として課すことはできないが、特別支給金は課税の対象になっている。

Q115

障害補償年金を受ける労働者の障害の程度に変更があったときは、当該労働者は、その旨を、所轄労働基準監督署長に、届け出なければならない。

Answer

[A109] 「80％」は、正しくは「**100％**」である。なお **100％** は、**指導等を受けても**保険関係成立届を提出しない場合が該当する。指導等を受けていないが１年を経過しても提出しない場合は **40％**である。（平 27 択一） ㊂ p273・274/ ×

[A110] 40％ではなく、**30％**である。なお、「保険給付」からは、**療養補償給付、介護補償給付、二次健康診断等給付**を除く。 ㊂ p274/ ×

[A111] なお、**控除**は、災害発生後**７年以内**に支給事由の生じた保険給付につき、**７年を限度**として行われる。 ㊂ p279/ ○

[A112] 保険給付は労働者個人に支給されるものであるので、労働者の退職によって影響を受けない。（平 27 択一）

㊂ p275/ ×

[A113] 保険給付を受ける権利は、譲り渡し、担保に供し、又は差し押さえることができない。（平 20・24 択一）

㊂ p275/ ×

[A114] 労災保険法の**特別支給金**も、国税庁回答により、**非課税扱い**となっている。（平 27 択一） ㊂ p275・292/ ×

[A115] 正しい。この場合、所轄労働基準監督署長は、当該労働者について障害補償年金の**変更に関する決定**をしなければならない。 ㊂ p275/ ○

Question

Q116 年金たる保険給付の受給権者は、原則として毎月、厚生労働大臣の指定する日までに、定期報告書を所轄労働基準監督署長に提出しなければならない。

Q117 保険給付を受ける権利を有する者が、正当な理由がなく、法律の規定による届出をしない場合は、保険給付の支給を停止する。

Q118 保険給付を受ける者等が、行政庁による報告、届出、文書その他の物件の提出、出頭等の命令に従わない場合及び保険給付を受ける者等が行政庁の受診命令に従わない場合は、保険給付の全部又は一部を行わないことができる。

<時効>

Q119 療養補償給付を受ける権利は、療養を受けた日又は療養に要する費用を支払った日の翌日から起算して２年を経過したときは、時効により消滅する。

Q120 休業補償給付の時効の起算日は、賃金を受けない日ごとにその翌日である。また、その時効は２年である。

Q121 介護補償給付の消滅時効は、介護を受けた月の翌月の初日から起算して５年である。

Answer

[A116] **毎年**提出しなければならない。生年月日が１月～６月の者は６月30日まで、７月～12月までの者は10月31日までの提出となっている。 ご p275/ ×

[A117] 保険給付の「支給を停止する」が誤りで、「**一時差し止める**」ことができる。（平25択一） ご p275/ ×

[A118] 設問の場合には、保険給付の支払いを“**一時差し止める**”ことができる。「全部又は一部を行わないことができる」のは、労働者が故意の犯罪行為もしくは重大な過失により、負傷、疾病、障害もしくは死亡もしくはこれらの原因となった事故を発生させたとき等である。（平25択一） ご p275/ ×

[A119] 療養補償給付のうち、**療養の給付**については、**現物給付**のため、**時効の問題は生じない**。なお、療養の費用については、設問のとおりである。（平16択一） ご p235・301/ ×

[A120] 「**賃金を受けない日ごとに**」という表現は、本試験で使われている。なお、「労働不能の日の翌日起算」という表現でも正しい。（平20・23択一） ご p301/ ○

[A121] 介護補償給付の時効は、**２年**である。**暦月単位**で請求する権利であるため、起算日は“**介護を受けた月**の**翌月**の**初日**”となっている。（平20・23択一） ご p301/ ×

【ポイント】［時効の起算日］

時効の起算日は、原則として、「**翌日**」である（平20択一）。その例外として、Q 121の介護補償給付がある。葬祭料の時効は、労働者が死亡した日の翌日から起算して２年である。

Question

Q122 障害補償年金を受ける権利の時効は、傷病が治った日の翌日から起算して５年である。

Q123 障害補償年金差額一時金の時効は、傷病が治った日の翌日から起算して５年である。

Q124 遺族補償年金の時効は、労働者が死亡した日の翌日から起算して２年である。

Q125 二次健康診断等給付の時効の起算日は、労働者が一次健康診断を受けた日の翌日である。また、その時効は２年である。

<不服申立て>

Q126 保険給付に関する決定の不服は、労働者災害補償保険審査官に対して審査請求をすることができるが、審査請求をした日から３カ月を経過しても審査請求についての決定がないときは、労働者災害補償保険審査官が審査請求を棄却したものとみなすことができる。

Q127 保険給付に関する処分取消しの訴えは、当該処分についての審査請求に対する労働者災害補償保険審査官の決定を経た後でなければ、提起することができない。

Answer

[A122]　**障害補償年金**、**障害補償一時金**とも、時効は **5 年**である（平 20 択一）。ただし、障害補償年金**前払一時金**を受ける権利の時効は、**2 年**である。　ⓒ p301/ ○

[A123]　**障害補償年金差額一時金**の時効は、**障害補償年金の受給権者が死亡した日の翌日**から起算して **5 年**である。

ⓒ p301/ ×

[A124]　**遺族補償年金**、遺族補償一時金とも、時効は“**5 年**”である（遺族補償年金前払一時金の時効は 2 年）。　ⓒ p301/ ×

[A125]　二次健康診断等給付の時効は、「**2 年**」である。時効の起算日は“労働者が**一次健康診断の結果を了知し得る日の翌日**”である。　ⓒ p266・301/ ×

[A126]　平成 28 年 4 月 1 日施行の法改正事項であり、雇用保険法も同様である。なお、**健康保険法**、**国民年金法**及び**厚生年金保険法**では、3 カ月ではなく“**2 カ月**”とされている。（令 5 択一）　ⓒ p299/ ○

[A127]　正しい。平成 28 年 4 月 1 日施行の法改正事項である。改正前は、“労働者災害補償保険審査会の**裁決**を経た後”でなければ、提起することができないとされていた。（令 5 択一）　ⓒ p299/ ○

> **【ポイント】**
> 　保険給付以外の処分に不服のある者は、行政不服審査法の規定により審査請求をすることができる。また、保険給付以外は、直ちに提訴することも可能である。

Section
8. 第三者行為災害、他の諸制度との調整

Question

<第三者行為災害>

Q128 第三者の行為により災害を受けた場合、被災労働者が第三者から同一の事由について、損害賠償を受ける前に政府が保険給付をしたときは、政府は、その価額の限度で、第三者に対し、求償する。

Q129 保険給付を受けるべき者が、第三者から同一の事由について損害賠償を受けられるときは、政府は、保険給付を行わないことができる。

Q130 政府は、受給権者と第三者の間の示談について、①当該示談が真正に成立していること、②その内容が、受給権者の第三者に対して有する損害賠償請求権の６割以上のてん補を目的としている場合に限り、保険給付は行わない。

<他の社会保険との調整>

Q131 同一の支給事由による障害や死亡が原因で、社会保険と労災保険の年金給付が支給される場合は、労災保険の年金が減額され併給される。

Q132 同一の支給事由による厚生年金保険の障害手当金と労災保険の障害補償一時金が支給される場合は、障害手当金のみ支給する。

他の諸制度との調整に注意しましょう。
労災独自の規定です。

Answer

[A128]　第三者とは、保険者や事業主等以外の「加害者」をいう。第三者により災害を受けたときは、被災労働者はその第三者に損害賠償を請求できる（平 18 択一)。保険給付を行った政府がその損害賠償を被災労働者に**代わって請求**することを「**求償**」という。　ご p278/ ○

[A129]　第三者から同一の事由について損害賠償を**受けたとき**は、政府は、その損害賠償の**価額の限度**で保険給付をしないことができる。(平 18 択一)　ご p278/ ×

[A130]　第三者との間で**示談**が成立している場合、①当該示談が**真正に成立**しており、②その内容が第三者に対して有する損害賠償請求権（保険給付と同一の事由に基づくものに限る）の**全部のてん補を目的**としている場合に限り、保険給付は行わない。(平 24 選択)　ご p279/ ×

[A131]「保険料の**被保険者負担**のある」**国年**や**厚年**を**全額支給**し、労災保険の年金給付を調整する。(平 20 択一)

ご p276/ ○

[A132]「厚生年金保険の**障害手当金**」と「労災保険の**障害補償一時金**」については、厚生年金保険法 56 条 3 号により、**労災保険**の**一時金**のみ**全額支給**することになっている。

ご p277/ ×

Question

＜事業主に民事損害賠償責任がある場合の調整＞

Q133 前払一時金があり、履行が猶予されている場合は、年金給付又は前払一時金が支給されると、事業主の損害賠償の責めは免れる（免責）。

Q134 遺族補償年金の先順位の受給権者が遺族補償年金前払一時金を受けた後失権した場合、後順位の受給権者については、民事損害賠償と遺族補償年金との併給調整は行わない。

Q135 保険給付の受給権者が、同一の事由について事業主から民事損害賠償を受けたときは、政府は、労働政策審議会の議を経て厚生労働大臣の定める基準により、その価額の限度で、保険給付を行わないことができる。

Q136 労災保険給付の支給調整の事由となる民事損害賠償の損害項目には、慰謝料は含まれない。

Q137 企業内労災補償は、その制度を定めた労働協約、就業規則その他の規定の文面上労災保険部分を含むことが明らかである場合を除き、労災保険給付の支給調整を行わない。

Q138 事業主に民事損害賠償責任がある場合、労災保険の支給調整を行う「調整対象給付期間」は、休業補償給付については、災害発生日から起算して９年が経過する日までの期間である。

Answer

[A133] 履行猶予期間中に「年金給付や前払一時金が**支給**」されると、**事業主は免責**される。 ご p280～281/ ○

[A134] 支給調整が行われるのは、**遺族補償年金前払一時金の請求**ができる場合に限られる。遺族補償年金前払一時金の請求は**1回限り**しか行うことができないので、後順位者は遺族補償年金前払一時金の請求はできない。 ご p281/ ○

[A135] 正しい。"民事損害賠償と保険給付との調整"に関する規定である。ただし、示談金、和解金は、労災保険給付が将来にわたり支給されることを前提としてこれに上積みして支払われるものについては、労災保険給付の支給調整を行わない。(平20択一) ご p282/ ○

[A136] 労災保険が、**精神的損害及び物的損害については填補の対象としていない**ためである。 ご p282/ ○

[A137] 正しい。また、示談金又は和解金は、労災保険給付が将来にわたり支給されることを前提としてこれに上積みして支払われるものについては、労災保険給付の支給調整を行わない。(平20択一) ご p282/ ○

[A138] 「調整対象給付期間」は、設問の期間と「就労可能年齢」までのいずれか**短い期間**をいう。必ずしも9年間とは限らない。なお、**傷病補償年金**については、支給事由の発生した月の**翌月**から起算して9年と比べることとなっている。 ご p283/ ×

Section
9. 社会復帰促進等事業

Question

Q139 政府は、療養施設の設置及び運営、未払賃金の立替払事業を、独立行政法人労働者健康安全機構に行わせている。

Q140 特別支給金は、保険給付ではなく、その支給は社会復帰促進等事業として行われるものであり、その支給事由、支給内容、支給手続等は、労働者災害補償保険特別支給金支給規則に定めるところによる。

Q141 療養補償給付、介護補償給付に関する特別支給金はないが、葬祭料及び二次健康診断等給付に関する特別支給金はある。

Q142 休業補償給付の受給権者に対して、1日につき、休業給付基礎日額の100分の20の休業特別支給金が支給される。

Q143 休業特別支給金は、支給申請に基づいて支給されるが、支給申請は、休業補償給付の請求と同時に別途行うことが必要である。

【ポイント】

Q 141 「**特別支給金**」に対応する保険給付は、①休業補償給付、②傷病補償年金、③障害補償給付、④遺族補償給付である（通

保険給付の上乗せである特別支給金からの出題が多く見られます。

Answer

[A139]　社会復帰促進等事業のうち、**療養施設の設置及び運営**、**未払賃金の立替払事業**は、**独立行政法人労働者健康安全機構**に行わせている。（平 17 択一）　ご p285/ ○

[A140]　特別支給金は、**社会復帰促進等事業**として行われている。その支給事由等は、「労働者災害補償保険**特別支給金支給規則**」の定めるところによる。（平 22 択一）

保険給付とは異なる点についてご p292〔4〕を参照。

ご p286/ ○

[A141]　**療養補償給付**、**介護補償給付**、**葬祭料**及び**二次健康診断等給付**に関する特別支給金は設けられていない。（平 22 択一）　ご p286/ ×

[A142]　保険給付の休業補償給付（100 分の 60）と合わせ休業給付基礎日額の 100 分の 80 となる。一般の特別支給金は、休業特別支給金のみ定率となっている。（平 24・28 択一）

ご p287/ ○

[A143]　**特別支給金**は、支給申請に基づいて支給されるが、支給申請は、傷病特別支給金・傷病特別年金を除き、**関連する保険給付の請求と同時に別途**行わなければならない。（平 24 択一）　ご p286/ ○

勤災害、複数業務要因災害についても同様）。

対応していないのは、療養補償給付、介護補償給付、葬祭料、二次健康診断等給付である。

Question

Q144 遺族補償年金の第一順位の受給権者に対して、遺族特別支給金として、300万円の一時金が支給される。

Q145 ボーナス特別支給金は、特別給与をもとにした算定基礎年額及び算定基礎日額に基づいて算定され、特別加入者にも支給される。

Q146 障害等級８級の障害補償一時金の受給権者に支給される傷病特別一時金の額は、算定基礎日額の503日分である。

Q147 遺族補償年金前払一時金が支払われたため、遺族補償年金の支給が停止されている間でも、遺族特別年金は支給される。

Q148 特別支給金は、非課税所得として取り扱われているが、特別支給金を受ける権利は、譲渡、差押えの対象となり得ない。

Q149 保険給付は、他の社会保険からの給付及び民事損害賠償との併給の調整の対象となるが、特別支給金は併給調整の対象となっていない。

Answer

[A144]　なお、遺族補償年金を受けることができる**遺族がいない**場合には、遺族補償一時金の第一順位の受給権者に対して支給される。　ご p288/ ○

[A145]　ボーナス特別支給金は、**特別加入者には支給されない**。算定基礎年額は、原則として、「被災日以前1年間の特別給与*」の総額であるが、給付基礎日額を365倍した額の100分の20又は150万円を超えることはできない。　ご p289/ ×

[A146]　**障害特別一時金**は「算定基礎日額」を用いるが、**日数は障害補償一時金と同じ**である。（平6択一）　ご p289/ ○

[A147]　「遺族特別年金」には前払一時金がないため、**前払一時金が支給**されたため**年金が支給停止**されても、**特別支給金は支給**される。障害も同じ。（平28択一）　ご p290～291/ ○

[A148]　特別支給金は、**非課税所得扱い**とされているが、特別支給金を受ける権利は、**譲渡、差押えの対象**となり得ると解されている。（令元択一）　ご p292/ ×

[A149]　特別支給金は**併給調整の対象とならず**、また事業主からの**費用徴収**の対象とならない。**第三者行為災害**の場合も調整の対象外である。（平29・令2択一）　ご p292/ ○

【ポイント】
Q 145　**＊特別給与**——**3カ月**を超える期間ごとに支払われる賃金。

Section 10. 特別加入制度

Question

Q150 特別加入できる中小事業主等とは、金融業、保険業、不動産業及び小売業では常時 50 人以下、卸売業及びサービス業では常時 100 人以下、その他の事業では常時 300 人以下の労働者を使用する事業主に限られている。

Q151 特別加入者は、原則として、労働者と同様の保険給付を受けることができるが、二次健康診断等給付は対象外である。

Q152 海外の事業が特定事業に該当するときは、当該事業の事業主その他の労働者以外の者として派遣する者は、特別加入することができる。

Q153 中小事業主の故意又は重大な過失によって生じた事故の場合、政府は、保険給付の全部又は一部を行わないことができる。

Q154 特別加入者（家内労働者を除く）の給付基礎日額は、2,500 円から 35,000 円の 16 階級の中から、特別加入者が希望する額となっている。

特別加入は、労働者以外の人も保険給付を受けられる制度です。３種類あります。

Answer

[A150]　特別加入できる中小事業主の範囲は、労働保険事務組合に労働保険の事務処理を委託することができる事業主の範囲と**同じ**である。そのため、特別加入できる**中小事業主等**は、労働保険事務組合に**労働保険事務処理を委託していることが要件**とされている。（平22・令4択一、平30選択）　ご p293/ ○

[A151]　**特別加入者**には、一次健康診断（安衛法の定期健康診断等）がないので、**二次健康診断等給付の対象とはされない。**（令元択一）　ご p296/ ○

[A152]　正しい。**特定事業**とは、特別加入できる中小事業主の範囲に該当する事業である。なお、海外派遣の場合は、国内の派遣元事業が**継続事業**であることが必要である。　ご p295/ ○

[A153]　事業主が**故意又は重大な過失**により生じさせた業務災害の原因である事故の場合、**費用徴収**が行われるが、**特別加入**では、**給付制限**が行われる。　ご p273・296/ ○

[A154]　「**3,500円から25,000円**」の16階級の中から、「希望する額に基づいて都道府県**労働局長が決定**した額」である。（平30択一）　ご p297/ ×

【ポイント】	中小事業主等…第１種特別加入者
	一人親方等……第２種特別加入者
	海外派遣者……第３種特別加入者

【知っトク知識】

■「当日起算」？　「翌日起算」？　の見分け方

＝初日不算入の原則

例えば、有期事業の概算保険料の納期限は「事業開始の翌日から起算して20日以内」、有期事業の確定保険料の納期限は「事業終了などによる保険関係消滅の日から起算して50日以内」です。また所定の期限までに保険料の申告書が提出されなかった場合などに行われる「納付書」による概算保険料や確定保険料の納期限は、「通知を受け取った日から15日以内」とあり、特に「起算して」という言葉はありません。

それぞれいつから数えての20日なり50日なりなのでしょう。徴収法に限ったわけではありませんが、見分け方は民法にあります。民法では日にちの数え方も定めていて、簡単にいえば「**1日の途中から始まる**場合」は**翌日起算**、午前0時から始まり**丸々1日ある**場合には「当日起算」とします（「初日不算入の原則」）。

事業が開始されるのはたいがい昼間、“日の途中”ですから翌日起算となります。

事業が終了するのもたいがい夕方なので、**保険関係が消滅**するのは“その翌日”となっています。つまり保険関係が消滅するのは午前0時なので、保険関係が消滅した「当日起算」となります（＝事業終了日の翌日起算）。

では起算日の入っていない「納付書」の場合はどうでしょう。納付書を受け取るのは昼間ですから、「起算」という言葉はありませんが「翌日起算」となります。また各種の届出も昼間になされますから、翌日起算です。

もっともこれは、法律や契約で別の定めをすることもできますので、必ずしもこのとおりとならないこともありますが。もしそのような場合には、その“例外”の方を覚えましょう。

Chapter 4 雇用保険法

Question & Answer

基本手当は、受給資格者が離職後最初に求職の申込みをした日以後において、失業している日が継続して7日に満たない間は支給されない。

×

Q52 参照

Section 1. 総則、適用事業、被保険者

Question

＜総則＞

Q1 雇用保険は、労働者について雇用の継続が困難となる事由が生じた場合、労働者が自ら職業に関する教育訓練を受けた場合、労働者が子を養育するための休業をした場合も給付を行う。

＜適用事業＞

Q2 季節の影響により繁忙期には労働者を５人以上雇用し、閑散期は５人未満に減少することが通例である個人経営の水産事業は、強制適用事業に該当する。

＜被保険者＞

Q3 学生又は生徒は、雇用保険の被保険者となることはない。

Q4 船員であって、政令で定める漁船に乗り組むため雇用される者は、１年を通じて船員として適用事業に雇用される場合を除き雇用保険の被保険者とならない。

Q5 国、都道府県、市町村その他これらに準ずるものの事業に雇用されるものは、雇用保険の適用が除外されている。

被保険者の種類や適用除外者を根気強く学習しましょう。

Answer

[A 1]　失業だけでなく、設問の場合にも必要な給付を行う。なお、雇用保険の目的には、**失業の予防**、**雇用状態の是正**及び**雇用機会の増大**、労働者の**能力の開発及び向上**その他労働者の**福祉の増進**を図ることも含まれている。(平 22・28 選択、平 12 択一)　ご p305/ ○

[A 2]　**常時５人以上**の労働者を雇用する**個人経営**の**農林水産業**は**強制適用事業**に該当する。設問は、一定期間、労働者が５人未満に減少することが通例であるため「常時５人以上」とは解されない。　ご p307/ ×

[A 3]　**卒業を予定している者**であって、適用事業に雇用され、卒業後も引き続き雇用されることとなっている者、**休学中**の者、**定時制の課程**に在学する者等は被保険者となる。　ご p309/ ×

[A 4]　記述のとおり。船員は平成 22 年から雇用保険が強制適用とされているが、一部の者は**適用除外**とされている。(平 25 択一)　ご p309/ ○

[A 5]　離職した場合に、他の法令、条例、規則等に基づいて支給を受けるべき諸給与の内容が、**求職者給付及び就職促進給付の内容を超える**と認められる一定の者は、適用除外である。(平 27 択一)　ご p309/ ×

【ポイント】　雇用保険事業は、**失業等給付**（求職者給付、就職促進給付、教育訓練給付、雇用継続給付)、**育児休業給付**、**雇用保険二事業**（助成金・給付金の事業）に大別される。

Question

Q6

株式会社の取締役は、同時に従業員としての身分を有し、報酬支払等の面からみて労働者的性格が強い場合には被保険者となる。

Q7

農業協同組合、漁業協同組合等の役員は、雇用関係が明らかである場合は、被保険者となる。

Q8

在宅勤務者であっても、事業所勤務労働者との同一性が確認できれば被保険者となり得る。

Q9

国内の適用事業に雇用される労働者が外国に出向しても、国内の出向元事業主との雇用関係が継続している限り被保険者となる。

Q10

日本国に在住する外国人は、被保険者とならない。

Q11

6カ月間の有期契約労働者であって、1週間の所定労働時間を15時間として雇用される40歳の者は、雇用保険の一般被保険者となる。

Q12

高年齢被保険者の特例を申し出るためには、一の事業主の適用事業における1週間の所定労働時間が5時間以上でなければならない。

Answer

[A 6] 正しい。なお、法人の代表者は被保険者とならない。(平 30 択一) ㋙ p311/ ○

[A 7] 農業協同組合、漁業協同組合等の役員は、**雇用関係が明らかな**場合は、被保険者となる。 ㋙ p311/ ○

[A 8] **同一性**とは、所属事業所において勤務する他の労働者と**同一の就業規則等の諸規定**（在宅勤務者に適用できない条項を除く）が適用されること等をいう。(平 30 択一) ㋙ p312/ ○

[A 9] 日本国の領域外にある他の事業主の事業所に出向し、雇用された場合であっても、**国内の出向元の事業主との雇用関係が続く限り被保険者**となる。(平 19・24 択一) ㋙ p311/ ○

[A10] 日本国に在住する外国人は、外国公務員及び外国の失業補償制度の適用を受けていることが立証された者を除き、**国籍（無国籍を含む）のいかんを問わず被保険者となる**。(平 25・令 5 択一) ㋙ p312/ ×

[A11] 65 歳未満の有期契約労働者は、**31 日以上**の雇用の見込みがあり、1 週間の**所定労働時間が 20 時間以上**であるときは、一般被保険者となる。(令 2 選択) ㋙ p310/ ×

[A12] なお、事業主は、申出を行おうとする者から必要な証明を求められたときは、速やかに証明しなければならない。 ㋙ p312/ ○

Question

Q13 高年齢被保険者の特例を申し出るためには、二の事業主の適用事業における1週間の所定労働時間の合計が30時間以上でなければならない。

Q14 5カ月の期間を定めて週32時間労働の契約で季節的に雇用される者は、短期雇用特例被保険者となる。

Q15 短期雇用特例被保険者が、同一の事業主に引き続き1年以上雇用されるに至った場合に、その1年以上雇用されるに至った日（切替日）において65歳未満であるときは、一般被保険者となる。

Q16 雇用保険において日雇労働者とは、日々雇用される者又は17日以内の期間を定めて雇用される者をいう。

Q17 同一の事業主の適用事業にある月に18日以上雇用されたときは、原則として、日雇労働被保険者に該当しない。

Q18 同一の事業主の適用事業に継続して31日以上雇用された場合でも、所轄公共職業安定所長又は管轄公共職業安定所長の認可を受けたときは、引き続き日雇労働被保険者となることができる。

Answer

[A13]　30時間以上ではなく**20時間以上**である。なお、特例高年齢被保険者となることの申出があったときは、**事業主に対し**、当該労働者が被保険者となったことの**通知**が行われる。

ご p313/ ×

[A14]　記述のとおり。なお、**季節的に雇用**される者であって、1週間の所定労働時間が**20時間以上30時間未満**である者は、“**適用除外**”とされ、短期雇用特例被保険者とならない。(平23・令2選択)　ご p308・313/ ○

[A15]　記述のとおり。なお、雇用された日に65歳未満であったが、**切替日に65歳以上**であるときは、**高年齢被保険者**となる。(平10・21択一)　ご p314/ ○

[A16]　「日雇労働者」とは、**日々雇用される者**又は**30日以内の期間を定めて雇用される者**である。なお、日雇労働者であって**一定の要件**に該当する者が、雇用保険の「日雇労働被保険者」となる。(平25選択)　ご p313/ ×

[A17]　「**前2カ月の各月**において**18日以上**同一の事業主の適用事業に雇用された場合」又は「同一の事業主の適用事業に**継続して31日以上**雇用されたとき」は、原則として、日雇労働被保険者に該当しない。(平25選択)　ご p313/ ×

[A18]　**所轄**公共職業安定所長又は**管轄**公共職業安定所長の認可を受けることにより、**引き続き**日雇労働被保険者となることができる。(平29選択)　ご p313〜315/ ○

Section
2. 手続、失業等給付の通則

【注意！】 以後のQについては、年金事務所を経由して届書を提出する場合のことは考えなくてよい。また、特に明記していない限り、特例高年齢被保険者については考えなくてよい。

Question

Q19 事業主は、労働者が被保険者となった日の翌日から起算して10日以内に、雇用保険被保険者資格取得届を提出しなければならない。

Q20 離職の日において61歳である被保険者が離職票の交付を希望しない場合、資格喪失届を提出する際に、離職証明書を添える必要はない。

Q21 被保険者が、被保険者資格の得喪に関する確認の請求を行う場合は、天災その他やむを得ないと認められる場合を除いて、文書により行わなければならない。

Q22 退職金、結婚祝金及び死亡弔慰金等は、就業規則等に支給条件が明確に定められている場合、雇用保険法でいう賃金となる。

Q23 求職者給付の支給を受ける者は、必要に応じ職業能力の開発及び向上を図りつつ、誠実かつ熱心に求職活動を行うことにより、職業に就くように努めなければならない。

どこに、いつまでに提出するか覚えましょう。
「所轄」と「管轄」もしっかり区別して下さい。

Answer

[A19] 資格取得の日の属する月の**翌月10日**までに、雇用保険被保険者**資格取得届**を提出しなければならない。（令2選択、平24択一）

ご p317/ ×

[A20] 離職日に**59歳以上**である被保険者については、離職票の交付を希望しない場合でも、事業主は、**離職証明書を添えて資格喪失届を提出**しなければならない。（平26択一）

ご p318～319/ ×

[A21] 確認の請求は、**文書又は口頭**で行うこととされているので、口頭で行うこともできる。（平26択一） ご p320/ ×

[A22] 退職金、結婚祝金及び死亡弔慰金等は、就業規則等に支給条件が明確に定められている場合でも、雇用保険法でいう賃金とならない。 ご p324/ ×

[A23] 記述のとおり。（平16選択、平29択一）

ご p324/ ○

【ポイント】

公共職業安定所には、「所轄」と「管轄」がある。**所轄**とは**事業所所在地**を管轄する公共職業安定所、**管轄**とは**被保険者等の居住地**を管轄する公共職業安定所をいう。試験では、所轄か管轄かを問う問題も出題される。

Question

Q24 未支給失業等給付の請求は、当該受給資格者等が死亡したことを知った日の翌日から起算して６カ月以内にしなければならない。

Q25 受給資格者が死亡したことにより、未支給の基本手当を請求する者は、その請求者の住所又は居所を管轄する公共職業安定所に出頭し、死亡した受給資格者の失業の認定を受けなければならない。

Q26 基本手当を受ける権利は、譲り渡し、担保に供し、又は差し押さえることができる。

Q27 雇用保険二事業の１つである労働移動支援助成金は、租税その他の公課を課することができない。

Q28 失業等給付の不正受給が行われた場合、政府は不正受給者に対して返還を命ずることができ、また、不正に受給した額以下の金額の納付を命ずることができる。

Q29 事業主が偽りの届出をしたため失業等給付が支給された場合でも、政府は、事業主に対して、当該失業等給付の返還を命じることはできない。

Answer

[A24]　未支給失業等給付の請求は、当該**受給資格者等が死亡した日の翌日から**起算して**6カ月以内**にしなければならない。（令3択一）　p325/ ×

[A25]　死亡した受給資格者の失業の認定を受ける場合は、**死亡者に係る公共職業安定所**に出頭して、未支給失業等給付請求書を提出する。（令元択一）　p325/ ×

[A26]　**失業等給付**を受ける権利は、譲り渡し、担保に供し、又は差し押えることができない。　p325/ ×

[A27]　雇用保険二事業における給付金には、**租税その他の公課**を課することが**できる**。　p325・413/ ×

[A28]　「額以下」は、正しくは「額の**2倍**に相当する額以下」である。（平26選択）　p326/ ×

[A29]　設問の場合、政府はその事業主に対し、その失業等給付の支給を受けた者と**連帯**して、「返還又は納付を命ぜられた金額」の**納付を命ずる**ことができる。（平27択一）　p326/ ×

【ポイント】［不正受給］
　偽りその他の行為により失業等給付の支給を受けた者がある場合、政府は、支給した失業等給付の**全部又は一部を返還**することを命ずることができる。さらに、受けた失業等給付の**2倍相当額以下の金額**を納付することを命ずることができる。

Section
3. 一般被保険者の求職者給付（基本手当）

Question

＜被保険者期間、算定対象期間等＞

Q30 基本手当は、被保険者が失業した場合において、原則として算定対象期間に被保険者期間が引き続き 12 カ月以上であるときに支給される。

Q31 離職の日以前２年間に、疾病、負傷等のため引き続き 30 日以上賃金の支払いを受けることができなかった被保険者の算定対象期間は、２年間にその日数を加算し、最大６年間まで延長される。

Q32 被保険者期間を算定する際に、所定の方法で区切った１カ月に賃金支払基礎日数が 11 日以上ない場合に、賃金支払基礎時間数が 80 時間以上の期間は、被保険者期間１カ月として算定され得る。

Q33 被保険者となった日からその日後の最初の喪失応当日の前日までの日数が１カ月未満の場合には、その日数を問わず、賃金支払基礎日数が 11 日以上あれば、その期間の被保険者期間は２分の１カ月となる。

Q34 被保険者期間の算定において、最後に被保険者となった日前に受給資格を取得したことがある場合は、その受給資格に基づいて基本手当を受給しているときに限り、その受給資格に係る離職の日以前の被保険者であった期間は除外する。

一般の会社員が失業したときの給付。
試験対策の大きな柱です。

Answer

[A30] 「引き続き 12 カ月以上」は「**通算** 12 カ月以上」である。算定対象期間は、原則として**離職の日以前 2 年間**である。なお、**特定受給資格者**及び**特定理由離職者**は、**離職の日以前 1 年間**に被保険者期間が**通算 6 カ月以上**あればよい。（平 23 択一）

ご p327/ ×

[A31] 疾病、負傷等のため、**引き続き 30 日以上賃金を受けることができなかった被保険者**に対し、**最長 4 年間**まで算定対象期間が認められる。（平 20・令 3 選択） ご p327〜328/ ×

[A32] 賃金支払基礎時間数が **80 時間以上**であれば、被保険者期間に算入される場合がある。 ご p329/ ○

[A33] 「その日数を問わず」は、正しくは「その日数が **15 日以上**であり、かつ、」である。なお、「賃金支払基礎日数が 11 日以上」で要件を満たせない場合は賃金支払基礎時間数が **80 時間以上**あればよい。（平 30 選択） ご p329/ ×

[A34] 設問の場合、当該受給資格に基づいて**基本手当を受給したか否かを問わず**、当該受給資格に係る離職の日以前の被保険者であった期間を除外する。（平 26・令元択一） ご p330/ ×

Question

＜受給期間＞

Q35 所定給付日数が300日以下の者に係る受給期間は、原則として離職の日から起算して1年間である。

Q36 所定給付日数が360日の者に係る受給期間は、原則として離職の日の翌日から起算して1年に60日を加えた期間である。

Q37 受給期間内に、出産や育児のため引き続き30日以上職業に就くことができない期間があるときは、その日数を加算した期間を受給期間とし、最長4年間を加算することができる。

Q38 定年退職者等に係る受給期間の延長が認められた者に、更に疾病、負傷等による受給期間の延長が認められたときは、受給期間は最長6年間となる。

Q39 受給期間内に再就職し、新たに受給資格を取得した後に再離職したときは、前の受給期間は消滅し、原則としてその離職の日の翌日から新たな受給期間となる。

Q40 事業を開始した者について受給期間を最大3年間進行させない仕組みは、事業の実施期間が30日未満の場合や、事業開始から受給期間終了日までが30日未満である場合は対象外である。

＜失業の認定＞

Q41 失業とは、被保険者が離職し、労働の意思及び能力を有するにもかかわらず、職業に就くことができない状態をいう。

Answer

[A35]　受給期間は、原則として離職の日の翌日起算で**1年間**である。　p346/ ×

[A36]　所定給付日数が330日の者は、原則「1年**+30日**」、所定給付日数が360日の者は、原則「1年**+60日**」となる。（平24・26・28択一）　p346/ ○

[A37]　受給期間が**最長4年**であり、「加算される期間は**最大3年間**」となる。　p347/ ×

[A38]　定年退職者等に係る受給期間の延長と、疾病・負傷等による受給期間の延長の両方が認められても、**受給期間は最長4年間**である。　p346～347/ ×

[A39]　新たな受給資格を得た場合は、前の受給資格に基づく基本手当は支給されず、**新たな受給資格**に基づき基本手当が支給される。（平28択一）　p348/ ○

[A40]　なお、その事業の開始に際して再就職手当又は就業手当の支給を受けた場合や、その事業により**自立することができない**と認められる場合も対象外である。　p348/ ○

[A41]　なお「離職」とは、被保険者について、事業主との雇用関係が終了することをいう。（平19選択）　p324/ ○

Question

Q42 基本手当の受給資格者が失業の認定を受けるには、原則として雇用保険被保険者証を添えて失業認定申告書を提出した上、職業の紹介を求めなければならない。

Q43 失業の認定は、原則として、前回の認定日の翌日から今回の認定日までの期間に属する各日について行われる。

Q44 受給資格者が正当な理由なく所定の認定日に出頭しない場合には、原則として、認定対象期間の全部について失業の認定は行われない。

Q45 失業の認定は、受給資格者が求人者に面接したこと、公共職業安定所等から職業を紹介され、又は職業指導を受けたことその他求職活動を行ったことを確認して行う。

Q46 失業の認定は、原則として、１カ月に１回行うこととされている。

Q47 職業に就くためその他やむを得ない理由により失業認定日に出頭できない受給資格者は、その旨を管轄公共職業安定所長に申し出て、その申出をした日に失業の認定を受けることができる。

Q48 公共職業安定所の紹介による求人者との面接日が失業認定日と重なる場合は、当該認定日の前日までに失業の認定を受けなければならない。

Answer

[A42] 「雇用保険被保険者証」ではなく「**受給資格者証**」である。なお、受給資格者が**受給資格通知**の交付を受けた場合にあっては、**個人番号カードを提示**して、失業認定申告書を提出する。（平6記述）　p332/ ×

[A43] 失業の認定は、原則として「前回の認定日から今回の認定日の**前日**までの期間」（**認定対象期間**）に属する各日について行われる。今回の**認定日当日は含まない**。　p332～333/ ×

[A44] 失業の認定は、原則として、受給資格者について「あらかじめ定められた**認定日**」に、**認定対象期間**に属する各日について行うものである。出頭しなければ、原則として認定を行うことができない。　p332/ ○

[A45] 記述のとおり。なお、管轄公共職業安定所以外の公共職業安定所が行う職業相談等も求職活動実績となる。　p334/ ○

[A46] 失業の認定は、原則として「**4週間に1回**」行うこととされている。ただし、公共職業安定所長の指示した公共職業訓練等を受ける受給資格者に係る失業の認定は「**1カ月に1回**」である。（平27択一）　p333/ ×

[A47] この場合、申出をした日に、**前回の認定**を受けた日から**申出日の前日**までの各日について、失業の認定が行われる。　p332～333/ ○

[A48] **公共職業安定所の紹介**による場合は、求人者に**面接した後**の最初の**失業認定日**に管轄公共職業安定所に出頭し、証明書を受給資格者証に添えて失業の認定を受けることができる。　p333～334/ ×

Question

Q49 受給資格者が疾病のため公共職業安定所に出頭できない場合に、その期間が継続して15日であるときは、その理由を記載した証明書を提出して失業の認定を受け、基本手当を受給することができる。

Q50 天災その他やむを得ない理由により、失業の認定日に公共職業安定所に出頭できない場合には、所定の手続により、証明書による失業の認定を受けることができる。

Q51 代理人は失業の認定を受けることはできず、代理人が基本手当の支給を受けることもできない。

<待期・給付制限>

Q52 基本手当は、受給資格者が離職後最初に求職の申込みをした日以後において、失業している日が継続して7日に満たない間は支給されない。

Q53 待期が満了した後、受給期間内に就職して新たな受給資格を取得することなく再び失業した場合には、再度の待期は不要である。

Q54 被保険者が自己の責めに帰すべき重大な理由によって解雇された場合には、待期期間満了後1カ月以上3カ月以内の間、給付制限期間として基本手当は支給されない。

Q55 被保険者が重大な自己の帰責事由によって解雇された場合、公共職業安定所長が指示した公共職業訓練等を受けても、給付制限は解除されない。

Answer

[A49]　**継続して15日未満**であれば基本手当を受給することができる。継続して15日以上であれば**傷病手当の支給対象**、30日以上の場合には**受給期間の延長**も可能である。（平17選択）

p333・356/ ×

[A50]　この場合、受給資格者証を添えて（受給資格通知の交付を受けた場合は個人番号カードを提示して）、証明書を提出しなければならない。（令元択一）

p333～334/ ○

[A51]　代理人を出頭させて失業の認定を受けることはできないが、やむを得ない理由があれば**代理人が基本手当の支給を受けることはできる**（口座振込の場合を除く）。（平25択一）

p334/ ×

[A52]　**通算して7日**に達すれば待期期間が**満了**し、基本手当が支給され得る。なお、待期には、疾病又は負傷のため職業に就けない日も算入される。（令元選択）

p349/ ×

[A53]　**待期**は、**一受給期間に1回**をもって足りる。（平9択一）

p349/ ○

[A54]　なお、正当な理由がなく自己の都合によって退職した場合も、同様の給付制限となるが、5年間のうち2回までは給付制限期間が2カ月に短縮される。（平26択一）

p353/ ○

[A55]　公共職業安定所長が指示した公共職業訓練等を受けると、**給付制限が解除され**、その**訓練を受ける期間**及び**受け終わった日後の期間**について**基本手当が支給**される。（平26択一）

p353/ ×

Question

Q56 正当な理由のある自己都合によって退職した者は、離職理由による給付制限はない。

Q57 不正行為により基本手当の支給を受けられなくなった者には、新たに受給資格を取得した場合でも、新たに取得した受給資格に基づく基本手当は支給されない。

<賃金日額>

Q58 賃金日額とは、原則として、算定対象期間において被保険者であった最後の6カ月間に支払われた賃金の総額を180で除して得た額である。

Q59 賃金日額の算定の基礎となる賃金には、「臨時に支払われる賃金」及び「1カ月を超える期間ごとに支払われる賃金」は算入されない。

Q60 離職の日において30歳以上45歳未満の者に対する基本手当の日額は、原則として、賃金日額に100分の80から100分の50の範囲内で定められた率を乗じて得た金額となる。

Q61 賃金日額には上限額と下限額が定められており、下限額は被保険者の年齢にかかわらず一律であるが、上限額は被保険者の年齢により異なる。

Answer

[A56] **正当な理由**には、体力の不足、心身の障害、配偶者又は扶養すべき親族と別居生活を続けることが困難となったこと等が該当する。（平 26 択一） ご p343・353/ ○

[A57] 不正受給者でも、新たな受給資格を取得した場合においては、**新たに取得した受給資格に基づく基本手当は支給される**。（令 2 択一） ご p353/ ×

[A58] 基本手当の日額の基礎となる賃金日額は、原則として、算定対象期間において**被保険者期間**として計算された**最後の 6 カ月間**に支払われた賃金の総額を「**180**」で**除した額**である。（平 18・令 4 選択、令元択一） ご p335/ ×

[A59] 「1 カ月」は、正しくは「3 カ月」である。例えば、家族手当、住宅手当、通勤手当、年次有給休暇の賃金は算入される。年 2 回の賞与は算入されない。（平 11 記述・令 5 択一） ご p335/ ×

[A60] 離職日に「**60 歳未満の者**」は、賃金日額に 100 分の 80～**100 分の 50**、「**60 歳以上 65 歳未満の者**」は 100 分の 80～**100 分の 45** を乗じて得た金額が基本手当の日額となる。（平 18 選択、令元択一） ご p337/ ○

[A61] 賃金日額の**下限額**は**一律**、**上限額**は**年齢区分**によって異なる。（平 26 択一） ご p336/ ○

Question

＜所定給付日数・算定基礎期間等＞

Q62 特定受給資格者・一定の特定理由離職者及び就職困難者を除く一般の受給資格者が、算定基礎期間が8年である場合の所定給付日数は120日である。

Q63 就職困難者の所定給付日数は、離職の日において38歳であり算定基礎期間が1年の者は、300日である。

Q64 算定基礎期間が1年未満である特定受給資格者の所定給付日数は、離職の日の年齢にかかわらず90日となる。

Q65 離職の日において、一般被保険者であった45歳の特定受給資格者が、算定基礎期間を7年有する場合には、当該特定受給資格者の所定給付日数は240日である。

Q66 A社で10年間雇用保険に加入し、引き続き（基本手当をもらうことなく）B社に5年間雇用され、受給資格を得た後に離職した者は、15年間の算定基礎期間となる。

Q67 失業の認定に係る期間中に、自己の労働によって収入を得た場合に、「(収入の1日分相当額－控除額)＋基本手当の日額」が賃金日額の6割を超えると、基本手当は減額支給又は不支給となる。

Answer

[A62]　算定基礎期間が**10年未満**の**一般の受給資格者**の所定給付日数は、**90日**である。（平19選択）　ご p339/ ×

[A63]　就職困難者の所定給付日数は、算定基礎期間1年未満は一律150日、**算定基礎期間1年以上**は45歳未満なら300日、**45歳以上65歳未満なら360日**である。（平26選択）　ご p339/ ○

[A64]　特定受給資格者は離職日の年齢と算定基礎期間により所定給付日数が異なるが、算定基礎期間が**1年未満**の場合は一律90日である。　ご p339/ ○

[A65]　**45歳以上60歳未満**で、算定基礎期間を**5年以上10年未満**有する特定受給資格者の所定給付日数は、**240日**である。（平27択一）　ご p339/ ○

[A66]　A社の離職時に基本手当を受給せず、1年以内にB社に再就職した場合、A社とB社の算定基礎期間は**通算**され、15年となる。（平27・令3択一）　ご p344/ ○

[A67]　設問の計算による額（合計額）が賃金日額の8割を超える場合は、基本手当は減額支給又は不支給となる。　ご p338/ ×

Question

＜特定受給資格者・延長給付＞

Q68 離職の日の属する月の前6月のうちいずれか連続した2カ月以上の期間において労働基準法に規定する限度時間を超える時間外労働及び休日労働が行われたため離職した者は、特定受給資格者となる。

Q69 事業所において使用者の責めに帰すべき事由により行われた休業が引き続き3カ月以上となったことにより離職した者は、特定受給資格者となる。

Q70 訓練延長給付により延長される期間は、公共職業訓練等を受け終わる日までの期間のうち失業している期間については、２年を限度とする。

Q71 特定求職者就職支援法に基づく認定職業訓練は、訓練延長給付、通所手当等の対象外である。

Q72 訓練延長給付を受けている受給資格者について、広域延長給付が行われることとなった場合には、広域延長給付が行われる間、その者に訓練延長給付は行われない。

Q73 全国延長給付は、連続する４月間（基準期間）の失業の状況が一定の状態にあり、かつ、その状態が継続すると認められる場合に、すべての受給資格者を対象として行われる。

【ポイント】［特定受給資格者］

特定受給資格者とは、簡単にいえば、「**会社都合**により退職」した者をいう。**定年退職者**、**自己都合退職者**、本人の責めに帰すべ

Answer

[A68] 「2カ月以上」は、正しくは「**3カ月以上**」である。
ご p341/ ×

[A69] 記述のとおり。なお、事業主から退職するよう勧奨を受けたこと、**事業所の業務が法令に違反**したこと等により離職した者も特定受給資格者となる。（平15選択） ご p342/ ○

[A70] なお、公共職業訓練等を受けるために**待期**している期間については、**90日**を限度とする。 ご p350/ ○

[A71] 設問の認定職業訓練を受ける場合も、訓練延長給付、通所手当等の対象となる。（令5択一）
ご p332・333・350・357/ ×

[A72] 複数の延長給付が重複して行われる場合は、**優先順位の高い**ものを支給する。優先順位は、高いものから①**個別**延長給付→②**地域**延長給付→③**広域**延長給付→④**全国**延長給付→⑤**訓練**延長給付である。（平27択一） ご p352/ ○

[A73] なお延長される日数は原則として**90日**が限度である。（平8記述、平24択一） ご p351/ ○

き重大な理由により**解雇された者**等は該当しない。会社都合の場合は、再就職活動も必要であり、また生活不安に陥ることもあるから**手厚く保護**することとした。

Section

4. 一般被保険者の求職者給付（基本手当以外）

Question

＜傷病手当＞

Q74 基本手当の日額と傷病手当の日額は同額であり、同一の日に支給されることはない。

Q75 傷病手当は、求職の申込みの日以後７日に満たない間は支給されない。

＜技能習得手当＞

Q76 技能習得手当は、受給資格者が公共職業訓練等を受講しない日、待期中の日、傷病手当の支給対象となる日については支給されない。

Q77 公共職業訓練等を受けた場合の受講手当の日額は 500 円であり、40 日分が限度である。

Q78 自己都合により退職した者は、いわゆる給付制限の規定が適用される。したがって、公共職業訓練等を受けている場合でも、技能習得手当及び寄宿手当が支給されることはない。

失業中に病気になったり、
職業訓練を受けたりした場合の給付です。

Answer

[A74]　傷病手当は**基本手当に代えて支給される**のであるから、基本手当と傷病手当が、同一の日に支給されることはない。日額は同額である。（平19・22・28択一）　ご p354/ ○

[A75]　なお、基本手当の給付制限期間中も支給されない。また、健康保険法の傷病手当金、労災保険法の休業（補償）給付等を受けられる日も支給されない。（平11択一）　ご p354/ ○

[A76]　技能習得手当は、公共職業訓練等を受ける期間について、**基本手当**に「**加えて**」支給される。なお、技能習得手当には、受講手当と通所手当がある。　ご p356/ ○

[A77]　500円×40日＝20,000円が限度である。なお、技能習得手当のうち「通所手当」は月額で定められている。（令5選択）　ご p356/ ○

[A78]　受給資格者が公共職業安定所長の指示した公共職業訓練等を受ける場合には給付制限が解除される。このため、他の要件を満たせば技能習得手当及び寄宿手当が支給される。　ご p353・356/ ×

【ポイント】［傷病手当の支給］
Q 75　傷病手当は、**求職の申込み**をした後において疾病又は負傷のため職業に就くことができない状態になったときに支給する。基本手当の代わりに支給されるため、**労働の意思及び能力**がない場合は支給されない。（令2択一）

Section 5. その他の被保険者の求職者給付

Question

<高年齢求職者給付金>

Q79 高年齢求職者給付金を受給するには、原則として、離職の日以前1年間に被保険者期間が通算して6カ月以上あることが要件とされる。

Q80 被保険者であった期間が1年の者に支給する高年齢求職者給付金の額は、基本手当の日額の50日分である。

Q81 高年齢求職者給付金は一時金であるため、給付制限期間が設けられることはない。

Q82 失業の認定日に失業の状態にあれば、翌日から就職しても、高年齢求職者給付金を返還する必要はない。

Q83 特例高年齢被保険者は、被保険者資格取得の申出に係るいずれか一の適用事業を離職した場合でも、高年齢求職者給付金が支給される。

【ポイント】［高年齢求職者給付金］
高年齢求職者給付金の支給を受けようとする高年齢受給資格者は、離職の日の翌日から起算して**1年を経過する日**までに、管轄

選択式でも時々出題される保険給付。
キーワードはしっかり覚えましょう。

Answer

[A79] 記述のとおり。なお、この被保険者期間には一般被保険者であった期間も含まれる。 ご p358/ ○

[A80] 高年齢求職者給付金の額は、算定基礎期間が**1年未満**の者は基本手当の日額の**30日分**、算定基礎期間が**1年以上は50日分**である。（平11記述、平16選択） ご p359/ ○

[A81] 高年齢求職者給付金は一時金ではあるが、**待期、給付制限、返還命令等**は受給資格者と同様に取り扱われる。

ご p359/ ×

[A82] 正しい。なお、高年齢求職者給付金は、自己の労働による収入があっても減額されない。（平29択一） ご p359/ ○

[A83] なお、賃金日額は離職した適用事業において支払われた賃金を用いて算定される。また、賃金日額の下限規定の適用はない（令4択一）。 ご p359/ ○

公共職業安定所に出頭し、離職票を提出した上で、求職の申込みをしなければならない。この1年は、「**受給期限日**」ともいい、出頭が遅れたとしても当該期間が延長されることはない。

Question

＜特例一時金＞

Q84 特例一時金を受給するには、原則として、離職の日以前２年間に被保険者期間が通算して12カ月以上あることが要件とされる。

Q85 ３月10日に資格を取得し11月15日に資格喪失した短期雇用特例被保険者は、３月１日から11月30日まで雇用されたとして、その者の被保険者期間を計算する。

Q86 特例受給資格者は、離職日の翌日から６カ月を経過する日までに、管轄公共職業安定所長へ離職票を提出し、求職の申込みをしなければならない。

Q87 特例一時金の額は、当分の間、基本手当の日額の30日分に相当する額を限度とする。

Q88 特例一時金は、基本手当と同様、自己の労働による収入があれば減額されることがある。

Q89 特例受給資格者が、特例一時金を受ける前に公共職業安定所長の指示した公共職業訓練等を受ける場合には、その職業訓練等を受け終わる日までの間に限り基本手当が支給される。

[A84]　離職の日以前**1年間**に被保険者期間が通算して**6カ月以上**あることが必要である。（平26択一）　ご p361/ ×

[A85]　短期雇用特例被保険者は当分の間、「資格取得日の属する月の**初日**から、その資格喪失日の前日の属する月の**末日**まで引き続き雇用されたもの」とみなし、被保険者期間を計算する。　ご p361〜362/ ○

[A86]　記述のとおり。なお、特例一時金の受給期限は、**延長は認められない**。（平20・令3択一）　ご p362/ ○

[A87]　特例一時金の額は、基本手当の日額の**30日**相当分とされているが、当分の間、**基本手当の日額**の**40日**相当分である。（平26択一）　ご p363/ ×

[A88]　特例一時金は、**自己の労働による収入があっても減額されない**。　ご p363/ ×

[A89]　なお、一般の受給資格者と異なり、**離職理由による給付制限は解除されない**。（平23選択、令3択一）　ご p363/ ○

【ポイント】［公共職業訓練等の受講と給付制限の解除］
Q 89　特例受給資格者が公共職業訓練等を受講する場合は、基本手当のほか、**技能習得手当**及び**寄宿手当**が支給される。

Question

＜日雇労働求職者給付金＞

Q90 事業主は、日雇労働被保険者を雇用することとなったときは、所轄公共職業安定所長へ日雇労働被保険者資格取得届を提出しなければならない。

Q91 日雇労働求職者給付金（普通給付に限る）に係る失業の認定は、原則として日雇労働被保険者の選択する公共職業安定所において、日々その日について行われる。

Q92 日雇労働被保険者が失業した場合に、その失業の日の属する月の直前２カ月間に通算して 26 日分以上の印紙保険料が納付されていれば、日雇労働求職者給付金が支給される。

Q93 日雇労働被保険者が失業し、その失業の日の属する月前２月間に納付された第１級の印紙保険料が 26 日分である場合の日雇労働求職者給付金の日額は 7,500 円である。

Q94 日雇労働求職者給付金の普通給付の給付日数は、印紙保険料の納付状況に応じて 13 日分から 18 日分までに区分されている。

Answer

[A90] **日雇労働被保険者となった者**が、**管轄**公共職業安定所長に日雇労働被保険者資格取得届を提出しなければならない。(平 24 択一)　　ご p364/ ×

[A91] なお、「**特例給付**」による日雇労働求職者給付金に係る失業の認定は、**管轄**公共職業安定所において、**4 週間に 1 回ずつ**行われる。　　ご p365/ ○

[A92] なお、「**特例給付**」の場合には、「継続する **6 月間**に印紙保険料が各月 **11 日分以上**」、かつ、「通算して **78 日分以上**納付」されていなければならない。(平 17・令 5 選択)　　ご p365/ ○

[A93] 失業の日の属する月の前 2 月間の納付状況において、**第 1 級印紙保険料が 24 日分以上**あれば、日雇労働求職者給付金の日額は **7,500 円**となる。　　ご p366/ ○

[A94] **13 日分**（26～31 日分納付の場合）から **17 日分**（44 日分以上納付の場合）までに区分されている。　　ご p367/ ×

【ポイント】［日雇労働被保険者］
Q 90　日雇労働被保険者は、一定の要件に該当するに至った日から起算して **5 日以内**に、「日雇労働被保険者資格取得届」を管轄**公共職業安定所長**に提出しなければならない。管轄公共職業安定所長は、その者に、「**日雇労働被保険者手帳**」を**交付**する。

Section
6. 就職促進給付

Question

<就業手当>

Q95 就業促進手当は、就業手当、再就職手当、就業促進定着手当の３種類からなる。

Q96 就業手当は、１年を超えて引き続き雇用されることが確実であると認められる職業に就き、又は事業を開始した受給資格者に支給される。

Q97 一定の職業に就いた者に支給される就業手当の額は、現に職業に就いている日について、基本手当日額に 10 分の３を乗じて得た額である。

Q98 就業手当を支給したときは、その就業手当を支給した日数に相当する日数分の基本手当を支給したものとみなされる。

<再就職手当・就業促進定着手当>

Q99 受給資格の決定に係る求職の申込みをする前に雇入れを約した事業所に、受給資格者が再就職した場合には、再就職手当は支給されない。

支給条件と支給額を整理して覚えます。
特に再就職手当を中心に学習しましょう。

Answer

[A95]　就業促進手当は、「**就業手当**」「**再就職手当**」「**就業促進定着手当**」「**常用就職支度手当**」の4種類である。(平16択一)

ⓒ p370/ ×

[A96]　就業手当は、再就職手当の支給対象とならない「**常用雇用等以外**の形態で就業した者」が、一定の要件に該当するときに支給される。（令元・令5択一）　ⓒ p371/ ×

[A97]　例えば、基本手当の額が5,000円なら、就業手当の額は1日につき1,500円となる。（平23・令5択一）

ⓒ p371・372/ ○

[A98]　就業手当の額は基本手当日額に10分の3を乗じて得た額である。ただし、就業手当を支給したときは、その「就業手当を支給した日数に相当する日数分の**基本手当を支給したもの**」とみなされる。（平16択一）　ⓒ p372/ ○

[A99]　離職前の事業主に再雇用されたものでないこと、就職日前3年以内の就職について再就職手当又は常用就職支度手当の支給を受けたことがないこと等も必要である。

ⓒ p373/ ○

【ポイント】［就業手当の支給対象］

就業手当の支給対象となる「就業」は、原則として、1日の労働時間が**4時間以上**のものである。4時間未満の場合は、基本手当の減額規定（内職等）に該当する。

Question

Q100 再就職手当は、受給資格者が安定した職業に就き、かつ、就職日の前日における基本手当の支給残日数が所定給付日数の３分の１以上である一定の場合に支給される。

Q101 受給資格者が、離職理由に基づく給付制限を受けている場合には、公共職業安定所等の紹介により就職することを要件に再就職手当が支給される。

Q102 基本手当の支給残日数が所定給付日数の３分の２以上で、安定した職業についた者に支給する再就職手当の額は、原則として「基本手当日額×支給残日数×10分の７」に相当する額とする。

Q103 再就職手当の支給を受けた者であっても、同一の事業主の適用事業にその職業に就いた日から引き続き１年以上雇用されなければ、就業促進定着手当は支給されない。

Q104 就業促進定着手当の支給を受けようとするときは、新たな職業に就いた日から起算して６カ月目に当たる日の翌日から起算して１カ月以内に申請しなければならない。

[A100]　再就職手当は、就業手当と異なり、支給残日数45日以上の要件はない。（令5択一）　ご p372/ ○

[A101]　離職理由に基づく給付制限を受ける者が再就職手当を受けるためには、待期期間満了後**1カ月間**については、**公共職業安定所等の紹介**により職業に就くことが必要である。（平7記述、平26択一）　ご p373/ ×

[A102]　**支給残日数**が所定給付日数の**3分の2以上**ある者（**早期再就職者**）の再就職手当の額は、「基本手当日額×支給残日数×**10分の7**」とされる。3分の1以上3分の2未満であれば「10分の6」である。（平26選択、令元択一）

ご p373・374/ ○

[A103]　就業促進定着手当は、同一の事業主の適用事業に**引き続き6カ月以上雇用される者**であって厚生労働省令で定めるものに支給される。（平30択一）　ご p375/ ×

[A104]　「1カ月以内」ではなく、「2カ月以内」である。なお、就業促進定着手当の支給額は、基本手当日額×（支給残日数×**40％**〔早期再就職者は**30％**〕）が限度である。　ご p375/ ×

【ポイント】［就業促進定着手当］

Q 103　就業促進定着手当は、再就職後の賃金が**離職前の賃金よりも低下した受給資格者**に対して、その差額を補てんするために支給する制度である。

Question

＜常用就職支度手当等＞

Q105 常用就職支度手当は、一定の要件を満たす高年齢受給資格者、特例受給資格者又は日雇受給資格者に対しても支給される。

Q106 常用就職支度手当は、公共職業安定所の紹介によって、１年を超えて引き続き雇用されることが確実であると認められる職業に就かなければ支給されない。

Q107 常用就職支度手当は、友人の紹介により職業に就いた場合は支給されない。

Q108 就職支度費が訓練等施設の長から支給される場合でも、その支給額が雇用保険法施行規則に定めるところにより計算した額に満たないときは、その差額が移転費として支給される。

Q109 広域求職活動費の支給申請期限は、公共職業安定所の指示による広域求職活動を終了した日の翌日から起算して１カ月以内である。

Q110 求職活動関係役務利用費の額は、１日当たりの利用費の 60 ％である。

[A105] 就業手当及び再就職手当は「受給資格者」のみ対象としている。（平 20 選択、平 23 択一） ご p370・376/ ○

[A106] 常用就職支度手当は「**1 年以上**」引き続き雇用されることが確実であると認められる職業に就いた場合に支給される。再就職手当が「1 年超え」である。（令 5 択一）

ご p377/ ×

[A107] 常用就職支度手当は、**公共職業安定所又は職業紹介事業者等の紹介**により職業に就いたことが必要である。

ご p377/ ○

[A108] 就職先の事業主、訓練等施設の長等から、就職支度費が支給されるときは、差額分だけが移転費として支給される。

ご p379/ ○

[A109] 「1 カ月以内」ではなく、「10 日以内」である。なお、広域求職活動費の種類は、鉄道賃、船賃、航空賃、車賃及び宿泊料である。 ご p381～382/ ×

[A110] 60 %ではなく、**80 %**である。また、1 日当たりの利用費は 8,000 円が上限とされている。 ご p381/ ×

【ポイント】［常用就職手当の支給要件］

常用就職手当は、再就職手当とは異なり、基本手当の支給残日数が当該受給資格に基づく所定給付日数の**3 分の 1 未満**の場合等に支給対象となる。

Section
7. 教育訓練給付

Question

Q111 初めて一般教育訓練に係る教育訓練給付金の支給を受けるためには、支給要件期間は２年以上必要である。

Q112 過去に一般教育訓練を受けたことがある者でも、その教育訓練の修了日以降に支給要件期間が３年以上あれば、要件を満たすと新たに教育訓練給付金が支給される。

Q113 基準日に一般被保険者でない者でも、一般被保険者でなくなった日から１年以内に基準日がある場合に限り、他の要件を満たす限り教育訓練給付金が支給される。ここでの「１年」に例外はない。

Q114 一般教育訓練に係る教育訓練給付金の支給を受けようとする者は、教育訓練を修了した日の翌日から起算して１カ月以内に、教育訓練給付金支給申請書をその者の住所又は居所を管轄する公共職業安定所長に提出しなければならない。

Q115 教育訓練給付金の額として算定した額が3,000円となったときは、支給しない。

一般、特定一般、専門実践の、
それぞれの特色をおさえましょう。

Answer

[A111] 「2年以上」ではなく、「1年以上」で足りる。なお、支給要件期間とは、教育訓練の開始日（基準日）までの間に同一の事業主の適用事業に被保険者として継続雇用された期間をいう（一定の場合は、他社での期間も通算される）。

ご p384・385/ ×

[A112] 一般教育訓練に係る**教育訓練の開始日**（基準日）以後、**新たに支給要件期間が3年以上**となれば、過去の教育訓練給付の受給にかかわらず**教育訓練給付金が支給**される。

ご p384～385/ ×

[A113] 「1年」の期間内に妊娠等、やむを得ないと認める理由により引き続き**30日以上教育訓練を開始できない**者は、教育訓練を開始できない日数を「1年」に**加算できる**。加算後の期間は**20年**が限度。 ご p383～385/ ×

[A114] 記述のとおり。なお、**管轄**公共職業安定所長は、支給を決定したときは、その日の翌日から起算して7日以内に支給する。（平27・令5択一） ご p387/ ○

[A115] 教育訓練給付金の額として算定した額が**4,000円を超えない**ときは、支給しない。（令4選択、平25択一）

ご p383/ ○

Question

Q116

教育訓練給付金の支給額の算定基礎となる「教育訓練の受講のために支払った費用の額」には、入学料及び交通費も含まれる。

Q117

一般教育訓練に係る教育訓練給付金の額は、教育訓練の受講のために支払った費用の額が45 万円の場合、9 万円である。

Q118

特定一般教育訓練に係る教育訓練給付金の額は、教育訓練の受講のために支払った費用の額が 50 万円の場合、20 万円である。

Q119

専門実践教育訓練に係る教育訓練給付金の支給要件期間は原則として 3 年以上必要である。

Q120

専門実践教育訓練に係る教育訓練給付金の額は、「教育訓練の受講のために支払った費用の額×50 %」であるが、当該専門実践教育訓練に係る資格取得等をし、かつ、教育訓練修了日の翌日から 1 年以内に一般被保険者又は高年齢被保険者（特例高年齢被保険者を除く）として雇用された場合等に追加給付されると合計で 60 %の支給となる。

Answer

[A116]　「教育訓練の受講のために支払った費用の額」は、**入学料及び受講料**である（一般教育訓練の場合、1年を超える部分の受講料は含めない）。（平27択一）　ご p386/ ×

[A117]　設問の場合、45万円×**20％**＝9万円となる。　ご p386〜387/ ○

[A118]　特定一般教育訓練の場合の支給額は、**上限が20万円**である。設問の場合は、50万円×**40％**＝20万円が支給される。　ご p386〜387/ ○

[A119]　なお、初めて受給する場合は「2年以上」となる。　ご p385〜386/ ○

[A120]　「合計で60％」は、正しくは「合計で**70％**」である。なお、教育訓練修了日に一般被保険者又は高年齢被保険者である場合は、修了日の翌日から起算して1年以内に資格取得等をする必要がある。（平28択一）　ご p386/ ×

【ポイント】［教育訓練支援給付金］

令和7年3月31日以前に専門実践教育訓練を開始した一定の者であって、教育訓練を開始した日に**45歳未満**のものに対し、当該教育訓練を受けている日のうち**失業している日**について支給される。（令3択一）支給単位期間（2カ月ごとに区分される）ごとに支給される額は、「基本手当の日額相当額×**100分の80**×支給単位期間において失業の認定を受けた日数」である。

Section
8. 雇用継続給付、育児休業給付

Question

<高年齢雇用継続給付>

Q121 高年齢雇用継続基本給付金は、3月31日生まれの者が65歳となった場合、その年の3月分について支給されることはない。

Q122 60歳に達した日において、算定基礎期間に相当する期間が5年未満である者は、その後、高年齢雇用継続基本給付金が支給されることはない。

Q123 一般被保険者としてA事業所で2年間雇用された後、1年以内にB事業所に転職し3年間雇用されている者が60歳に達したとしても、高年齢雇用継続基本給付金の「算定基礎期間に相当する期間が5年以上」の要件を満たさない。

Q124 60歳到達時以降の賃金が、疾病又は負傷のために60歳到達時賃金の75％未満に低下した場合には、高年齢雇用継続基本給付金が支給される。

Q125 高年齢雇用継続基本給付金は、支給対象月に支払われた賃金の額が支給限度額以上であるときは、減額支給となる。

Q126 高年齢雇用継続基本給付金の額は、「みなし賃金日額×30」が30万円であり、支給対象月の賃金額が16万円の場合には、24,000円となる。

高年齢、介護、育児の、それぞれの特色を覚えましょう。支給率に要注意です。

Answer

[A121] **60歳**に達した日の属する月から**65歳**に達する日の属する月までが支給期間となる。高年齢雇用継続給付は、**支給対象月を単位**に支給される。 ⓒ p393・395/ ×

[A122] 5年未満であっても、その後「算定基礎期間に相当する期間が**5年**となったとき」に、一定の要件に該当していれば、高年齢雇用継続基本給付金が支給される。（平8・22・令元択一） ⓒ p392/ ×

[A123] 前職との間が**1年以内**であり、**基本手当又は再就職手当等を受給していなければ**通算される。（令4択一） ⓒ p392・395/ ×

[A124] **疾病又は負傷**により支払いを受けることができなかった賃金は、その支払いを「**受けた**ものと**みなされる**」。その結果、75％未満に低下していなければ高年齢雇用継続基本給付金は支給されない。（令元択一） ⓒ p392・393/ ×

[A125] 設問の場合は**不支給**となる。なお、支給限度額は毎年8月1日から変更される。 ⓒ p393/ ×

[A126] 賃金額が「みなし賃金日額×30」の61％未満の支給対象月については「賃金額×15％」である。設問は16万円の15％となる。（令元択一） ⓒ p394/ ○

Question

Q127 高年齢雇用継続基本給付金は、算定された支給額が基本手当の受給資格者に係る賃金日額の下限額の 80 %を超えないときは、支給されない。

Q128 初めて高年齢雇用継続基本給付金の支給を受けようとするときは、支給対象月の初日から起算して４カ月を経過する日の属する月の末日までに、所轄公共職業安定所長へ申請書を提出しなければならない。

Q129 高年齢再就職給付金は、就職日の前日における基本手当の支給残日数が 90 日である場合は支給されない。

Q130 5 月 31 日に離職して 6 月 20 日に再就職した場合、6 月は高年齢再就職給付金の支給対象月に含まれない。

Q131 再就職手当を受給した者であっても、当該支給事由となった再就職において、高年齢再就職給付金の支給要件を満たせば、高年齢再就職給付金が支給される。

＜介護休業給付＞

Q132 対象家族とは、①被保険者の配偶者、父母、子、祖父母、兄弟姉妹及び孫、②被保険者の配偶者の父母をいう。

Answer

[A127] 記述のとおり。そのような低額の給付を行っても雇用継続の政策効果が期待できないため、**下限額**を設けている。

ご p394/ ○

[A128] **支給対象月の初日**から起算して「**4カ月以内**」に提出しなければならない。提出先は、所轄公共職業安定所長で正しい。

ご p398/ ×

[A129] 高年齢再就職給付金は、就職日の前日における基本手当の**支給残日数が 100 日以上**で、一定の要件を満たした者に支給される。（平 7 記述、平 30 選択、令 4 択一）

ご p396・397/ ○

[A130] 再就職後の支給対象月は、その月の**初日から末日まで引き続いて被保険者であり**、かつ、介護休業給付金又は（出生時）育児休業給付金の支給を受けることができる休業をしなかった月に限る。（令元択一）

ご p396/ ○

[A131] 再就職手当を受給した者は、**同一の事由**（再就職）による高年齢再就職給付金を請求できない。**再就職手当**と**高年齢再就職給付金**は**選択**となる。（令元択一）

ご p397/ ×

[A132] 配偶者は内縁でもよい。また、父母及び子は養子縁組関係でもよい。（平 30 択一）

ご p399/ ○

Question

Q133 介護休業給付金は、被保険者が対象家族を介護するための休業につき支給され、対象家族1人につき3回まで分割取得できる。

Q134 同一の対象家族について当該被保険者がした介護休業の合算日数が、93日に達した日後の介護休業については、介護休業給付金は支給されない。

Q135 介護休業給付金の額は、当分の間、一支給単位期間につき、休業開始時賃金日額に支給日数（原則30日）を乗じて得た額の100分の67に相当する額とされている。

Q136 介護休業給付金支給申請書は、介護休業終了日の翌日から起算して、原則として、2カ月を経過する日の属する月の末日までに提出しなければならない。

＜育児休業給付金＞

Q137 育児休業給付金を受給するには、原則として、休業を開始した日前2年間に、みなし被保険者期間が引き続き12カ月以上であることが必要である。

Q138 みなし被保険者期間は、休業開始日を被保険者でなくなった日とみなして、休業開始日の前日からさかのぼって1カ月ごとに区分した1カ月の期間に原則として賃金支払基礎日数が11日以上ある場合に、1カ月とカウントされる。

Answer

[A133] 平成29年1月より、対象家族1人につき**3回**まで分割取得できることとされた。(平30択一) ⓒp402/○

[A134] なお、1回あたりの上限は3カ月である。(平30択一) ⓒp402/○

[A135] 例えば、休業終了日の属する支給単位期間以外において、休業開始時賃金日額が1万円の場合には、1万円×30日×67％＝201,000円が支給される。 ⓒp400・401/○

[A136] 例えば、7月25日が介護休業終了日の場合は、9月末日までに提出しなければならない。 ⓒp403/○

[A137] 「引き続き12カ月以上」は、正しくは「**通算して**12カ月以上」である。なお、「2年間」は一定の場合には最大で4年間となる。(令元選択) ⓒp405/×

[A138] 記述のとおり。例えば、休業開始日が11月15日なら、10月15日～11月14日、9月15日～10月14日……と区切っていく。なお、賃金支払基礎日数11日以上の期間が通算12カ月以上ないときは、**賃金支払基礎時間数80時間以上**の期間も算入できる。 ⓒp405/○

Question

Q139 育児休業給付金の額は、一律、支給日数に休業開始時賃金日額の 100 分の 50 に相当する額を乗じて得た額とされている。

Q140 事業主から、支給単位期間について、休業開始時賃金日額に支給日数を乗じて得た額の 100 分の 80 に相当する額以上の賃金が支払われる場合は、当該休業について、育児休業給付金は支給されない。

Q141 育児休業給付金の支給を受けた期間は、基本手当の所定給付日数に係る算定基礎期間の算定から除かれる。

＜出生時育児休業給付金＞

Q142 期間を定めて雇用される者は、その養育する子の出生の日（出産予定日前に当該子が出生した場合にあっては、当該出産予定日）から起算して８週間を経過する日の翌日から１年を経過する日までに、その労働契約が満了することが明らかでない場合に、出生時育児休業給付金の支給対象となる。

Q143 出生時育児休業給付金の支給申請は、子の出生の日（出産予定日前に出生した場合は、出産予定日）から起算して８週間を経過する日の翌日から当該日から起算して２カ月を経過する日の属する月の末日までに行わなければならない。

Q144 出生時育児休業給付金の支給額は、休業開始時賃金日額が１万円であるとき、最大で 201,000 円となる。

Answer

[A139] 育児休業給付金の支給に係る**休業日数が通算して180日に達するまで**の間は、給付率を**100分の67**とし、その後100分の50となる。 ご p407/ ×

[A140] 例えば、休業終了日の属する支給単位期間以外において、休業開始時賃金日額が1万円の場合に、賃金が24万円（**1万円×30日×100分の80**）支給されているときは、育児休業給付金は支給されない。（令3択一） ご p408/ ○

[A141] 「育児休業給付金の支給を受けた期間」と「算定基礎期間の算定」との調整の問題である。なお、介護休業給付金の支給を受けた期間は、算定基礎期間から除かれない。（令3・4択一） ご p344/ ○

[A142] "1年"は、正しくは"**6月**"である。なお、出生時育児休業給付金の対象となる休業の要件として、"被保険者が事業主に休業の初日及び末日を明らかにして申し出ること"等がある。 ご P410/ ×

[A143] 記述のとおり。**育児休業給付受給資格確認票・出生時育児休業給付金支給申請書**には、休業開始時賃金証明票等を添付し、**所轄**公共職業安定所長に提出する。 ご p410/ ○

[A144] 出生時育児休業給付金の支給日数は最大**28日**のため、1万円×28×100分の67＝187,600円となる。

ご p410/ ×

Section

9. 雇用保険二事業

Question

Q145 雇用保険二事業（就職支援法事業を除く）に係る施設は、被保険者等以外の者に利用させることはできない。

Q146 景気の変動その他の経済上の理由により事業活動の縮小を余儀なくされた場合において、政府は雇用安定事業として、労働者を休業させる事業主に対し必要な助成を行う。

Q147 能力開発事業では、いわゆる就職支援法に規定する特定求職者に対して職業訓練受講給付金の支給を行うことができる。

Q148 政府は、雇用安定事業の全部又は一部及び能力開発事業の一部を、独立行政法人高齢・障害・求職者雇用支援機構に行わせるものとされている。

Q149 雇用安定事業及び能力開発事業は、被保険者等の職業の安定を図るため、労働生産性の向上に資するものとなるよう留意しつつ、行われるものとされている。

試験で重要なのは各事業の目的や概要です。
個々の助成金に深入りしないよう注意。

Answer

[A145] 被保険者又は被保険者であった者の利用に**支障がなく**、かつ、**その利益を害しない**限り、被保険者等以外の者に利用させることができる。 ご p412/ ×

[A146] 設問は**雇用調整助成金**の説明であり、「**雇用安定事業**」として行われる。 ご p413/ ○

[A147] 設問の他、就職支援法に規定する認定職業訓練を行う者に対して助成を行うこともできる。 ご p412〜413/ ○

[A148] いずれの事業についても、「**一部**」を独立行政法人高齢・障害・求職者雇用支援機構に行わせるものとされている。(平 29 択一) ご p412/ ×

[A149] 記述のとおり。平成29年度の選択式で「**職業の安定**」「**労働生産性**」が出題されている。 ご p412/ ○

【ポイント】 雇用保険二事業に関する処分の不服申立ては**行政不服審査法**に基づき行う。各給付金は、返済不要で、**課税対象**。

Section 10. 雑則等

Question

Q150 審査請求及び再審査請求は、文書又は口頭により行わなければならない。

Q151 日雇労働求職者給付金に要する費用については、雇用情勢及び雇用保険の財政状況が悪化している一定の場合は、３分の１の国庫負担がある。

Q152 育児休業給付に要する費用については、原則として８分の１の国庫負担がある。

Q153 行政庁は、被保険者を雇用していた事業主に対して、雇用保険法の施行に関して必要な報告、文書の提出又は出頭を命ずることができる。

Q154 事業主又は労働保険事務組合は、雇用保険に関する書類をその完結の日から２年間（被保険者に関する書類は３年間）保管しなければならない。

Q155 失業等給付の支給を受け又はその返還を受ける権利は、これらを行使することができる時から２年を経過したときは、時効により消滅する。

【ポイント】［国庫負担］

求職者給付には国庫負担があるが、“高年齢求職者給付金”、“就職促進給付”、“教育訓練給付”、“高年齢雇用継続給付” 及び “雇用

各保険給付に対する国庫負担割合は
覚えておきましょう。

Answer

[A150] 「文書又は口頭」で行えるのは**審査請求**のみであり、**再審査請求**は**必ず文書**で行わなければならない。なお、請求は、本人又はその者の代理人が行うことができる。 p299・416/ ×

[A151] 日雇労働求職者給付金以外の求職者給付（広域延長給付受給者、高年齢求職者給付金を除く）の国庫負担割合は、雇用情勢及び雇用保険の財政状況が悪化している一定の場合は、４分の１である。 p414/ ○

[A152] なお、令和４年度から令和６年度までは、**1/8×10/100** である。 p414/ ○

[A153] 正しい。なお、この命令は、被保険者を雇用していたと認められる事業主や、**労働保険事務組合**又は**労働保険事務組合であった団体**などに対しても行うことができ、その命令は**文書**によって行うものとされている。 p417/ ○

[A154] 被保険者に関する書類は「**4年間**」保管しなければならない。（平25・令4択一） p320/ ×

[A155] **育児休業給付**の消滅時効も、同じく**2年**である。（令4択一） p417/ ○

保険二事業（就職支援法事業として支給する職業訓練受講給付金を除く）" に要する費用については、**国庫負担はない**。

【知っトク知識】

■近年の、雇用保険法等の改正の動向

育児・介護休業法に、**出生時育児休業**（産後パパ育休）が創設されています。この休業期間も、育児休業給付の支給対象となります（**出生時育児休業給付金**、Q142～144）。原則的な育児休業についても、分割取得が可能となるなど、より制度が使いやすくなりました。

●育児休業の回数に関する改正

特別の事情がない限り、１人の子につき、**１歳までの育児休業は２回**、１歳６カ月及び２歳までの育児休業は各１回です。

特別の事情とは、次のような事情をいいます（抜粋）。

- 産休や新たな育休等を開始したが、その子が死亡した場合や、他人の養子となった等で同居しなくなったとき。*
- 介護休業の開始により育児休業期間が終了したが、介護休業の対象家族が死亡、離婚、離縁等をしたとき。*
- 配偶者が死亡したとき、配偶者が負傷・疾病等により子の養育が困難となったとき。

＊１歳６カ月又は２歳までの育児休業も、これらの事情があれば再取得ができます。

●出生時育児休業について

従来の「パパ休暇」を改善し、一般に「産後パパ育休」と呼ばれています。産後休業を取得した女性は取得できませんが、**養子縁組**をした場合などは、女性も取得できます。

●高年齢雇用継続給付について

令和７年度からは、高年齢者雇用確保措置の進展等を踏まえて、**高年齢雇用継続給付が縮小**されます。

Chapter 5 労働保険の保険料の徴収等に関する法律

Question & Answer

労災保険の非業務災害率は事業の種類ごとに異なる

Q32 参照

Section
1. 総則、保険関係の成立・消滅

Question

Q1　強制適用事業の保険関係は、保険関係成立届を提出し、受理された日に成立する。

Q2　一元適用事業で労働保険事務組合に労働保険事務の処理を委託していない事業（雇用保険に係る保険関係のみが成立している事業を除く）については、保険関係成立届の提出先は所轄労働基準監督署長である。

Q3　事業主が労災保険の任意加入申請をする場合、労働者が４人であるときは２人以上の同意を得なければならない。

Q4　労災保険の暫定任意適用事業の事業主は、その事業に使用される４人の労働者のうち２人が希望するときは、労災保険の加入申請をしなければならない。

Q5　労災保険の暫定任意適用事業の事業主が、労災保険関係の消滅の申請をするには、その事業に使用される労働者の過半数の同意を得れば足りる。

【ポイント】［労災保険法と雇用保険法の暫定任意適用事業］

Q３・４・５　**雇用保険法**では、**常時５人未満**の労働者を使用する**個人経営**の**農林水産業**（船員が雇用される事業を除く）は、

暫定任意適用事業における保険関係の成立と消滅の要件に特に注意しましょう。

Answer

[A 1] 強制適用事業の保険関係は、(保険関係成立届が未提出でも) **その事業が開始された日**に成立する。 ⓒ p427/ ×

[A 2] 二元適用事業で**労災保険**に係る保険関係が成立している事業についても、提出先は所轄**労働基準監督署長**である。

ⓒ p428/ ○

[A 3] **労災保険**の任意加入申請には、労働者の**同意は不要**である。(平 27・令元択一) ⓒ p429/ ×

[A 4] 労災保険については、「**過半数**」が希望するときに事業主に加入義務が生じる。設問の場合、2人ではなく3人である。(平 27 択一) ⓒ p429/ ×

[A 5] ①その事業に使用される労働者の**過半数の同意**を得ること+②労災保険関係**成立後1年を経過**していること+③**特別保険料の徴収期間が経過**していることが要件である。(令元択一)

ⓒ p430/ ×

すべて**暫定任意適用事業**である。それに対し、**労災法**では、農林水産業のすべてが暫定任意適用事業となるわけではない。試験では、労災法の暫定任意適用事業が出題されやすい。

Question

Q6 雇用保険の暫定任意適用事業の事業主は、その事業に使用される労働者が４人の場合に、そのうちの１人が希望しているときは、雇用保険の加入申請をしなければならない。

Q7 雇用保険の暫定任意適用事業の事業主が、雇用保険の保険関係を消滅させるためには、雇用保険の保険関係が成立した後１年を経過していることが必要である。

Q8 強制適用事業が暫定任意適用事業に該当するに至ったときは、任意加入の申請をしなければならない。

Q9 農林水産の事業は二元適用事業とされているため、労働保険料の算定、納付等の事務は、労災保険に係る保険関係と雇用保険に係る保険関係について、それぞれ別個に行う。

Q10 国、都道府県及び市町村の行う事業は、二元適用事業に該当する。

Q11 労災保険に係る保険関係が成立している立木の伐採の事業の事業主は、労災保険関係成立票を見やすい場所に掲げなければならない。

【ポイント】
「一元適用事業」は、労災保険と雇用保険の保険料の**申告・納付等を一本化**して行うことができる。

Answer

[A 6] 使用労働者の**2分の1**以上が希望するときは、雇用保険の加入申請をしなければならない。（令4択一）

なお、これに違反すると**罰則**（6カ月以下の懲役又は30万円以下の罰金）が設けられている。（平21択一） ご p429/ ×

[A 7] **雇用保険関係の消滅**について、「1年を経過」という**要件はない**。なお、労災保険の消滅は、労災保険関係が成立後**1年を経過していること**が必要である。（平29択一）

ご p431/ ×

[A8] 暫定任意適用事業に該当するに至ったときは、任意加入の**認可があったものとみなされる**ため手続不要である。（令4択一） ご p429/ ×

[A 9] 二元適用事業では、「**労働保険料の算定、納付等の事務**」は、労災保険に係る保険関係と雇用保険に係る保険関係について、それぞれ別個に行う。なお**建設**の事業、**都道府県・市町村**の行う事業、これに準ずるものの行う事業、**港湾運送**の行為を行う事業も、二元適用事業である。（平26択一） ご p425/ ○

[A10] 「**国**」の行う事業は、**二元適用事業に該当しない**。都道府県及び市町村の行う事業は、二元適用事業である。（平26・令5択一） ご p425/ ×

[A11] 労災保険に係る保険関係が成立している事業のうち**建設の事業**に係る事業主は、労災保険関係成立票を見やすい場所に掲げなければならない。 ご p431/ ×

「二元適用事業」は、労災保険と雇用保険を**別々**に適用する。

Section
2. 保険関係の一括

Question

Q12

有期事業の一括の対象となるのは、労災保険に係る保険関係のみであり、雇用保険に係る保険関係は一括されない。

Q13

有期事業の一括は、一括に係る申請書を提出することにより行われる。

Q14

有期事業の一括は、それぞれの事業が、労災保険率表に掲げる事業の種類を同じくすることが必要である。

Q15

消費税等相当額を除く請負金額が２億円の建設の事業は、有期事業の一括の対象となり得る。

Q16

概算保険料の額が 170 万円、素材の見込生産量が 900 立方メートルの立木の伐採の事業は、一定の要件を満たすと、いわゆる「有期事業の一括」の対象となる。

Q17

当初独立した有期事業として保険関係が成立したが、その後、事業規模の縮小により一括有期事業の要件に該当することとなった場合は、その日から当該有期事業の保険関係は一括される。

一括できる要件や分離の要件は、
丁寧に学習しましょう。

Answer

[A12]　**労災保険**に係る保険関係が一括される。**雇用保険**に係る保険関係は**一括されない**。したがって、雇用保険に係る事務はそれぞれの事業で取り扱うこととなる。　ご p432/ ○

[A13]　有期事業の一括は、要件を満たせば**法律上当然に行われる**ため、申請は不要である。（平 24・28 択一）ご p434/ ×

[A14]　記述のとおり。なお、事業主が希望した場合には、主たる事業について保険関係成立の手続を行い、それ以外の事業については主たる事業に含めて一括して一の保険関係として差し支えない。　ご p433/ ○

[A15]　建設の事業は、概算保険料に相当する額が **160 万円未満**、かつ請負金額が **1 億 8,000 万円未満**の場合に一括される。　ご p433/ ×

[A16]　立木の伐採の事業に係る有期事業の一括では、それぞれの事業について、**概算保険料の額が 160 万円未満、かつ、素材の見込生産量が 1,000 立方メートル未満**であることが要件となる。（令 3 択一）　ご p433/ ×

[A17]　当初独立した有期事業として保険関係が成立した事業は、その後**事業規模が縮小しても有期事業の一括の対象としない**。（平 28 択一）　ご p434/ ×

Question

Q18

一括有期事業の事業主は、次の保険年度の6月1日から起算して40日以内又は保険関係が消滅した日から起算して50日以内に、一括有期事業報告書を所轄都道府県労働局歳入徴収官に提出しなければならない。

Q19

請負事業の一括には事業の規模要件はなく、厚生労働大臣の認可を受けることにより、元請負人の事業に保険関係が一括される。

Q20

立木の伐採の事業は、一定の場合は有期事業の一括の対象となるが、請負事業の一括の対象とはならない。

Q21

請負事業の一括の対象となる事業のうち、下請負事業の分離の申請ができる下請負事業の規模は、概算保険料の額が160万円以上又は請負金額が1億8,000万円以上である。

Q22

下請負事業を元請負事業から分離させるときは、元請負人又は下請負人が、原則として保険関係成立日の翌日から起算して10日以内に、下請負人を事業主とする認可申請書を提出しなければならない。

Q23

事業主が同一人である継続事業であれば、それぞれの事業の種類が異なる事業であっても、一定の要件を満たせば、厚生労働大臣の認可を得て、継続事業の一括を行うことができる。

Answer

[A18] 「**6月1日から40日以内**」は、健康保険・厚生年金保険の定時決定の届出期限に合わせたもの。「保険関係が消滅した日」は、事業終了又は事業廃止の日の**翌日**である。（令4択一）

ご p435/ ○

[A19] 請負事業の一括は、**法律上当然に行われる**。厚生労働大臣の認可は不要である。（令2択一）

ご p435/ ×

[A20] 請負事業の一括の対象とされているのは、数次の請負によって行われる**建設の事業**である。（平26択一）

ご p435/ ○

[A21] 例えば、概算保険料の額が200万円であれば、請負金額が1億8,000万円未満でも、下請負事業の分離の申請をすることができる。（平27択一）

ご p436/ ○

[A22] 下請負人を事業主とする認可申請書は、**元請負人及び下請負人**が**共同**で申請しなければならない。（平27択一）

ご p436/ ×

[A23] 継続事業の一括は、一括されるそれぞれの**事業の種類が同じ**であることが要件とされている。（平26・令5択一）

ご p437/ ×

Question

Q24 継続事業の一括を行うと、指定事業以外の事業に係る保険関係は消滅するため、指定事業以外の事業については、保険関係の消滅に伴う保険料の確定精算に関する手続が必要となる。

Q25 継続事業の一括の認可を受けた事業主は、指定事業の名称等に変更が生じた場合には、遅滞なく、名称、所在地等変更届を提出しなければならない。

Q26 継続事業の一括の認可があった場合でも、雇用保険の被保険者に関する事務は、個々の事業所ごとに行うこととされている。

Q27 継続事業の一括は、それぞれの事業の概算保険料に相当する額が 40 万円未満でなければ認められない。

Q28 継続事業の一括において厚生労働大臣が指定する事業とは、その事業の本社である。

Answer

[A24]　正しい。なお、「指定事業」については、事業の規模が拡大されたことになるので、一定の場合には、「増加概算保険料」の申告・納付を要することになる。（平 21・30 択一）

ご p438/ ○

[A25]　設問の場合、「変更を生じた日の翌日から起算して**10 日以内**に」、名称、所在地等変更届を提出しなければならない。

ご p438/ ×

[A26]　①労災保険及び雇用保険の**給付**に関する事務　②雇用保険の**被保険者**に関する事務　③**印紙保険料の納付**に関する事務は、一括の対象とならない。（平 30 択一）

ご p432・438/ ○

[A27]　継続事業の一括と請負事業の一括は、**規模を問わない**。

ご p437/ ×

[A28]　厚生労働大臣が指定する事業は、必ずしもその事業の**本社である必要はない**。（平 11 択一）

ご p437/ ×

【ポイント】［指定事業］

Q 24・28「指定事業」とは、継続事業で当該事業（本社、営業所、工場等）の**労働保険料の申告・納付**を**一括して行うことができる事業**をいう（厚生労働大臣が指定する）。

Q 25

①　指定事業の変更届……**10 日以内**に提出（所轄監督署長又は職安所長）

②　指定事業以外の変更届……**遅滞なく**（指定事業の所轄都道府県労働局長）

Section
3. 労働保険料

Question

Q29 労働保険料の種類は、一般保険料、第一種特別加入保険料、第二種特別加入保険料、第三種特別加入保険料、印紙保険料の５種類である。

Q30 「その他の各種事業」に該当する事業の労災保険率は、令和５年度は 1,000 分の 2.5 である（いわゆるメリット制のことは考慮しないものとする）。

Q31 現在、最も高い原則的な労災保険率は 1,000 分の 90 である。

Q32 労災保険率のうち、非業務災害率は、事業の種類ごとに異なる率が定められている。

Q33 労働者派遣の場合、事業の種類は、派遣労働者の派遣先での作業実態に基づき決定され、その事業の種類に係る労災保険率が適用される。

Q34 第二種特別加入保険料率は、1,000 分の３～1,000 分の 52 の範囲で、それぞれの事業又は作業の種類に応じて定められている。

徴収法の大きな柱です。この問題ができたら過去問に挑戦。きっと解けるはずです。

Answer

[A29] 労働保険料の種類は、設問の内容に**特例納付保険料**を加えた**6種類**である。(令元択一) ご p439/ ×

[A30] 「**その他の各種事業**」に該当する事業の労災保険率は、**1,000分の3**である。例えば令和5年度の賃金総額が6,000万円なら、6,000万円×3/1,000＝18万円が確定保険料となる。 ご p443/ ×

[A31] **金属鉱業、非金属鉱業(石灰石鉱業又はドロマイト鉱業を除く)又は石炭鉱業**が最も高く、令和5年度は**1,000分の88**とされている。 ご p442/ ×

[A32] 非業務災害率は、事業の種類に関係なく、**一律**に「**1,000分の0.6**」とされている。 ご p443/ ×

[A33] 正しい。なお、労働保険料の**納付義務**は、**派遣元**が負う。(平24択一) ご p443/ ○

[A34] 記述のとおり(令5択一)。なお、第2種特別加入保険料率は、第2種特別加入者に係る**保険給付及び社会復帰促進等事業に要する費用の予想額**に照らし、将来にわたって、労災保険の事業に係る**財政の均衡**を保つことができるものでなければならない。 ご p447/ ○

Question

Q35 第三種特別加入保険料率は、事業の種類にかかわらず、一律 1,000 分の 3 とされている。

Q36 令和 6 年度は清酒製造の事業についての雇用保険率は 1,000 分の 17.5、また建設の事業についての雇用保険率は 1,000 分の 18.5 とされている。

Q37 特例納付保険料の額は、基本額に「基本額× 100 分の 10」を加えた額であり、納付すべき額及び納期限は納入告知書によって通知される。

Q38 立木の伐採の事業であって賃金総額を正確に算定することが困難なものについては、その事業の種類に従い、請負金額に所定の労務費率を乗じて得た額を賃金総額とする。

Q39 退職金であって、退職時に支払われるもの又は事業主の都合等により退職前に一時金として支払われるものは、一般保険料の算定基礎となる賃金総額に算入されない。

Q40 労働基準法 26 条の規定により支払われる休業手当は、労働保険徴収法上の賃金に含まれる。

[A35] 記述のとおり。なお、第三種特別加入保険料率を定める際に考慮されるのは、同種・類似の事業等の**業務災害・複数業務要因災害・通勤災害**に係る災害率、**社会復帰促進等事業**として行う事業の種類及び内容等である。（平 26・令 5 択一）

ⓒ p447/ ○

[A36] 正しい。なお、**農林水産業**（牛馬育成、酪農、養鶏又は養豚の事業、園芸サービスの事業、内水面養殖の事業、船員が雇用される事業を除く）の令和 6 年度の雇用保険率も、**1,000 分の 17.5** である。（平 20 択一） ⓒ p444/ ○

[A37] 特例納付保険料は、2 年を超えて遡って雇用保険の適用が認められる**特例対象者**に係る雇用保険料（**時効消滅しているものに限る**）である。「事業主が保険関係成立の届出をしていなかったこと」などの要件も確認しておこう。（平 27 択一）

ⓒ p448〜449/ ○

[A38] **労務費率**を用いるのは「**請負による建設の事業**」である。立木の伐採の事業は、都道府県労働局長が定める「素材 1 立方メートルを生産するために必要な**労務費の額**」に「生産するすべての素材の**材積**」を乗じて得た額を「賃金総額」とすることができる。（令 4 択一） ⓒ p440〜441/ ×

[A39] 設問の退職金は**算入されない**。なお、いわゆる**前払い退職金**（在職中に、退職金相当額の全部又は一部を給与や賞与に上乗せするなど前払いされるもの）は、賃金総額に**算入する**。（平 24 択一） ⓒ p423/ ○

[A40] **休業手当は賃金に含まれる**。なお、労働基準法 76 条による「休業補償費」は、賃金に含まれない。（平 24 択一）

ⓒ p422〜423/ ○

Question

Q41 令和５年11月20日に事業を開始した継続事業の事業主は、令和６年１月８日までに概算保険料を申告・納付しなければならない。

Q42 令和６年１月15日に保険関係が成立した有期事業（一括有期事業を除く）については、２月４日までに概算保険料を申告・納付しなければならない。

Q43 令和５年12月５日に事業を廃止した継続事業の事業主は、令和６年１月24日までに確定保険料申告書を提出しなければならない。

Q44 年度更新時の概算保険料の算定の際に用いる賃金総額見込額が、直前の保険年度の賃金総額の100分の50以上100分の200以下である場合は当該年度の賃金総額見込額は用いず、直前の保険年度の賃金総額を用いる。

Q45 前年度から継続している継続事業の概算保険料は、一定の要件を満たすと、原則として、７月10日、10月31日、１月31日の３期に分けて納付することができる。

Q46 労働保険事務組合に労働保険事務の処理を委託している継続事業では、概算保険料の額が10万円以上である場合に、概算保険料を延納することができる。

[A41] 保険関係が成立したときは、保険関係が成立した日から起算して**50日以内（翌日起算）**に概算保険料を申告・納付しなければならない。設問の場合、11月21日から起算して50日目の1月9日までとなる。（平30択一） ご p452/ ×

[A42] 有期事業の概算保険料の申告・納期限は、**翌日起算**で「**20日以内**」である。設問の場合、1月16日起算で2月4日までとなる。（平29・令3択一） ご p452/ ○

[A43] 事業が廃止又は終了したときは、その**翌日**に保険関係が消滅する。継続事業については、**保険関係が消滅した日から起算して50日以内**に確定保険料を申告しなければならない。（平26・29・令5択一） ご p429・465/ ○

[A44] 例えば、令和5年度の賃金総額が6,000万円の場合、令和6年度の賃金総額見込額が3,000万円以上1億2,000万円以下であれば、6,000万円を用いて令和6年度の概算保険料を計算する。（令元・3択一） ご p455/ ○

[A45] なお、労働保険事務組合に労働保険事務の処理を委託している継続事業であれば、7月10日、**11月14日、2月14日**の3期に分けられる。 ご p457〜458/ ○

[A46] **労働保険事務組合**に労働保険事務の処理を委託している事業では、「**概算保険料の額に関わらず**」**延納できる**。委託していない場合は、概算保険料の額が40万円以上（いずれか一方の保険関係のみ成立している事業は20万円以上）であれば、延納できる。（平29・令5択一） ご p457/ ×

Question

Q47 6月2日に事業を開始した継続事業は、当該年度の概算保険料を3回に分けて納付することができる。

Q48 8月5日に事業を開始した継続事業は、当該年度の概算保険料を2回に分けて納付することができる。この場合、第1期は11月30日までとなり、12月1日から始まる第2期の納期限は原則として1月31日である。

Q49 11月1日に事業を開始した継続事業は、当該年度の概算保険料を延納することはできない。

Q50 延納に係る各期の納付額は、労働保険料の額をその延納の期の数で除して得た額とするが、1円未満の端数が生じたときは、その端数は最初の期にまとめて納付する。

Q51 事業の全期間が1年未満である有期事業（一括有期事業を除く）については、概算保険料の延納を行うことはできない。

Q52 有期事業（一括有期事業を除く）の保険関係が6月30日に成立し、6月30日から11月30日までの分、12月1日から翌年3月31日までの分、4月1日から6月29日までの分の3期に分けて概算保険料を納付できる場合に、第3期の分の納期限は3月31日となる。

Answer

[A47]　4月1日から5月31日までの間に保険関係が成立した事業であれば、**3回**に分けて納付することができる。(令2・3択一)　ご p458/ ×

[A48]　6月1日から9月30日までの間に保険関係が成立した事業は、**2回**に分けて納付することができる。第1期は11月30日までとなり納期限は保険関係成立日の翌日から起算して50日以内、第2期は12月1日から翌年3月31日までとなる。(令3択一)　ご p458/ ○

[A49]　10月1日以降に成立した継続事業の場合は、**延納をすることはできない**。設問の場合、12月21日（11月2日起算で**50日以内**）までに保険料を全額納付することになる。(令元択一)　ご p458/ ○

[A50]　1円未満の端数は**最初の期にまとめる**。例えば80万円の概算保険料を3期に分けて納付する場合は80万円÷3＝266,666.66……となり、第1期266,668円、第2期266,666円、第3期266,666円となる。(平29択一)　ご p459/ ○

[A51]　事業の全期間が**6カ月以内**の有期事業（一括有期事業を除く）については、概算保険料の延納を行うことはできない。(平22・令3択一)　ご p460/ ×

[A52]　設問の場合、第1期の分は7月20日、第2期の分は**1月31日**、第3期の分は**3月31日**が納期限となる。(平17・令5択一)　ご p460〜461/ ○

Question

Q53 労働保険事務組合に労働保険事務の処理を委託している有期事業では、一定の要件を満たすと、概算保険料の額を問わず、これを延納することができる。

Q54 賃金総額に1,000円未満の端数があるときは、その額を切り捨てた額が、一般保険料の額の算定の基礎となる。

Q55 事業規模の拡大により賃金総額の見込額が当初の申告より100分の200を超えて増加し、かつ、その賃金総額によって計算した場合の概算保険料の額が申告前の概算保険料よりも16万円増加するときは、増加概算保険料を申告・納付しなければならない。

Q56 増加概算保険料は、当初の概算保険料について延納が認められていない場合であっても、納付すべき増加概算保険料の額が一定額以上であれば、延納が認められる。

Q57 政府は、一般保険料率、第1種特別加入保険料率、第2種特別加入保険料率又は第3種特別加入保険料率の引き上げを行った結果、保険料額が100円不足した場合でも、その差額を追加徴収する。

【ポイント】　Q 55［増加概算保険料の要件］

① 増加後の賃金総額の見込額が、増加前の見込額の**100分の200を超える**こと。

[A53]　なお、労働保険事務組合に労働保険事務の処理を委託していない有期事業の延納は、概算保険料の額が「**75 万円以上**」であることを要する。　こ p459/ ○

[A54]　例えば、賃金総額が 74,020,625 円の場合は、74,020,000 円が一般保険料の算定基礎となる。　こ p455/ ○

[A55]　①賃金総額の見込額が当初の見込額に比べ **2 倍を超え**、かつ、②その賃金総額の見込額により計算した概算保険料の額が申告前の概算保険料の額に比べ **13 万円以上**の場合には、「**増加概算保険料**」を納付しなければならない（令 3 択一）。なお、この場合の増加概算保険料の納付期限は、賃金総額の増加が見込まれた日から **30 日以内**（翌日起算）となる。

こ p461/ ○

[A56]　納付すべき増加概算保険料の額を問わず、「当初の概算保険料について**延納が認められていない**」場合には、増加概算保険料は**延納できない**。（平 27 択一）　こ p461～462/ ×

[A57]　概算保険料の追加徴収は、概算保険料の「**増加額の多少を問わず**」**行われる**。（平 30 択一）　こ p464/ ○

② 増加前と増加後の差額が **13 万円以上**であること。
注）増加概算保険料の要件は、継続事業、有期事業とも**共通**である。
なお、一般保険料率変更による場合もある。

Question

Q58 追加徴収する概算保険料の納付期限は、その通知を発する日から起算して 15 日を経過した日とされている。

Q59 追加徴収の概算保険料の額は、納付書によって通知される。

Q60 概算保険料申告書の未提出又は確定保険料申告書の未提出について、政府が認定決定を行った場合の事業主への通知は、いずれも、納入告知書によって行われる。

Q61 事業主が、所定の期限までに概算保険料申告書を提出しなかったために認定決定を受けたときは、認定決定に係る通知を受けた日から 15 日以内に、認定決定された概算保険料を納付しなければならない。

Q62 概算保険料の認定決定が行われた場合の追徴金の割合は、確定保険料の認定決定の場合と同じである。

Q63 政府は、追徴金を徴収する場合には、事業主に対して、通知を発する日から起算して 30 日を経過した日を納期限と定め、納入告知書により通知しなければならない。

Q64 政府は、印紙保険料の額を認定決定した場合は、原則として、認定決定された印紙保険料の額の 100 分の 25 に相当する額の追徴金を雇用保険印紙によって徴収する。

Answer

[A58]　追加徴収する概算保険料の納付期限は、「**通知を発する日**から起算して**30日を経過した日**」である。　ご p464/ ×

[A59]　納入告知書ではなく、**納付書**によって通知される。（平25・30択一）　ご p464/ ○

[A60]　**確定保険料**についての認定決定の通知は、「**納入告知書**」によって行われる。**概算保険料**についての認定決定の通知は、「**納付書**」によって行われる。（平25・29択一）　ご p470/ ×

[A61]　認定決定された概算保険料の納付期限は、認定決定に係る通知を受けた日から「**15日以内**」である。（平26・令元・3択一）　ご p470/ ○

[A62]　認定決定された**概算保険料**については、**追徴金は徴収されない**。（平26択一）　ご p471/ ×

[A63]　追徴金を徴収する場合の「納期限の起算日」はその**通知を発する日**であり、「納期限」は**30日を経過した日**である。追徴金の額及び納付期限を**納入告知書**により通知する。　ご p471/ ○

[A64]　認定決定された印紙保険料及び追徴金は、**現金で納付**する。雇用保険印紙によることはできない（平28択一）。なお、追徴金の割合は正しい。　ご p471/ ×

Question

Q65 事業主が印紙保険料の納付を怠ったときでも、その理由が、日雇労働被保険者が事業主の督促にもかかわらず日雇労働被保険者手帳を提出することを拒んだことによるときは、追徴金は徴収されない。

Q66 延滞金の計算にあたっては、労働保険料の額に1,000円未満の端数があるとき及び計算した延滞金の額に100円未満の端数があるときは、これを切り捨てる。

Q67 政府は、未納の労働保険料の督促をしたときは、督促状の指定期限の翌日から徴収金完納又は財産差押えの日の前日までの日数によって計算した延滞金を徴収する。

Q68 政府は、督促状の指定期限までに追徴金を納付しない事業主から、延滞金を徴収する。

Q69 労働保険料について滞納処分の執行を停止し、又は猶予したときは、延滞金は徴収されない。

Answer

[A65]　印紙保険料の納付を怠ったことにことにつき、**事業主に正当な理由**があると認められるときは、**追徴金は徴収されない**。

ⓒ p471/ ○

[A66]　延滞金の計算にあたっては、まず、「労働保険料の額」において端数処理をし、「算出した延滞金の額」においても、端数処理が行われる。

ⓒ p473/ ○

[A67]　「督促状により指定した納期限の翌日」からではなく、「(法定) **納期限の翌日**」からその**完納**又は**財産差押えの日**の前日までの日数により、延滞金を計算する。(令元択一)

ⓒ p472〜473/ ×

[A68]　延滞金は、**労働保険料**を**滞納**した場合に徴収されるもの。「追徴金」は労働保険料ではない。(平 26・29 択一)

ⓒ p472/ ×

[A69]　正しい。次の場合には、**延滞金は徴収されない。**

① 督促状に**指定した期限**までに徴収金を**完納**したとき(平 29 択一)
② **公示送達の方法**によって督促したとき
③ 労働保険料額が **1,000 円未満**のとき
④ 延滞金の金額が **100 円未満**のとき
⑤ 労働保険料について**滞納処分**の執行を**停止**し又は**猶予**したとき
⑥ **やむを得ない理由**があると認められるとき(令元択一)

ⓒ p473/ ○

Question

Q70

確定保険料の申告において、納付すべき確定保険料が40万円（労災保険・雇用保険のいずれか一方の保険関係のみの場合は20万円）以上であるときは、事業主が申請して延納することができる。

Q71

確定保険料の額が既に納付した概算保険料の額を下回る場合には、その差額は、当該事業主に、自動的に還付される。

Q72

雇用保険印紙の種類は、第1級176円、第2級146円の2種類がある。

Q73

印紙保険料は、事業主が全額負担する。

Q74

事業主は、雇用保険印紙を購入しようとするときは、所轄公共職業安定所長へ雇用保険印紙購入通帳を提出して、購入しなければならない。

Q75

印紙保険料の納付は、原則として、事業主が、当該日雇労働被保険者に交付された日雇労働被保険者手帳に雇用保険印紙を貼り、これに消印して行う。

Q76

雇用保険印紙が変更された場合、事業主は、変更の日から3カ月間に限り、その保有する変更前の雇用保険印紙の買戻しを申し出ることができる。

Answer

[A70] **確定保険料は延納できない。**したがって、金額を問わず全額を一度に納付することとなる。(平 27 択一)

ご p457/ ×

[A71] 事業主が、確定保険料申告書を提出する際、又は、確定保険料の認定決定の通知を受けた日の翌日から起算して **10 日以内**に、**還付請求**をすることによって還付される。(令元択一)

ご p466～467/ ×

[A72] 日雇労働被保険者手帳に貼付する雇用保険印紙には **3 種類**あり、第 1 級が 176 円、第 2 級が 146 円、**第 3 級**が **96 円**である。(平 30 択一) ご p468/ ×

[A73] 印紙保険料は、事業主と日雇労働被保険者が **2 分の 1 ずつ負担**することとされている。(令 2 択一) ご p493/ ×

[A74] **雇用保険印紙購入通帳**の交付を受けた事業主は、その通帳に綴じ込まれた購入申込書を、**日本郵便株式会社の営業所に提出して雇用保険印紙を購入**する。 ご p468/ ×

[A75] 印紙保険料の納付は、原則として、事業主が雇用保険印紙に**消印し**て行う。なお、**印紙保険料納付計器**を厚生労働大臣の承認を受けて設置した場合には、**納付印**を押すことによって印紙保険料を納付することができる。 ご p467～468/ ○

[A76] 雇用保険印紙の変更による買戻しは**公共職業安定所長の確認の必要がなく**、当該買戻しの期間は、雇用保険印紙が**変更された日から 6 カ月間**に限られている。(令 5 択一)

ご p469/ ×

Question

Q77 雇用保険印紙購入通帳の交付を受けている事業主は、印紙保険料納付状況報告書によって、毎月における雇用保険印紙の受払状況を、その月の末日までに、所轄都道府県労働局歳入徴収官に報告しなければならない。

Q78 雇用保険印紙購入通帳は、その交付の日の属する保険年度に限りその効力を有するため、当該有効期間の満了後引き続き雇用保険印紙を購入しようとする事業主は、当該有効期間の更新を受けなければならない。

Q79 事業主は、日雇労働被保険者を使用する日ごとに、その者に係る印紙保険料を納付しなければならない。

Q80 有期事業の概算保険料及び確定保険料は、口座振替で納付することはできない。

Q81 認定決定に係る概算保険料は口座振替により納付することができるが、認定決定に係る確定保険料は口座振替によることができない。

Q82 口座振替による労働保険料の納付は、納付書が金融機関に到達した日から２取引日を経過した最初の取引日までに納付されれば、納期限内においてされたものとみなされる。

Answer

[A77] 翌月末日までに報告しなければならない。なお、**印紙の受払のない月**にも報告する義務がある。(平24・28択一)

ご p469/ ×

[A78] 有効期間の満了後引き続き雇用保険印紙を購入しようとする事業主は、雇用保険印紙購入通帳の**有効期間の更新**を受けなければならない。(令2択一) ご p468/ ○

[A79] 事業主は、日雇労働被保険者に**賃金を支払うつど**、印紙保険料を納付しなければならない。「**使用する日**」ごとに納付するのは**健康保険の日雇特例被保険者**である。 ご p467/ ×

[A80] **有期事業**も**口座振替**納付の対象となる。なお、口座振替納付は、書面を提出し政府の承認を得なければならない。

ご p474/ ×

[A81] 認定決定による**概算保険料**・確定保険料は**口座振替によることができない**。なお、追徴金や増加概算保険料、特例納付保険料も同様である。(平30択一) ご p474/ ×

[A82] 納付書が口座振替に係る金融機関に到達した日から**2取引日を経過**した最初の取引日までに納付すれば、その納付は、**納期限内においてされた**ものとみなされる。なお、**申告書は納期限内に提出**する必要がある。(令2択一) ご p474/ ○

Section
4. メリット制、労働保険事務組合、他

Question

Q83 労災保険率についてメリット制が適用される場合、当該事業に雇用保険の保険関係が成立していれば、雇用保険率も同時に引き上げ又は引き下げられる。

Q84 継続事業において、連続する３保険年度間の収支率が 100 分の 110 を超え、又は 100 分の 90 以下である場合には、一定の要件を満たすと、当該連続する３保険年度中の最後の保険年度の次の次の保険年度にメリット制が適用される。

Q85 継続事業においてメリット制が適用されるには、連続する３保険年度中の各保険年度において 100 人以上の労働者を使用する事業でなければならない。

Q86 継続事業のメリット制における収支率の算定においては、保険給付算定期間に応じて、第１種調整率又は第２種調整率を用いることとなる。

Q87 継続事業のメリット制の特例が適用されるための「労災保険率特例適用申告書」は、労働者の安全又は衛生を確保するための一定の措置を講じた保険年度のいずれかの保険年度の次の保険年度の初日から２カ月以内に提出しなければならない。

労働保険事務組合は高出題率。
暗記ものと割り切って覚えましょう。

Answer

[A83]　雇用保険率は、**メリット制の対象外**である。（令２択一）
ご p475/ ×

[A84]　メリット制が適用される収支率の要件は、連続する３保険年度間の**収支率が 100 分の 85 を超え、又は 100 分の 75 以下**である。（平 25・令２択一）
ご p477～478/ ×

[A85]　設問のほか、連続する３保険年度中の各保険年度において **20 人以上 100 人未満**の労働者を使用し、かつ災害度係数が「**0.4 以上**」である事業も、メリット制が適用される。（平 28 択一）
ご p476/ ×

[A86]　継続事業における収支率の算定においては、第１種調整率を用いる。**有期事業**のメリット制では、**第１種調整率**又は**第２種調整率**を用いることとなる。
ご p477/ ×

[A87]　６カ月以内に提出しなければならない。なお、一括有期事業は、継続事業のメリット制の特例の対象とならない。
ご p479/ ×

Question

Q88 概算保険料の額が40万円以上、又は、素材の見込生産量が1,000立方メートル以上である立木の伐採の事業は、一定の要件を満たすと、有期事業のメリット制が適用される。

Q89 有期事業についてメリット制が適用されると、当該事業についての確定保険料の額（非業務災害率に係る額を除く）が、100分の35の範囲内で、収支率に応じて引き上げ又は引き下げられる。

Q90 有期事業についてメリット制が適用され、労働保険料の還付を事業主が受けようとするときは、労働保険料の差額についての通知を受けた日の翌日から起算して10日以内に、労働保険料の還付請求をしなければならない。

<労働保険事務組合・その他>

Q91 常時使用労働者数が30人の不動産業の事業主は、労働保険事務の処理を労働保険事務組合に委託することができる。

Q92 労働保険事務組合は、事業主の委託を受けて、雇用保険印紙の購入又は買戻しの請求の事務を行うことができる。

Answer

[A88] 「概算保険料の額」ではなく「**確定保険料の額**」、「素材の見込生産量」ではなく「**素材の生産量**」である。(令4択一)

ご p480/ ×

[A89] **確定保険料の額**(非業務災害率に係る額を除く)が**100分の40**の範囲内で、収支率に応じて**引き上げ**又は**引き下げ**られる。なお、立木の伐採においては、100分の35の範囲内となる。

ご p482/ ×

[A90] 労働保険料の差額についての通知を受けた日の翌日から起算して「**10日以内**」に、「都道府県労働局**資金前渡官吏**」又は「**官署支出官**」に労働保険料の還付請求をしなければならない。(平22択一)

ご p483/ ○

[A91] 労働保険事務組合に委託できるのは、①**常時50人以下**の金融業・保険業・**不動産業**・小売業、②常時100人以下の卸売業・サービス業、③常時300人以下のその他の事業の事業主である。(令元・5択一)

ご p484/ ○

[A92] **印紙保険料に関する事項**は、労働保険事務組合に事務処理を**委託することができない**。(平23・令3択一)

ご p485/ ×

【ポイント】 労働保険事務組合に委託できない事務処理

①印紙保険料に関する事項
②保険給付に関する請求書等の事務手続
③雇用保険二事業に係る事務手続

Question

Q93 労働保険事務組合は、労働保険事務の処理の委託があったときは、翌月の10日までに、労働保険事務等処理委託届を提出しなければならない。

Q94 労働保険事務組合は、その業務を廃止しようとするときは、60日前までに、労働保険事務組合業務廃止届を提出しなければならない。

Q95 労働保険事務組合の認可の取消しの権限は、公共職業安定所長に委任されており、公共職業安定所長は、認可を取り消した旨を当該事務組合及び委託事業主に通知しなければならない。

Q96 政府は、委託事業主に対してすべき労働保険料の納入の告知その他の通知及び還付金の還付については、労働保険事務組合に対してすることができ、その効果は委託事業主と労働保険事務組合との委託契約の内容の範囲内で、委託事業主にも及ぶこととなる。

Q97 労働保険事務組合が納付の責めを負う追徴金又は延滞金について、政府が労働保険事務組合に対して滞納処分をしてもなお徴収すべき残余があるときは、その残余の額を委託事業主から徴収することができる。

Q98 政府は、不正受給が行われた場合に、それが労働保険事務組合の虚偽の届出、報告又は証明によるものであるときは、当該労働保険事務組合に対して、当該不正受給者と連帯して、受給金額の全部又は一部を返還すべきことを命ずることができる。

Answer

[A93]　労働保険事務等処理委託届は、**遅滞なく**提出しなければならない。（令3択一）　ご p488/ ×

[A94]　「労働保険事務組合業務廃止届」は**60日前**までに提出しなければならない。　ご p487/ ○

[A95]　厚生労働大臣の権限のうち労働保険事務組合の認可、認可の取消し等に関するものは、所轄**都道府県労働局長**に**委任**されている。（平7択一）　ご p487/ ×

[A96]　通知の効果は、委託事業主と労働保険事務組合との間の**委託契約の内容のいかんにかかわらず**、法律上当然に委託事業主に及ぶ。（平25択一）　ご p488〜489/ ×

[A97]　労働保険事務組合に対して滞納処分をしてもなお徴収すべき残余があるときに限って、本来の納付義務者である**事業主**に責任を帰属させることとしている。（平29・令元択一）　ご p489/ ○

[A98]　政府は、労働保険事務組合に対して、**不正受給者と連帯**して、受給金額の全部又は一部を返還すべきことを命ずることができる。　ご p489/ ○

Question

Q99 労働保険事務組合に対して交付される報奨金の額は、① 1,000 万円か②当該事務組合が、一定の要件を満たす事業主の委託を受けて納付した前年度の労働保険料の額に 2/100 を乗じた額のうちいずれか低い額以内とされている。

Q100 報奨金の交付を受けようとする労働保険事務組合は、労働保険事務組合報奨金交付申請書を、10 月 31 日までに提出しなければならない。

Q101 労働保険事務組合は、「労働保険事務等処理委託事業主名簿」、「労働保険料等徴収及び納付簿」、並びに「雇用保険被保険者関係届出事務等処理簿」を事務所に備え、これらの帳簿を、完結の日から３年間保存しなければならない。

Q102 労働保険料その他の徴収金を徴収し、又はその還付を受ける権利は、これらを行使できる時から２年を経過したときは、時効によって消滅する。

Q103 行政庁は、保険関係が成立し、もしくは成立していた事業の事業主又は労働保険事務組合もしくは労働保険事務組合であった団体に対して、労働保険徴収法の施行に関し必要な報告、文書の提出又は出頭を命ずることができる。

Answer

[A99] 設問の「前年度の労働保険料の額に2/100を乗じた額」は、正しくは、「前年度の**労働保険料の額**に**100分の2**を乗じた額」に「**厚生労働省令で定める額**」を**加えた**額である。(平7択一) ご p491/ ×

[A100] 10月15日までに提出しなければならない。なお、提出先は所轄**都道府県労働局長**である（公共職業安定所長経由ではなく、直接提出する）。(平20択一) ご p491/ ×

[A101] 労働保険事務等処理委託事業主名簿、労働保険料等徴収及び納付簿は、その完結の日から3年間保存しておかなければならないが、「**雇用保険被保険者関係届出事務等処理簿**」については、その完結の日から「**4年間**」保存しなければならない。(平28択一) ご p490/ ×

[A102] 労働保険料その他の徴収金を徴収し、又はその還付を受ける権利は、「**2年**」を経過したときは、**時効によって消滅**する。(平28択一) ご p474/ ○

[A103] 記述のとおり。また、行政庁は、必要があると認めるときは立入検査ができる。命令違反等の罰則は、「**6カ月以下の懲役又は30万円以下の罰金**」である。 ご p426/ ○

【ポイント】［不服申立て］

徴収法では、不服申立ての規定が平成28年度より削除された。したがって、処分の不服は、**行政不服審査法**により審査請求をすることになる。また、**不服申立前置**（審査請求をした後でなければ、提訴できない）のルールも適用されない。

【知っトク知識】

■社労士の仕事は届出だけではない！

労働保険の「年度更新」は、社労士の定型業務の一つです。継続事業について、毎年**6月1日から7月10日までの間**に、前年度の確定保険料と今年度の概算保険料を申告する作業で、企業が全労働者に支払った賃金総額を用いて計算します。この年度更新の作業は、以前は4月1日から5月20日までの50日の間に行うこととされていました。現在は、健康保険・厚生年金保険の報酬月額算定基礎届と同時期となり、一定の場合は保険料申告書を**年金事務所**に提出することができます。

労働保険料の申告は、一定の大企業は令和2年度から、**電子申請**が義務づけられています。また、令和2年1月からは、**労働保険と健康保険・厚生年金保険の"統一様式"**が設けられました。統一様式を使うと、例えばある労働者の入社について、雇用保険と健康保険・厚生年金保険の被保険者資格取得届を、一度に済ませることができます。

これらは、届出を簡略化して**企業の負担を減らし、届出漏れを防ぐ**効果があります。紙を減らすことで、役所の方々の**働き方改革**にも役立つと言われています。

では、社労士の活躍の場は減っていくのでしょうか？それは大いなる誤解です。届出について言えば、社労士が関わることの主眼は、**適正なものを作成し、労働社会保険諸法令を浸透させていく**ことにあります。毎日のように生まれる企業の悩み事・相談事について、一番困っていることは何かを探し当て、**解決策をともに考えていく**のも仕事の一つです。その相談をきっかけにして、よりよい労務管理が実現していくこともあります。それは、**機械が代わってできることではありません**。社労士は、**人間同士だからこそ起こる問題の難しさと、それを乗り越えていくことの醍醐味**を実感できる仕事なのです。

Chapter 6 健康保険法

Question & Answer

海外に住所を有する者は被扶養者になれない

Q58 参照

Section 1. 総　則

Question

＜目的等＞

Q1　健康保険法は、被保険者の業務災害（労災保険法に規定する業務災害をいう）以外の疾病、負傷もしくは死亡又は出産に関して保険給付を行い、もって国民の生活の安定と福祉の向上に寄与することを目的としている。

Q2　健康保険制度については、これが医療保険制度の基本をなすものであることにかんがみ、医療保険制度及び後期高齢者医療制度並びにこれらに密接に関連する制度と併せてその在り方に関して常に検討が加えられなければならない。

＜権限の委任＞

Q3　事業所の一括の承認に係る厚生労働大臣の権限に係る事務は、日本年金機構に委任されている。

＜報酬・賞与・標準報酬月額・標準賞与額＞

Q4　解雇予告手当、無料で貸与される制服・作業服、退職手当は報酬とはならないが、前払いされる退職手当は報酬と認められることがある。

Q5　休職手当、通勤手当、通勤定期券、残業手当は、報酬に含まれ、標準報酬月額算定の対象となる。

Q6　事業主が「奨学金返還支援（代理返還）」として、給与とは別に、被保険者の奨学金を日本学生支援機構に直接送金することにより返還する場合、当該返還金は報酬に含まれない。

風邪や入院のときに、医療費の３割を負担すれば、あとは健康保険で面倒をみてくれます。

Answer

［A 1］ 「被保険者」ではなく、「**労働者又はその被扶養者**」である。目的条文（法１条）は、すべての科目において重要である。択一式・選択式ともに出題されやすい。対応できるようにしておこう。（平 21・令３択一）　こ p497/ ×

［A 2］ 検討の結果に基づき、**医療保険の運営の効率化、給付の内容及び費用の負担の適正化**並びに国民が受ける**医療の質の向上**を総合的に図りつつ、実施されなければならない。（平 21 択一、平 30 選択）　こ p497/ ○

［A 3］ 厚生労働大臣の権限に係る一定の事務は、**日本年金機構**に委任されている。設問は、その一つである。　こ p591/ ○

［A 4］ 被保険者の**在職時**に、退職金相当額の全部又は一部を**給与や賞与に上乗せ**するなどして**前払い**される場合は、当該退職金相当額は**報酬又は賞与**に該当する。（令元択一）　こ p499/ ○

［A 5］ 通勤定期券などの「**現物給付**」も報酬に含まれる（平 24 択一）。通貨以外のものの価額は、その地方の時価により**厚生労働大臣**が定めるが、健康保険組合では、規約で別段の定めをすることができる。（平 28 択一）　こ p499/ ○

［A 6］ **通常の生計に充てられるものではない**ため、報酬ではない。事業主が返還金を**被保険者に支給**する場合や、**給与に代えて**直接返還する場合は報酬に該当する。

こ p498・499 関連 / ○

Question

Q7 健康保険法の標準報酬月額は１等級の 58,000 円から 50 等級の 1,390,000 円に区分されている。

Q8 標準報酬月額の定時決定は、毎年７月１日現に使用される事業所において、同日前３カ月間（その事業所で継続して使用された期間に限り、報酬支払基礎日数が 17 日未満の月を除く）に受けた報酬の総額をその期間の月数で除して得た額とし、その年の９月から翌年の８月までの各月の標準報酬月額とする。

Q9 日により報酬が定められる場合、資格取得月前１月間に、当該事業所で同様の業務に従事し、かつ同様の報酬を受ける者が受けた報酬の平均額を報酬月額とする。

Q10 随時改定は、固定的賃金に変動があり、その後引き続く３カ月間に受けた報酬の平均月額（各月の報酬支払基礎日数が 17 日以上であること）と従来の標準報酬月額等級との間に、２等級以上の差が生じた場合は、変動があった月の翌々月から改定する。

Q11 給与計算の締切日が毎月の末日で、給与支払日が翌月 10 日である場合に、11 月 10 日支払から固定的賃金が変動したときは、１月から標準報酬月額が改定され得る。

Q12 自宅待機に係る者の資格取得時の標準報酬月額は、現に支払われる休業手当等に基づき報酬月額を算定し、標準報酬月額を決定する。

Answer

[A 7]　健康保険の標準報酬月額の等級は、1等級の58,000円～**50等級**の**1,390,000円**までである。なお厚生年金保険の標準報酬月額等級は、1等級88,000円～**32等級**の650,000円までである。（平29択一）　ご p501/ ○

[A 8]　4月支払、5月支払、6月支払の報酬を用いて決定する。なお、設問中の「**17日**」は、**短時間労働者である被保険者**については、「**11日**」とされている（以下同じ）。

ご p501・509/ ○

[A 9]　この規定は、**日**、**時間**、**出来高**又は**請負**により報酬が定められる場合に適用される。（平21択一）　ご p500/ ○

[A10]　**翌々々月**から改定する。例えば**4月**にベースアップがあり、4月・5月・6月の3カ月間平均が、3月以前より**2等級以上**の差があった場合は、**7月**から改定する。（平14択一）

ご p503/ ×

[A11]　**2月**から改定され得る。なお、この場合に、報酬から控除される保険料の額が変わるのは、3月10日支払からである。　ご p501・503/ ×

[A12]　正しい。なお、**休業手当**等をもって標準報酬月額を決定したあとに**自宅待機の状況が解消したとき**は、**随時改定**の対象とする。（令4択一）　ご p500/ ○

Question

Q13

非固定的賃金が新設された月に、非固定的賃金が支払われる条件が達成されなかったために初回の支払が0円となったが、次月以降は実際に支払いが生じた場合は、随時改定の対象とならない。

Q14

一時帰休期間中に休業手当等の支給割合が変更した場合は、随時改定の対象となる。

Q15

49等級の標準報酬月額にある者の報酬月額が、昇給により一定額以上となり、50等級に該当した場合には随時改定が行われる。

Q16

7月から12月までの間に随時改定される者の標準報酬月額の有効期間は、翌年の8月までである。

Q17

育児休業等を終了した被保険者が、終了日に3歳未満の子を養育する場合に、事業主を経由して、保険者に申出をすることにより、育児休業等終了日の翌日が属する月以後3カ月間（報酬支払基礎日数が17日未満の月を除く）に受けた報酬の総額をその期間の月数で除して得た額を報酬月額として、標準報酬月額を改定する。

Q18

育児休業等終了の際に改定された標準報酬月額は、育児休業等終了日の翌日から起算して、2カ月を経過した日の属する月の翌月からその年の8月まで（当該翌月が7月から12月までのいずれかの月である場合は、翌年の8月まで）の各月の標準報酬月額とする。

Answer

[A13]　その非固定的賃金の支払の有無に係わらず、**非固定的賃金が新設された月を起算月**とし、以後の継続した３カ月間のいずれかの月において、当該非固定的賃金の支給実績が生じていれば、随時改定の対象となる。　ご p504 関連 / ×

[A14]　記述のとおり。なお、単に休業の日数が変更となった場合は、随時改定の対象とならない。　ご p504 関連 / ○

[A15]　随時改定は、原則として**２等級以上の差**が生じたときに行われるが、一定の場合、**１等級の差**が生じた場合であっても行う。（平 21・30 択一）　ご p504/ ○

[A16]　正しい。なお、**１月から６月まで**の間に随時改定される場合の有効期間は、**その年の８月まで**である。（令３択一）
ご p509/ ○

[A17]　正しい。育児休業等終了時改定は、標準報酬月額の低下が１等級であっても行う。（平 25 択一）　ご p505/ ○

[A18]　例えば、**育児休業等終了日**が５月 31 日の場合は、６月１日から起算して「**２カ月を経過した日の属する月**」は８月である。その**翌月**の９月から改定される。（令３択一）
ご p509/ ○

Question

Q19 育児休業等を終了した際の改定及び産前産後休業を終了した際の改定は、標準報酬月額が１等級でも低下すれば行われる。

Q20 保険者算定は、報酬月額算定の特例であり、通常の方法で報酬月額を算定し難い場合に保険者等が報酬月額を算定する。

Q21 同時に二以上の事業所で報酬を受ける被保険者について報酬月額を算定する場合は、被保険者が選択した方の報酬月額による。

Q22 標準賞与額は、賞与を受けた月に、賞与額（1,000 円未満の端数切捨て）に基づき、決定する。標準賞与額の限度額は、その月の合計で 573 万円である。

Q23 任意継続被保険者の標準報酬月額は、原則として①資格喪失時の標準報酬月額と②前年の３月31 日の全被保険者の標準報酬月額を平均した額のうち、いずれか少ない額とする。

Q24 特例退職被保険者の標準報酬月額は、その資格を取得する前の当該特定健康保険組合における最後の標準報酬月額による。

Q25 ３月 31 日における標準報酬月額等級の最高等級に該当する被保険者数の被保険者総数に占める割合が、100 分の 1.5 を超える場合で、その状態が継続する場合は、その年の４月１日から、政令で、更に等級を加える等級区分の改定を行うことができる。

Answer

[A19]　**随時改定**は、標準報酬月額に**2等級以上**の差が生じたときに行うが、**育児休業等を終了した際の改定**等は、**1等級**の差でも行う。　ご p505・506/ ○

[A20]　報酬月額を算定することが**困難**な場合や、通常の方法によると**著しく不当**となる場合に保険者等が算定する。（平21択一）　ご p506/ ○

[A21]　各事業所で定時決定などで算定した額の**合算額**をその者の報酬月額とする。（平24択一）　ご p507/ ×

[A22]　標準賞与額の限度額は、**年度の累計**で573万円である。例えば7月に300万円、12月に300万円が支払われたときは、12月は273万円が**保険料徴収**の対象となる。（平28択一）　ご p507/ ×

[A23]　「3月31日」ではなく「9月30日」である（平29択一）。なお、保険者が**健康保険組合**である場合は、①の額が②の額を超える者について、**規約**で定めるところにより**①の額**とすることができる。　ご p508/ ×

[A24]　前年の**9月30日**における特例退職被保険者以外の全被保険者の**同月の標準報酬月額を平均した額の範囲内**で**規約で定めた額**である。（平26選択）　ご p523/ ×

[A25]　**等級区分の改定**はその年の**9月1日**から行われる。その年の3月31日において、**改定後の最高等級**に該当すべき被保険者数の被保険者総数に占める割合が、**100分の0.5を下回らない**よう改定する（平21・令3選択）。政令の制定、改正の場合は、社会保障審議会の意見を聴く。　ご p508/ ×

Section 2. 保険者

Question

Q26 健康保険の保険者は、全国健康保険協会（以下「協会」という）及び健康保険組合である。

Q27 協会の理事長、理事及び監事は、厚生労働大臣が任命する。

Q28 協会は、支部ごとに評議会を設け、当該支部における業務の実施について、評議会の意見を聴くものとする。

Q29 事業主及び被保険者の意見を反映させ、協会の業務の適正な運営を図るため、支部ごとに運営委員会を置く。

Q30 協会は、厚生労働省令で定める重要な財産を譲渡し、又は担保に供しようとするときは、厚生労働大臣の許可を受けなければならない。

Q31 厚生労働大臣は、協会の事業年度ごとの業績について評価を行い、遅滞なく、協会に対し当該評価の結果を通知しなければならないが、これを公表する義務は課されていない。

保険者とは健康保険の運営者。細かい出題もありますが、やさしいところから覚えていきましょう。

Answer

[A26] 健康保険の保険者は、全国健康保険協会及び健康保険組合の２つである。（平 17 択一、平 14 選択）

なお、**日雇特例被保険者の保険者**は、**全国健康保険協会のみ**である。

ご p510/ ○

[A27] **理事長**及び**監事**は**厚生労働大臣**が任命するが、**理事**は**理事長**が任命する。（平 21 択一）

ご p511/ ×

[A28] 協会は、都道府県ごとの実情に応じた業務の適正な運営に資するため、**支部ごと**に**評議会**を設けている。

ご p511/ ○

[A29] **運営委員会**は、**協会**に置かれている。**支部**に置かれるのはＱ 28 にあるように**評議会**である。（平 26 択一）

ご p511/ ×

[A30] 厚生労働大臣の「許可」ではなく「**認可**」である。なお、健康保険組合の場合も同様である。（平 24 択一）

ご p511/ ×

[A31] **厚生労働大臣**は、**協会**の事業年度ごとの**業績について評価**を行い、遅滞なく、**協会に対し**、当該評価の**結果を通知**するとともに、これを**公表**しなければならない。（平 30 択一）

ご p511/ ×

【ポイント】

健康保険組合を設立するには、**被保険者**の**２分の１以上**の同意を得て、**厚生労働大臣**の認可を受ける必要がある。（令４択一）

Question

Q32 協会は、毎事業年度の決算を翌事業年度の５月31 日までに完結し、決算完結後２カ月以内に厚生労働大臣に提出し、その承認を受けなければならない。

Q33 健康保険組合を設立する場合、厚生労働大臣の認可を受けなければならない。認可申請は、組合の事務所を管轄する地方厚生局長等を経由して行うが、厚生労働大臣の認可権限は地方厚生局長等に委任されている。

Q34 健康保険組合は、毎年度、収入支出の予算を作成し、当該年度の開始前に、厚生労働大臣に届け出なければならない。これを変更したときも、同様とする。

Q35 合併により設立された健康保険組合、又は合併後存続する健康保険組合のうち、一定の要件に該当する地域型健康保険組合は、当該合併が行われた日の属する年度及びこれに続く３カ年度に限り、1,000 分の 30 から1,000 分の 130 の範囲で、不均一の一般保険料率を決定することができる。

Q36 健康保険組合は、分割しようとするときは、組合会において組合会議員の定数の４分の３以上の多数により議決し、厚生労働大臣の認可を受けなければならない。

Q37 一定の要件を備えれば、健康保険組合は、解散することができる。解散した場合は、全国健康保険協会が健康保険組合の権利義務を承継する。

[A32] 記述のとおり。（令元択一） こ p511/○

[A33] 健康保険組合の設立認可申請は、管轄地方厚生局長又は地方厚生支局長を経由して行うが、**厚生労働大臣の認可の権限**は、地方厚生局長、地方厚生支局長には**委任されていない**。（平27択一） こ p512/×

[A34] なお、予算に定めた各款の金額は、相互に流用することができない。予算に定めた各項の金額は、組合会の議決を経て、相互に流用できる。（平18・24択一） こ p513/○

[A35] 「3カ年度」ではなく「**5カ年度**」である。保険料率の異なる地域型の健康保険組合が合併した場合の措置である。合併後の健康保険組合の設立事業所が、「いずれも**同一の都道府県**にあること」、「厚生労働省令で定める**一定の要件**を備えること」を条件に、**不均一**の一般保険料率を決定することができる。（平28択一） こ p513〜514/×

[A36] なお、**分割**は、設立事業所の一部について行うことはできない。分割後の被保険者数は、単独設立は**700人以上**、共同設立は**3,000人以上**であること。（平30択一） こ p514/○

[A37] 組合会議員の定数の**4分の3以上の議決**、健康保険組合の**事業継続の不能**の場合には、厚生労働大臣の**認可**があったとき、**解散**し得る。（平29択一） こ p514〜515/○

Question

Q38 健康保険組合が解散する場合において、その財産をもって債務を完済することができないときは、設立事業所の事業主に対し、当該債務を完済するために要する費用の全部又は一部を負担することを求めることができる。

Q39 健康保険事業の収支の均衡しない健康保険組合であって、政令で定める要件に該当するものとして厚生労働大臣の指定を受けたもの（指定健康保険組合）は、財政の健全化に関する計画（健全化計画）を定め、厚生労働大臣の承認を受けなければならない。

Q40 健全化計画は、指定の日の属する年度の翌年度を初年度とする５カ年間の計画とされており、健全化計画には、事業の財産の状況等を記載しなければならない。

Q41 健康保険組合は、毎年度終了後２月以内に、事業及び決算に関する報告書を作成し、厚生労働大臣に提出しなければならない。

Q42 一般保険料率と調整保険料率とを合算した率の変更が生じない一般保険料率の変更の決定については、厚生労働大臣の認可が必要である。

Q43 組合管掌健康保険の医療に関する給付、保健事業及び福祉事業の実施又は健康保険組合に係る前期高齢者納付金等、後期高齢者支援金等、日雇拠出金、介護納付金若しくは流行初期医療確保拠出金等の納付に要する費用の財源の不均衡を調整するため、健康保険組合連合会は、会員である健康保険組合に対する交付金の交付の事業を行うものとし、その費用に充てるため、調整保険料を徴収する。

[A38]　正しい。なお、破産手続開始の決定等の特別の理由により、事業主が当該費用を負担することができないときは、組合は、**厚生労働大臣の承認**を得て、**減額・免除**することができる。（平 25・令 3 択一）　こ p515/ ○

[A39]　記述のとおり（平 17 択一）。この承認を受けた「指定健康保険組合」は、当該承認に係る**健全化計画**に従い、その事業を行わなければならない。（平 30 択一）　こ p515/ ○

[A40]　「5カ年間」ではなく「**3カ年間**」である。なお、厚生労働大臣は、健全化計画を**変更**する必要があると認めるときは、**期限を定めて**、当該健全化計画の変更を求めることができる。（平 17 択一、平 25 選択）　こ p515/ ×

[A41]　“2月以内” ではなく、正しくは “**6月以内**” である。（平 24・令 5 択一）　こ p516/ ×

[A42]　厚生労働大臣に**届け出れば足り**、認可を受けることを要しない。（平 27 択一、平 20 選択）　こ p517/ ×

[A43]　組合健保に係る諸費用の財源の不均衡を調整するため、健康保険組合連合会は、**調整保険料を徴収**している。（平 28 択一）調整保険料額は、各月につき、各被保険者の**標準報酬月額及び標準賞与額**にそれぞれ**調整保険料率を乗じて得た額**である。　こ p516/ ○

Section 3. 被保険者

Question

<事業所・強制被保険者>

Q44 ①外国人が経営する法人の事業所、②常時５人の従業員を使用する個人経営の理容業の事業所、③常時４人の従業員を使用する個人経営の司法書士の事務所は、いずれも強制適用事業所である。

Q45 法人の代表者及び役員、適用業種であって常時５人以上の従業員を使用する個人経営の事業主は、健康保険の被保険者となる。

Q46 １週間の所定労働時間及び１月間の所定労働日数が、同一の事業所に使用される通常の労働者の所定労働時間及び所定労働日数の３分の２以上である短時間労働者は、被保険者となる。

Q47 短時間労働者の被保険者資格取得要件である「賃金月額」には、精皆勤手当、通勤手当及び住宅手当は算入しないが、家族手当は算入する。

【ポイント】［短時間労働者］ ４分の３基準を満たさなくても、次のいずれにも該当すれば被保険者となる。①週所定労働時間が **20 時間以上**　②賃金月額が **88,000 円以上**　③**学生でない**

被保険者と被扶養者の特徴を見ておきましょう。
届出期限も重要です。

Answer

[A44]　①は強制適用事業所である。②は**非適用業種**なので、個人経営なら人数を問わず、強制適用ではない。③は適用業種であるが、**常時５人未満**なので強制適用ではない。

こ p518〜519/ ×

[A45]　法人の代表者・役員は被保険者となるが、**個人事業主**は、**被保険者となることはない**。（平 29 択一）　こ p520/ ×

[A46]　“**４分の３以上**”であれば**短時間労働者も被保険者となる**。なお、“**４分の３未満**”であっても、**一定の要件**を満たす短時間労働者も被保険者となることができる。（令３択一）

こ p520〜521/ ×

[A47]　精皆勤手当、通勤手当及び**家族手当**は算入しない。なお、**臨時**に支払われる賃金（結婚手当等）、**1月を超える期間ごと**に支払われる賃金（賞与等）、時間外・休日・深夜労働の**割増賃金等**も**算入しない**。（平 29・30 択一）　こ p521/ ×

④被保険者数**常時 100 人超え**の企業に使用されている（労使合意があれば常時 100 人以下でも加入対象）

Question

Q48 臨時に使用される者であって２月以内の期間を定めて使用される者は、当該定めた期間を超えて使用されることが見込まれるとしても、被保険者とならない。

＜任意継続被保険者・特例退職被保険者＞

Q49 任意継続被保険者の要件である、資格喪失日前日までの継続２月以上の被保険者期間には、共済組合の組合員としての期間も含まれる。

Q50 任意継続被保険者になるには、正当な理由がない限り、資格を喪失した日から 20 日以内に、保険者に申し出ることとされている。

Q51 厚生労働大臣の認可を受けて任意適用事業所の適用が取り消された場合も、任意継続被保険者になることができる。

Q52 任意継続被保険者には、原則として、傷病手当金、出産手当金は支給されない。

Q53 任意継続被保険者は、その月の末日までに保険料を納付しなければならず、納付期日までに納付しないと、その翌日に、資格を喪失する。

Answer

[A48]　当該定めた期間を超えて使用されることが見込まれる場合は、**当初から被保険者**となる。（令5択一）　ご p523/ ×

[A49]　「継続して2月以上被保険者」には、**日雇特例被保険者**、**任意継続被保険者**又は**共済組合の組合員である被保険者**は**含まれない**。（令4択一）　ご p521/ ×

[A50]　正当な理由には、「法令の不知」は含まれない。なお、任意継続被保険者となった日から起算して**2年を経過**したときは、その翌日に、**資格を喪失**する。任意継続被保険者には、2年間しかなれない。（平23択一）　ご p521～522/ ○

[A51]　厚生労働大臣の認可を受けて任意適用事業所の適用が取り消された場合は、任意継続被保険者となることはできない。　ご p522/ ×

[A52]　任意継続被保険者には、傷病手当金及び出産手当金は支給されない。なお、被保険者の**資格喪失時**に、すでに傷病手当金又は出産手当金を受けていた者については、**資格喪失後の継続給付**として支給される。　ご p522/ ○

[A53]　任意継続被保険者の保険料の納付期限は**その月の10日**であり、その日までに納付がないと、その翌日に、**資格を喪失**する（平29択一）。なお、「初めて」納付すべき保険料を納付しないときは、任意継続被保険者に**ならなかった**ものとみなす。（平23・令3択一）　ご p525/ ×

Question

Q54 特例退職被保険者には、傷病手当金は支給されない。ただし、任意継続被保険者と同様、資格喪失後の継続給付としてであれば、傷病手当金は支給される。

＜被扶養者＞

Q55 生計維持関係のみあれば被扶養者になれる者の範囲は、直系尊属、配偶者（事実婚を含む）、子、孫、兄弟姉妹である（いずれも、日本国内に住所を有するものとする。Q56・57 において同じ）。

Q56 被扶養者の認定対象者（65 歳）が被保険者と同一の世帯に属している場合に、認定対象者の年収が 150 万円であるときは、被保険者の年収の 2 分の 1 未満であっても被扶養者とならない。

Q57 認定対象者（22 歳）が同一世帯に属していない場合に、認定対象者の年収が 100 万円であるときは、被保険者からの援助による収入額より少なくても被扶養者とならない。

Q58 家族が日本国内に住所を有しない場合であっても、その者が留学生、海外赴任に同行する者、海外赴任中の身分関係の変更（婚姻等）により新たな同行家族とみなすことができる者、ワーキングホリデー、青年海外協力隊等で一時的に渡航している者等は、被扶養者となることができる。

Answer

[A54]　特例退職被保険者には、**傷病手当金**は**支給されない**。また、任意継続被保険者には支給される資格喪失後の継続給付としての傷病手当金も支給されない。（平 27 択一）

ご p523・564/ ×

[A55]　**曾孫**は含まれない。なお、配偶者には**事実婚**も含まれる。

ご p527/ ○

[A56]　被保険者と**同一の世帯**に属している場合で、認定対象者の年齢が **60 歳以上**のときは、**年収 180 万円未満**、かつ、原則として被保険者の年収の **2 分の 1 未満**であれば、被扶養者となることができる。（令元・３択一）

ご p527/ ×

[A57]　同一世帯に属していない場合は、年収が **130 万円未満**（**60 歳以上**は **180 万円未満**）、かつ、被保険者からの援助による収入額より**少ない**ことが要件である。（平 26 択一）

ご p527/ ×

[A58]　**被扶養者**は、原則として、**日本国内に住所**を有していることが必要であるが、**一定の場合**には**海外に住所**を有していても、**被扶養者となる**ことができる。（令３択一）

ご p527/ ○

【ポイント】［被扶養者の範囲］（平 21・23・24・令元・２択一）

生計維持関係のみ	①直系尊属 ②配偶者 ③子 ④孫 ⑤兄弟姉妹	**生計維持関係 ＋ 同一世帯**	①被保険者の３親等内の親族 ②事実上婚姻関係にある配偶者の父母及び子 ③事実上婚姻関係にある配偶者が死亡した後の父母及び子

Question

＜届出・報告等＞

Q59

すべての被保険者の資格の取得及び喪失は、保険者の確認によりその効力を有する。

Q60

事業主は、従業員を雇い入れたときは、10日以内に、被保険者資格取得届を提出しなければならない。

Q61

同時に２以上の事業所に勤務することとなったときは、被保険者は、５日以内に保険者選択届を提出しなければならない。

Q62

事業主は、健康保険に関する書類を、その完結の日から３年間保存しなければならない。

Answer

[A59] **任意継続**被保険者及び**特例退職**被保険者の資格の取得及び喪失については、保険者の**確認を要しない**。(平 30 択一)

こ p525/ ×

[A60] 「10 日以内」ではなく、「**5 日以内**」である。なお、提出先は、日本年金機構又は健康保険組合である。 こ p529/ ×

[A61] 同時に 2 以上事業所勤務者の**保険者選択届**は、**10 日以内**に提出しなければならない（令 4 選択、平 30 択一)。提出先は、厚生労働大臣又は組合である。 こ p530/ ×

[A62] 健康保険に関する書類の保存義務は、その完結の日から“3 年間”ではなく、“**2 年間**”である。(平 25 択一)

こ p530/ ×

【ポイント】 **[届出期限]**(平 22・23・24・25・29・令 3・4 択一)

事業主が行う届出

書類	提出期限
報酬月額算定基礎届(定時決定)	7 月 10 日
報酬月額変更届(随時改定)	速やかに
代理人選任解任届	あらかじめ
被保険者資格取得届	5 日以内
被保険者資格喪失届	5 日以内
特定適用事業所該当届	5 日以内
被保険者区分変更届	5 日以内
被保険者賞与支払届	5 日以内

被保険者の義務

書類	提出期限
同時に 2 以上事業所勤務者の保険者選択届	10 日以内
任意継続被保険者資格取得申出書	20 日以内
被扶養者（異動）届	事業主経由 5 日以内
氏名変更の申出(任意継続被保険者以外)	事業主へ 速やかに
任意継続被保険者の氏名・住所変更届	5 日以内
介護保険第 2 号被保険者該当・非該当届	事業主経由 遅滞なく

Section
4. 保険給付

Question

<給付通則>

Q63 保険者が健康保険組合である場合においては、療養の給付等に合わせて、規約で定めるところにより、付加給付を行うことができる。

Q64 災害救助法の指定地区で、被保険者が被災し、医療を必要とするときは、災害救助法の救助としての医療が優先して行われる。

Q65 結核患者の医療に要する費用は、すべて公費負担とすることができるので、自己負担額が発生することはない。

Q66 生活保護法による医療扶助と健康保険法による保険給付が併用される場合は、健康保険法が優先される。

Q67 保険者は、保険医療機関、保険薬局又は指定訪問看護事業者が偽りその他不正の行為によって療養の給付等に関する費用の支払を受けたときは、それらの者に対し、その支払った額を返還させるほか、その返還させる額に 100 分の 70 を乗じて得た額を支払わせることができる。

<療養の給付>

Q68 美容整形、近眼の手術、正常分娩は、いずれも療養の給付の対象外である。

健康保険で出題が最も多いところです。自分に置き換えてみると分かりやすい箇所です。

Answer

[A63] **付加給付**は、保険者が“**健康保険組合**”である場合に、規約で定めるところにより行うことができる。(平24択一)

こ p531/ ○

[A64] 災害救助法の救助措置としての医療が行われるときは、**災害救助法の医療**が優先する。(平30択一) こ p533/ ○

[A65] **結核患者**については、その“**100分の95**”相当額を**公費負担**とすることができるので、**自己負担額**は**100分の5**相当額となる。(平20択一) こ p533/ ×

[A66] 「健康保険法が**優先**」し、**自己負担分**が医療扶助の対象となる。(平26択一) こ p533/ ○

[A67] **保険医療機関等**が、不正の行為により療養の給付等に関する費用の支払を受けたときは、**支払額を返還**させるほか、その返還額の**100分の40**を乗じて得た額を支払わせることができる。(平26・令3択一) こ p534/ ×

[A68] 記述のとおり(平28択一)。なお、療養の給付の範囲は、診察、薬剤又は治療材料の支給、処置、手術その他の治療、居宅における療養上の管理及びその療養に伴う世話その他の看護、病院又は診療所への入院及びその療養に伴う世話その他の看護である。 こ p535/ ○

Question

Q69 特定長期入院被保険者とは、療養病床への入院及びその療養に伴う世話その他の看護であって、当該療養を受ける際、70歳以上の被保険者をいう。

Q70 身体に違和感を覚えて診察を受けたが異常がみられなかった場合、療養の給付は支給されない。

＜保険医療機関、保険医等＞

Q71 保険医療機関又は保険薬局がその指定を取り消され、その取消しの日から５年を経過しないものであるときは、厚生労働大臣は、地方社会保険医療協議会の議を経て、指定しないことができる。

Q72 保険医療機関又は保険薬局の指定の効力は、５年間であり、失効日前６月から３月までの間に別段の申出がなければ、指定の申請があったものとみなして、自動的に継続される。この自動更新の規定は、個人開業医、個人薬局に適用される。

Q73 保険医療機関又は保険薬局は、１月以上の予告期間を設けて、その指定を辞退することができる。

Q74 保険医療機関等は、健康保険法以外の医療保険各法による療養の給付等、高齢者医療確保法による療養の給付等は担当しない。

Answer

[A69]　「特定長期入院被保険者」とは、療養病床への入院及びその療養に伴う世話その他の看護であって、当該療養を受ける際、**65歳**に達する日の属する月の翌月以後である被保険者をいう。（平25・令5択一）　ⓒ p535/ ×

[A70]　身体に違和感を覚えて診察を受けたが異常がみられなかった場合でも、療養の給付が支給される。（平12択一）

ⓒ p535/ ×

[A71]　記述のとおり（平26択一）。保険給付に関し診療又は調剤の内容の適切さを欠くおそれがあるとして重ねて厚生労働大臣の指導を受けたものであるとき等も同様である。

ⓒ p537/ ○

[A72]　指定の効力は、**6年間**である。失効日前 “**6月から3月**までの間” に別段の申出がなければ、指定の申請が**あった**ものとみなす。（平22択一）

個人開業医、**個人**薬局等の指定はいわゆる自動更新である。

ⓒ p537〜538/ ×

[A73]　なお、**保険医又は保険薬剤師**は、**1月以上**の予告期間を設けて、その**登録の抹消**を求めることができる。（平29択一）　ⓒ p538/ ○

[A74]　保険医療機関等は、健康保険法以外の医療保険各法による療養の給付等も**担当する**。保険医・保険薬剤師も同様である。（平19・令3択一）　ⓒ p538〜539/ ×

Question

Q75 保険医療機関又は保険薬局に従事する医師、歯科医師又は薬剤師は、地方社会保険医療協議会の登録を受けた者（保険医又は保険薬剤師）でなければならない。

Q76 登録の申請者が、保険医又は保険薬剤師の登録を取り消され、その取消しの日から５年を経過しない者であるときは、中央社会保険医療協議会の議を経て、登録をしないことができる。

Q77 個人病院又は個人薬局では、医師、歯科医師又は薬剤師についての登録があったときに、保険医療機関又は保険薬局の指定があったものとみなされる。

＜一部負担金＞

Q78 「70 歳以上の現役並み所得者」とは、標準報酬月額が 53 万円以上である者をいう。ただし、収入の合計額が 520 万円（被扶養者がいない者は 383 万円）に満たない場合は、申請により、３割負担でなく、２割〔１割〕負担となる。

Q79 70 歳未満の被保険者の一部負担金割合は、２割又は３割である。

[A75] 保険医療機関等に従事する医師、歯科医師又は薬剤師は、**厚生労働大臣の登録**を受けた者（保険医又は保険薬剤師）でなければならない。（平 13 択一）

㋖ p538/ ×

[A76] “中央社会保険医療協議会” ではなく、“**地方**社会保険医療協議会” である。

㋖ p538/ ×

[A77] **個人病院**又は**個人薬局**の場合は、保険医療機関又は保険薬局の指定を受けることを要しない。医師等の**登録**を受ければ、自動的に**指定があった**ものとみなされる。（平 29 択一）

㋖ p538/ ○

[A78] 現役並み所得者の標準報酬月額 “53 万円以上” が誤っている。“**28 万円以上**” である者をいう。（平 27・令 2 選択）

㋖ p539/ ×

[A79] **70 歳未満**の被保険者の一部負担金割合は、**一律 3 割**である。

㋖ p539/ ×

【ポイント】［療養の給付の担当］ 療養の給付は、次の**病院**、**診療所**又は**薬局**のうち「自己の**選定**するもの」から受ける。

① 厚生労働大臣の**指定**を受けた病院、診療所又は薬局（**保険医療機関**、**保険薬局**）

② 組合管掌健康保険の**事業主医局**等（保険者が指定）

③ **健康保険組合**である保険者が**開設**する病院、診療所又は薬局

Question

Q80 保険者が指定する病院等で、保険者が健康保険組合のときは、規約で、一部負担金を減額、免除することができる。

Q81 健康保険組合直営病院等では、一部負担金を徴収することはできない。

Q82 保険者は、災害その他の厚生労働省令で定める特別の事情がある被保険者の一部負担金を、減額、支払免除又は支払に代えて一部負担金を直接に徴収することとし、その徴収を猶予することができる。

＜入院時食事療養費、入院時生活療養費＞

Q83 入院時食事療養費の額は、当該食事療養につき食事療養に要する平均的な費用の額を勘案して厚生労働大臣が定める基準により算定した費用の額から、食事療養標準負担額を控除した額である。

Q84 食事療養標準負担額は、入院に係る療養の給付と併せて食事療養を受けたときに徴収されるものであり、１日３食が限度とされている。

Q85 一般所得者（小児慢性特定疾病児童等又は指定難病患者を除く）の食事療養標準負担額は、１食当たり 460 円であり、70 歳以上の低所得者については１食当たり 100 円である。

Answer

[A80]　正しい（平19択一）。なお、健康保険組合については、「規約で定めるところにより、一部負担金の一部を**付加給付**として被保険者に払い戻すことができる」という点も出題されたことがある。 ご p540/ ○

[A81]　健康保険組合直営病院等では、一部負担金は徴収しないが、**規約**により徴収することもできる。（平19択一） ご p540/ ×

[A82]　**減額**の場合は、減額された一部負担金を支払い、**支払免除**や**徴収の猶予**の場合は、一部負担金を保険医療機関に支払うことを要しない。（平23択一） ご p539/ ○

[A83]　食事療養標準負担額は、平均的な家計における食費の状況及び特定介護保険施設等における食事の提供に要する平均的な費用の額を勘案して**厚生労働大臣**が定める。（平9記述、平23・令5択一） ご p540・541/ ○

[A84]　正しい。なお、**点滴**による栄養補給のみの場合には、**食事療養には該当しない**ので、食事療養標準負担額は徴収されない。（平19択一） ご p540/ ○

[A85]　正しい。なお、保険医療機関等は、領収証に、食事療養標準負担額とその他の費用の額とを区分して記載しなければならない。 ご p541/ ○

Question

Q86 特定長期入院被保険者が病院又は診療所から療養の給付と併せて受けた生活療養に要した費用については、入院時生活療養費を支給する。

Q87 生活療養標準負担額は、平均的な家計における食費及び光熱水費の状況並びに病院及び診療所における生活療養に要する費用について介護保険法に規定する食費の基準費用額及び居住費の基準費用額に相当する費用の額を勘案して中央社会保険医療協議会が定める。

＜保険外併用療養費＞

Q88 保険外併用療養費は現物給付として行われ、評価療養等についても一部負担金を支払えばよい。

Q89 「評価療養」とは、厚生労働大臣が定める高度の医療技術を用いた療養その他の療養であって、適正な医療の効率的な提供を図る観点から評価を行う必要のある療養のことである。

Q90 保険外併用療養費の支給対象となる治験は、患者に対する情報提供を前提として、患者の自由な選択と同意がなされたものに限られる。

Q91 患者申出療養とは、高度の医療技術を用いた療養であって、当該療養を受けようとする者の申出に基づき、療養の給付の対象とすべきものであるか否かについて、適正な医療の効率的な提供を図る観点から評価を行うことが必要な療養として厚生労働大臣が定めるものをいう。

[A86] 「生活療養」とは、“特定長期入院被保険者に係る**食事**の提供である療養、**温度**、**照明**及び**給水**に関する適切な**療養環境の形成**である療養” をいう。（令5択一）

こ p535〜536・541/ ○

[A87] 生活療養標準負担額は、**厚生労働大臣**が定める（平21択一）。なお、入院時生活療養費の額は、生活療養に要する平均的な費用の額を勘案して厚生労働大臣が定める基準により算定した費用の額から**生活療養標準負担額を控除**した額である。（平26選択）

こ p542/ ×

[A88] **保険外の部分は自費負担**となり、保険適用の部分は**一部負担金相当額**を支払うこととなる（入院の場合は、食事療養標準負担額又は生活療養標準負担額の負担もある）。（平24・令4択一）

こ p543/ ×

[A89] 先進医療の他には、「医薬品・医療機器の**治験**に係る診療、保険適用前の**承認医療機器**の使用、薬価基準に収載されている医薬品の**適応外使用**」等が定められている。

こ p536・543/ ○

[A90] 保険外の部分は全額自費負担となるため、保険外併用療養費の支給対象となる療養を行うときは、**文書**により事前に**患者の同意**を得ておかなければならない。（平17・22択一）

こ p543/ ○

[A91] “被保険者が、保険医療機関等のうち自己の選定するものから、**評価療養**、**患者申出療養**又は**選定療養**を受けたとき” は、その療養に要した費用について、**保険外併用療養費**を支給する。（平28択一）

こ p536・544/ ○

Question

Q92 選定療養とは、被保険者の選定に係る特別の病室の提供その他の厚生労働大臣が定める療養をいう。200床以上の病院の未紹介患者の初診、180日を超える入院等が該当する。

<療養費>

Q93 輸血の場合の血液（生血）料金を支払った場合は療養費が支給され、保存血を使用した場合は療養の給付が支給される。

Q94 現に海外にある被保険者からの療養費の支給申請は、事業主等を経由して行わせる。その受領は、事業主等が代理して行う。

Q95 海外の病院等で療養を受けた場合、療養費の支給額の算定に用いる邦貨換算率は、その療養を受けた日の外国為替換算率（売レート）を用いる。

<訪問看護療養費>

Q96 訪問看護事業とは、被保険者の居宅において、「医師、看護師、保健師、助産師、准看護師、理学療法士、作業療法士及び言語聴覚士」が行う療養上の世話又は必要な診療の補助を行う事業である。

Q97 疾病又は負傷により、居宅において継続して療養を受ける状態にあったときに、保険医療機関から、居宅における療養上の管理及びその療養に伴う世話その他の看護を受けたときは、訪問看護療養費が支給される。

Answer

[A92]　厚生労働大臣が定める特別の療養環境（差額ベッド等）の提供、予約診療、時間外診察、前歯部の材料差額等、健康保険が効かない部分を、「選定療養」という。（令4選択、平28択一）　　ご p536・544/ ○

[A93]　**療養費**が支給されるものとして、**輸血の場合の血液（生血）料金**を支払ったときがある。同じ血液でも**保存血**は**療養の給付**として現物給付される。（平16・26択一）　ご p545/ ○

[A94]　支給申請は、原則として事業主等を経由して行うが、その受領は、**事業主等が代理**して行うものとし、国外への送金は行わない。（平27・令5択一）　ご p546/ ○

[A95]　その療養を受けた日ではなく、**支給決定日**である。（平21・27択一）　ご p545/ ×

[A96]　医師は含まれない。なお、指定訪問看護事業者は「**自己**」が選定する。また、訪問看護を受ける場合、保険者の事前の承認は不要である。（平24・令3・5択一）　ご p547/ ×

[A97]　「訪問看護療養費」は、**指定訪問看護事業者**から指定訪問看護を受けたときに支給される。居宅において、**保険医療機関**から看護を受けたときに支給されるのは、「**療養の給付**」である。（平19・25択一）　ご p535・547/ ×

【ポイント】［保険外併用療養費］

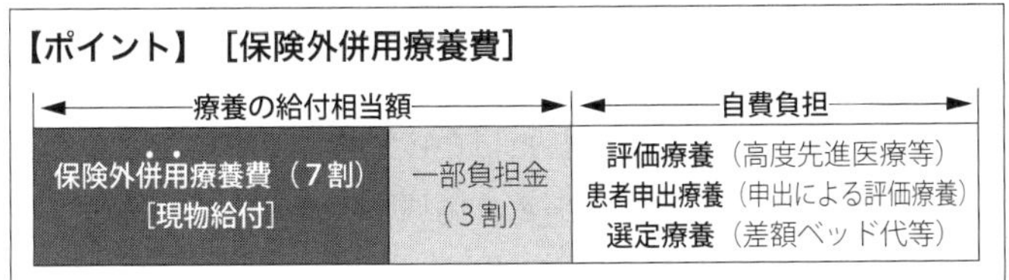

Question

Q98 訪問看護療養費は、主治の医師が、治療の必要の程度につき、省令で定める基準に適合したものと認めたときに事前に保険者の承認を受けることにより支給される。

Q99 指定訪問看護事業者による営業時間外の訪問看護は、その他の利用料として割増料金が徴収されるが、指定訪問看護事業者の都合により営業時間外となった場合には、割増料金は徴収されない。

<移送費>

Q100 移送費の額は、最も経済的な通常の経路及び方法により移送された場合の費用により算定した額から、一部負担金を控除した額である。

Q101 医師、看護師等付添人は、医学的管理が必要であったと医師が判断する場合に限り、原則として１人までの交通費を算定する。

Q102 移送費は、通院など、一時的、緊急的なものと認められない場合には支給されない。

<傷病手当金>

Q103 療養のため労務に服することができないときは、その労務に服することができなくなった日から継続して３日を経過した日から労務に服することができない期間、自宅療養の日を除き、傷病手当金を支給する。

Answer

[A98]　保険者の事前の承認は不要である（平13・21択一）。なお、傷病により、居宅において継続して療養を受ける状態にあり、かつ、その状態が安定していることも必要である。

ご p547/ ×

[A99]　指定訪問看護において、**その他の利用料**を徴収する場合がある。徴収されるのは、**利用者の都合**による場合であり、指定訪問看護事業者の都合による場合には、徴収されない。（平16択一）

ご p548/ ○

[A100]　**移送費**には、**一部負担金はない**。最も経済的な通常の経路及び方法により移送された場合の費用により算定した額である。（平21・令4択一）

ご p549/ ×

[A101]　原則として、**1人分**の交通費が算定される。なお、“医学的管理等に要する費用”を支払った場合には、移送費とは別に、**療養費**の支給を行うことができる。

ご p549/ ○

[A102]　①移送により法に基づく**適切な療養**を受けたこと、②移送の原因である疾病又は負傷により移動をすることが**著しく困難**であったこと、③**緊急**その他**やむを得ない**こと、と保険者が認めたときに支給される。（平29択一）

ご p548/ ○

[A103]　傷病手当金は、**自宅療養でも支給される**（平9択一）。なお、待期3日は**報酬が支払われていてもよく**、この3日には公休日も含む。支給額は、その**支給を始める日において固定**される。（令5択一）

ご p549・552/ ×

Question

Q104 傷病手当金は、①傷病の状態が労務不能であるが、家事の副業に従事した場合や、②傷病は休業を要する程度ではないが遠隔地であり、通院のため事実上働けない場合も支給される。

Q105 療養のため労務不能であったが、最初の 30 日間は年次有給休暇を取得した。その後報酬を受けず続けて欠勤した場合には、報酬を受けない第４日目から傷病手当金が支給される。

Q106 傷病手当金の額は、原則として１日につき、傷病手当金の支給を始める日の属する月前の直近の継続した 12 月間の各月の標準報酬月額を平均した額の 30 分の１相当額の３分の２に相当する金額である。

Q107 傷病手当金は、支給を始めた日から継続して１年６カ月を限度として支給されるが、歯科医師による診療を受けた場合や自費診療の場合は支給されない。

＜埋葬料、埋葬費、家族埋葬料＞

Q108 被保険者が死亡したときは、その被保険者に生計を維持されていた被扶養者に対して、埋葬料として５万円を支給する。

Q109 埋葬料の支給要件における生計を維持されていた者とは、被保険者により生計の一部でも負担されていればよく、民法上の親族又は遺族であることを要せず、かつ、被保険者が世帯主であることも、同一世帯にあったかも問わない。

Answer

[A104]　正しい（平 16・25 択一）。そのほか、「**病原体保有者**が**隔離収容のため労務不能**であるとき」等も支給する。医師の指示又は許可のもとに半日出勤し、**従前の労務に服する**場合は支給しない。（平 25 択一）

ご p550/ ○

[A105]　待期３日は、報酬が支払われていても完了する。したがって、最初の 30 日間の中で待期は完了しているので、**報酬を受けなくなった 31 日目**から傷病手当金を支給する。（平 26 択一）

ご p549・552/ ×

[A106]　「月前」ではなく「**月以前**」である（令３択一）。なお、転勤、転職等があった場合でも、変更前と変更後の適用事業所が**同一の保険者**に属していれば、いずれの期間の標準報酬月額も平均の算定対象となる。

ご p550～551/ ×

[A107]　「継続」ではなく「**通算**」である。傷病手当金は、**歯科医師**による診療を受けた場合や、**自費診療**、**自宅療養**の場合も支給される。（平 30・令３択一）

ご p550・552/ ×

[A108]　**埋葬料**は、“被扶養者に”ではなく、「**生計を維持**されていた者であって**埋葬を行う者**」に支給される。（令元・４・５択一）

ご p554/ ×

[A109]　正しい。なお、死亡した被保険者により全く**生計を維持されていなかった**父母、兄弟姉妹あるいは子が、現に埋葬を行った場合には、**埋葬費**を支給する。（平 24 択一）

ご p554/ ○

Question

Q110 被保険者が死亡したが、埋葬料の支給を受ける者がいないときは、埋葬を行った者に、政令で定める金額（5万円）の範囲内で、埋葬に要した費用（埋葬費）を支給する。

Q111 埋葬料の事故発生日は死亡した日、埋葬費の事故発生日は埋葬を行った日である。

Q112 妊娠4カ月以上で死産であった場合、家族埋葬料は支給されない。

<出産育児一時金、出産手当金>

Q113 出産とは、妊娠4カ月以上（85日以上）の出産をいい、生産、死産、流産（人工流産を含む）、早産を問わない。

Q114 妊娠中（85日以後）に業務上のけがが原因で早産し、労災保険で当該けがについて補償を受けた場合、出産に関する給付は支給されない。

Q115 出産育児一時金は、1児につき48.8万円、産科医療補償制度に加入している病院等で出産したときは48.8万円に1.2万円を加算した額が支給されるが、父が不明の婚外子の出産については支給されない。

Q116 出産手当金と傷病手当金が同時に支給されるときは、出産手当金は支給しない。出産手当金が先に支払われたときは、傷病手当金の内払とみなす。

Answer

[A110]　その被保険者により**生計を維持されていなかった**「父母、兄弟姉妹あるいは子等」が、現に埋葬を行った場合には、埋葬料ではなく、**埋葬費**を支給する。（平25・28択一）

ご p554/ ○

[A111]　したがって、**時効の起算日**は、**埋葬料**は**死亡日の翌日**、**埋葬費**は**埋葬を行った日の翌日**となる。 ご p554/ ○

[A112]　死産であった場合は、死産児は被扶養者にはならないため、**家族埋葬料は支給されない**（平28択一）。なお"出産育児一時金"は支給される。 ご p558/ ○

[A113]　**経済上の理由**による**妊娠中絶**の場合にも、出産育児一時金は支給される（療養の給付は支給されない）。（平28択一）

ご p555/ ○

[A114]　妊娠中（85日以後）に**業務上又は通勤災害のけがにより早産**し、労災保険で補償を受けた場合でも、出産に関する給付は行われる。（平17・26択一） ご p555/ ×

[A115]　**父が不明の婚外子**の出産でも支給する（平21択一）。なお、出産育児一時金の額については正しい。（平27・令5択一）

ご p555/ ×

[A116]　出産手当金と傷病手当金が同時に支給されるときは、**出産手当金が優先**して支給される。（平30・令4択一）

なお、**出産手当金より傷病手当金が多い**場合は、その**差額**が支給される。 ご p556〜557/ ×

Question

Q117 出産の日（出産の日が出産予定日後であるときは、出産の予定日）前42日（多胎妊娠は98日）から出産日以後56日までの間で、労務に服さなかった期間について出産手当金が支給される。出産が予定日より遅れた場合は、産前に加算される。

＜被扶養者に関する給付＞

Q118 被扶養者に関する給付には、家族療養費、家族訪問看護療養費、家族移送費、家族埋葬料及び家族出産育児一時金がある。

Q119 被扶養者が、保険医療機関等である病院のうち自己の選定するものから評価療養、患者申出療養又は選定療養を受けたときは、被保険者に、保険外併用療養費が支給される。

Q120 被扶養者になる前に発生した傷病に対しては、家族療養費は支給されない。

Q121 義務教育就学以後70歳までの被扶養者への給付割合は100分の80であり、被保険者が死亡したときは翌日から支給されなくなる。

Answer

[A117] 「前42日」ではなく「**以前42日**」、「出産日以後56日」ではなく「**出産日後56日**」である。例えば、多胎妊娠で6月12日が出産予定日であり、出産日が6月15日の場合、最大で3月7日から8月10日までの157日間が、出産手当金の支給期間となる。（平24択一、平30・令5選択）

ⓒ p556/ ×

[A118] 正しい。家族**療養費**、家族**訪問看護療養費**、家族**移送費**、家族**埋葬料**及び家族**出産育児一時金**がある。なお、家族に関する給付は、**被保険者**に支給する。被扶養者に支給することはない。（平29択一） ⓒ p557/ ○

[A119] 家族給付には、療養の給付、入院時食事療養費、入院時生活療養費、保険外併用療養費及び療養費という給付はない。これらは、すべて"**家族療養費**"として支給される。（令元択一）

ⓒ p557/ ×

[A120] **被扶養者になる前に発生**した傷病に対しても、家族療養費は**支給される**。（平28択一） ⓒ p557/ ×

[A121] 「100分の80」ではなく「**100分の70**」である。家族療養費は、**被保険者が死亡**したときは**翌日から**支給されなくなる。（平24・30択一） ⓒ p557・558/ ×

【ポイント】 **[家族療養費]** ＊平成26年3月31日以前に70歳以上の者は90/100

区　分	割　合
①義務教育就学以後70歳までの被扶養者	70/100
②義務教育就学前の被扶養者	80/100
③ 70歳以上の被扶養者（④の者を除く）	80/100＊
④ 70歳以上の被扶養者であって、「70歳以上の現役並み所得者である被保険者等」の被扶養者である者	70/100

Question

Q122 家族出産育児一時金は、被保険者の被扶養者である子どもが出産しても支給される。

＜高額療養費＞

Q123 高額療養費は、被保険者又は被扶養者が同一の月に、それぞれ一の病院等から受けた療養（食事療養及び生活療養を除く）に係る一部負担金その他の自己負担額が、高額療養費算定基準額を超える場合に支給される。

Q124 70 歳未満の者の標準報酬月額が 75 万円で、多数回該当以外の場合の高額療養費算定基準額は、「252,600 円＋(医療費－842,000 円)×１％」である。

Q125 同一世帯で、療養があった月以前 12 月以内に３回以上高額療養費が支給されているときは、４回目から、標準報酬月額が 83 万円以上の者は 93,000 円を超える額が高額療養費として支給される。

Q126 長期高額特定疾病患者の疾病については 10,000 円（人工透析の場合に限り、70 歳未満で標準報酬月額が 53 万円以上の者は 20,000 円）を超える額が高額療養費として支給される。

Q127 高額介護合算療養費を算定する場合、70 歳未満の被保険者については、18,000 円未満のものは算定対象から除かれる。

Answer

[A122]　家族出産育児一時金は、被保険者の**被扶養者**が出産すれば支給される。（令３択一）　ご p558/ ○

[A123]　高額療養費は、自己負担額が「高額療養費算定基準額」を超える場合に支給される。**食事療養標準負担額**及び**生活療養標準負担額**は、**高額療養費の対象外**（令５択一）。また、70 歳到達月以前の療養にあっては **21,000 円以上**のものが対象となる。（平 15 選択）　ご p559/ ○

[A124]　正しくは、「252,600 円」は「**167,400 円**」、「842,000 円」は「**558,000 円**」である。例えば、医療費（10 割）が 100 万円なら、**167,400 円＋（100 万円－558,000 円）×１％＝171,820 円**となる。　ご p560/ ×

[A125]　“93,000 円” ではなく、“**140,100 円**” を超える額が高額療養費として支給される。（平 28・令５選択）　ご p560/ ×

[A126]　設問のとおり。**長期高額特定疾病**とは、①**人工透析**、②血友病、③抗ウイルス剤を投与している後天性免疫不全症候群（HIV 感染を含む）がある。（平 28 択一）　ご p561/ ○

[A127]　高額療養費では世帯合算が行われるが、この場合、70 歳未満の療養に係るものにあっては **21,000 円以上**の窓口負担が対象となる。高額介護合算療養費についても同様である。（平 28 択一）　ご p562/ ×

Question

＜資格喪失後の継続給付＞

Q128 資格喪失後の継続給付を受けるには、被保険者の資格を喪失した日（任意継続被保険者の資格を喪失した者にあっては、その資格を取得した日）の前日まで引き続き１年以上被保険者（任意継続被保険者、特例退職被保険者又は共済組合の組合員である被保険者を除く）であったことが必要である。

Q129 資格喪失後の継続給付としての傷病手当金の支給期間は、被保険者の資格を喪失した日から１年６カ月間である。

Q130 資格喪失後、継続給付として傷病手当金を受ける者が受けなくなった日後６月以内に死亡したときは、被保険者により生計を維持していた者であって埋葬を行うものに埋葬料を支給する。

Q131 資格喪失の日後６カ月以内に出産したときは、出産育児一時金は支給されるが、出産手当金は支給されない。

＜給付制限＞

Q132 被保険者が少年院その他これに準ずる施設に収容されたとき、刑事施設、労役場その他これらに準ずる施設に拘禁されたときは、被扶養者に関しても保険給付を行わない。

【ポイント】［資格喪失後の継続給付の支給要件］

被保険者の資格を喪失した日の**前日**まで引き続き**１年以上被保険者**（任意継続被保険者、特例退職被保険者又は共済組合の組合員である被保険者を除く）であった者であって、その**資格を喪失**

[A128]　1年以上とは、その間に転職・転勤などで事業所や保険者が変わっても、間が1日も空いていなければ通算される。（令元・4択一）　p563/ ○

[A129]　資格喪失後の継続給付としての傷病手当金の支給期間は、"**支給を始めた日**"から通算して1年6カ月間である。（平30択一）　p564/ ×

[A130]　"6月"は、"**3月**"が正しい。資格喪失後の継続給付を受けなくなった日後**3月以内に死亡**したときは、埋葬料（埋葬費）が支給される。（令3択一）　p565/ ×

[A131]　正しい。資格喪失後に**出産**しても、**出産手当金は支給されない**。（平28・令4択一）　p565/ ○

[A132]　**保険者**は、被保険者又は被保険者であった者が設問のいずれかに該当する場合であっても、**被扶養者に係る保険給付を行うことを妨げない**。（平26・29・令5択一）　p566/ ×

した際に傷病手当金又は出産手当金の支給を**受けている**こと。支給を受けていることとは、実際に受けているか、受けられる状態にあることをいう。（平24択一）

Section

5. 日雇特例被保険者

Question

Q133 日雇特例被保険者の保険者は、全国健康保険協会及び健康保険組合である。

Q134 日雇特例被保険者が療養の給付を受けるときは、受給資格者票を保険医療機関等に提出する。支給期間は1年（結核性疾病は5年）である。

Q135 家族出産育児一時金は、出産の日の属する月の前4カ月間に通算して26日分以上保険料が納付されているときに支給される。

Q136 傷病手当金は、労務不能となった際にその原因となった傷病について療養の給付を受けていることが必要であるが、労務不能期間中において当該傷病について療養の給付を受けていることは要しない。

Q137 出産手当金の額は、前2月間又は前6月間のうち最も標準賃金日額の合算額の多かった月の標準賃金日額の合算額の45分の1に相当する金額である。

【ポイント】［特別療養費］

初めて被保険者手帳の交付を受けた場合には、**保険料納付要件を満たせない**。この場合には、**特別療養費**として支給する。支給

出題数は多くありませんが、
出題されたら得点したい箇所です。

Answer

[A133]　日雇特例被保険者の保険者は、**全国健康保険協会のみ**である。（平 17・21 択一）　ⓒ p510・569/ ×

[A134]　支給期間は、**結核性疾病**については **5 年**である（平 18 択一）。なお、日雇特例被保険者が保険医療機関等に提出しなければならないのは、**受給資格者票**である。（平 15・19 択一）　ⓒ p570/ ○

[A135]　**家族**出産育児一時金は、原則の保険料納付要件（**前 2 月間**に**通算 26 日分以上**又は**前 6 月間**に**通算 78 日分以上**）を問われる。（令 5 択一）　ⓒ p569/ ×

[A136]　正しい。なお、一般の被保険者（強制被保険者）は、労務不能となった際に療養の給付を受けていることは要しない。（平 23 択一）　ⓒ p570/ ○

[A137]　出産手当金の額は、**前 4 月間**のうち最も標準賃金日額の合算額の多かった月の標準賃金日額の合算額の "**45 分の 1**" に相当する金額である。（平 20 択一）　ⓒ p570〜571/ ×

期間は、被保険者手帳の交付を受けた日の属する月の初日から起算して **3 カ月間**であるが、月の初日に被保険者手帳の交付を受けたときは **2 カ月間**である。（平 26 択一）

Section
6. 費用の負担、不服申立て、雑則

Question

<費用の負担>

Q138 国庫は、毎年度、予算の範囲内で、健康保険事業の事務の執行に要する費用を補助する。

Q139 健康保険組合に対して交付する国庫負担金は、各健康保険組合の被保険者数を基準として、厚生労働大臣が算定する。

Q140 健康保険組合は、規約で特定被保険者に関する保険料額を、一般保険料額と介護保険料額との合算額とすることができる。

Q141 承認健康保険組合は、介護保険第２号被保険者である被保険者に関する保険料額を一般保険料額と特別介護保険料額との合算額とすることができる。

Q142 協会管掌健康保険の一般保険料率は、1,000分の30から1,000分の130の範囲内で、全国一律に決定することとされている。

【ポイント】
　国庫は、協会管掌健康保険の事業の執行に要する費用のうち、**主な保険給付に要する費用の額**並びに**前期高齢者納付金の納付に要する費用の額**に一定割合を乗じて得た額の合算額に **1,000分の**

Answer

[A138]　事務の執行に要する費用は「国庫**負担**」である。事務には、前期高齢者納付金等、後期高齢者支援金等及び日雇拠出金、介護納付金並びに流行初期医療確保拠出金の納付に関する事務を含む。（平 20 択一）　ご p574/ ×

[A139]　なお、“**被保険者数**” を基準として算定するのであり、「被扶養者数」は含まない。（平 18 択一）　ご p574/ ○

[A140]　「特定被保険者」とは、介護保険第 2 号被保険者以外の者で「介護保険**第 2 号被保険者である被扶養者**がいる」**被保険者**をいう。（平 30 択一）　ご p576/ ○

[A141]　特別介護保険料額の算定については、各年度における当該承認健康保険組合の**特別介護保険料額の総額**と当該承認健康保険組合が納付すべき**介護納付金の額**とが等しくなるように規約で定める。（令元択一）　ご p576/ ○

[A142]　協会管掌健康保険の一般保険料率は、**支部被保険者**を単位として決定される。（平 24 選択）　ご p577/ ×

130 から **1,000 分の 200** までの範囲内（当分の間、**1,000 分の 164**）を乗じて得た額を**補助**する。
注）出産育児一時金・家族出産育児一時金・埋葬料（費）・家族埋葬料に対する国庫補助はない。（令 3 択一）

Question

Q143 協会は、毎年度、翌事業年度以降の５年間についての協会が管掌する健康保険の被保険者数及び総報酬額の見通し並びに保険給付に要する費用の額、保険料の額その他の健康保険事業の収支の見通しを作成し、公表するものとする。

Q144 健康保険組合は、厚生労働大臣に届け出て、事業主の負担すべき一般保険料額・介護保険料額の負担割合を増加することができる。

Q145 前月より引き続き任意継続被保険者である者が、刑事施設、労役場その他これらに準ずる施設に拘禁されたときは、その月から該当しなくなった月の前月までの保険料は徴収しない。

Q146 産前産後休業期間中の保険料は、保険料免除の申出をした日の属する月から被保険者・事業主負担分とも免除される。

Q147 保険料を督促したときは、納期限の翌日から徴収金完納又は財産差押えの日までの日数に応じ、年 14.6 %（督促が保険料に係るものであるときは、納期限の翌日から３月を経過する日までの期間については年 7.3 %）の割合を乗じて計算した延滞金を徴収する。

【ポイント】［保険料の繰上げ徴収］

次の場合には、納期前であっても、保険料の**全額**を**徴収**することができる。

① 国、地方税等の公課の滞納により、**滞納処分**を受けるとき（平7・令5）

② **強制執行**を受けるとき（平7）

Answer

[A143]　"毎年度" ではなく、"**2年ごとに**" である（平 24 選択)。なお、「保険料の額」には、各事業年度において財政の均衡を保つことができる保険料率の水準を含む。　ご p577/ ×

[A144]　事業主の負担すべき割合を**増加**することができるのは、**組合のみ**（規約で定める）であり、**協会**の場合は必ず**折半負担**である。（平 30 択一）　ご p581/ ○

[A145]　**任意継続被保険者及び特例退職被保険者**は、設問の場合でも**免除されない**。（平 19・29 択一）　ご p579/ ×

[A146]　産前産後休業期間中の保険料は、産前産後休業を**開始した日の属する月**から免除される。（令元・5 択一）

ご p580/ ×

[A147]　**延滞金**は、「**保険料の納期限の翌日**」から徴収金**完納**又は財産**差押え**の日の「**前日**」までの日数に応じて徴収する（平 28 択一)。**年 14.6 %**の後のかっこ書は、平成 21 年の法改正で追加されたものである。（平 30 択一）

なお、14.6 %、7.3 %は、当分の間、各年の**延滞税特例基準割合が年 7.3 %に満たない**ときの特例が設けられている。

ご p586/ ×

③　**破産手続開始**の決定を受けたとき（平 13・17・令 5）
④　**企業担保権**の実行手続の開始があったとき
⑤　**競売**の開始があったとき
⑥　法人である納付義務者が解散したとき（平 26）
⑦　被保険者の使用される事業所が廃止されたとき（平 23）

Question

＜不服申立て＞

Q148 処分取消しの訴えは、審査請求に対する社会保険審査会の裁決を経た後でなければ提起することができない。

＜雑　則＞

Q149 高額療養費を受ける権利は、原則として、診療月の翌月1日から起算して2年を経過したときは、時効によって消滅する。

Q150 療養費の請求権の時効は2年であり、その起算日は、療養に要した費用を支払った日の翌日である。

Q151 出産手当金を受ける権利は、労務不能であった日ごとにその翌日から起算して2年を経過したときは、時効によって消滅する。

Q152 保険料その他徴収金を徴収し、その還付を受ける権利及び保険給付を受ける権利は、2年を経過したときは、時効によって消滅する。

[A148] 平成28年4月1日施行の改正により、**"社会保険審査官の決定を経た後"** でなければ提起することができないとされた。（平25・令4択一） ご p588/ ×

[A149] 傷病が**月の途中で治ゆ**した場合も同様である。なお、自己負担分を診療月の翌月以後に支払ったときは、**支払った日の翌日**が起算日となる。（平28択一） ご p590/ ○

[A150] 正しい（平28択一）。時効の起算日を、「療養費の請求権が発生し、かつ、これを行使し得るに至った日の翌日」と表現することがある。 ご p590/ ○

[A151] **出産手当金**の時効の起算日は、**労務に服さなかった日ごとにその翌日**である。**"労務不能であった日ごとにその翌日"** から起算するのは、**傷病手当金**である。 ご p590/ ×

[A152] 健康保険の「時効」は、**原則2年**である。
ご p589/ ○

【ポイント】
[消滅時効（2年間）の起算日（主なもの）]（平23・24・令5択一）

保険給付等	起算日
保険料の徴収権	納期限の翌日
傷病手当金	労務不能の日ごとにその翌日
出産手当金	労務に服さなかった日ごとにその翌日
出産育児一時金・埋葬料	事故発生（出産・死亡）の日の翌日
埋葬費	埋葬を行った日の翌日
療養費	行使できるようになった日の翌日
高額療養費	原則として診療月の翌月1日

【知っトク知識】

■標準報酬月額の有効期間

決定方法	有効期間
資格取得時決定	・1月1日から5月31日までの間に資格取得 ……その年の8月まで ・6月1日から12月31日までの間に資格取得 ……翌年の8月まで
定時決定	9月から翌年の8月まで（ただし、この間の随時改定者を除く）
随時改定	・1月から6月までの間に改定された者 ……その年の8月まで ・7月から12月までの間に改定された者 ……翌年の8月まで
育児休業等終了の際の改定	育児休業等終了日の翌日から起算して2月を経過した日の属する月の翌月からその年の8月まで（当該翌月が7月から12月までのいずれかの月である場合は、翌年の8月まで）
産前産後休業終了の際の改定	産前産後休業終了日の翌日から起算して2月を経過した日の属する月の翌月からその年の8月まで（当該翌月が7月から12月までのいずれかの月である場合は、翌年の8月まで）

Chapter 7

国民年金法

Question & Answer

寡婦年金の額は、
夫の老齢基礎年金額の
3分の2である。

×

Q122 参照

Section
1.総　則

Question

Q1　国民年金は、日本国憲法25条2項に規定する理念に基づき、老齢、障害又は死亡に関して必要な給付を行う。

Q2　国民年金は、老齢、障害、死亡について、すべての国民に共通の基礎年金の給付を行う制度であるが、業務上の障害や死亡については対象としていない。

Q3　国民年金の上乗せ給付を行う制度として、国民年金基金制度があるが、国民年金基金に加入できるのは第1号被保険者及び一定の任意加入被保険者に限られている。

Q4　昭和61年4月1日から施行された国民年金を、いわゆる「新法」という。

Q5　厚生労働大臣の権限に係る事務の一部は、日本年金機構に行わせるものとする。

年金を理解するには、過去のルールを知ることも大切。新法施行日や他の沿革にも注目です。

Answer

［A 1］ 国民年金は、**老齢**、**障害**又は**死亡**に関して必要な給付を行う。なお、憲法 25 条 2 項には、社会福祉、社会保障及び公衆衛生の向上及び増進について定められている。 ご p595/ ○

［A 2］ 国民年金は、「業務上外を問わず」、**老齢**、**障害**、**死亡**について給付を行う。なお労災保険からの保険給付の対象となる場合には、**労災**保険の年金給付が**支給調整**される。

ご p595〜596/ ×

［A 3］ 国民年金基金は、**第 1 号被保険者**の**老齢基礎年金に上乗せ**して支給するものである。第 2 号被保険者及び第 3 号被保険者は、基金に加入することはできない。 ご p596・695/ ○

［A 4］ 正しい。**昭和 61 年 4 月 1 日**からを「**新法**」といい、**昭和 61 年 3 月 31 日**までの国民年金を「**旧法**」という。

ご p595/ ○

［A 5］ 例えば、第 2 号被保険者による生計維持の認定は、日本年金機構が行う。 ご p597・691/ ○

【ポイント】［憲法 25 条 2 項］

国は、すべての生活部面について、**社会福祉**、**社会保障**及び**公衆衛生**の**向上及び増進**に努めなければならない。

Question

Q6
地方厚生局長に委任された権限は、市町村長に委任することができる。

Q7
保険料全額免除期間とは、第１号被保険者期間であって、法定免除又は申請免除の規定により納付することを要しないものとされた保険料に係るもののうち、追納により納付されたものとみなされる保険料に係る被保険者期間を除いたものを合算した期間である。

Q8
第３号被保険者としての被保険者期間は、保険料納付済期間である。

Q9
国民年金法において「配偶者」、「夫」及び「妻」には、婚姻の届出をしていないが、事実上婚姻関係と同様の事情にある者を含む。

Q10
政府は、少なくとも５年ごとに、保険料及び国庫負担の額並びに国民年金法による給付に要する費用の額その他の国民年金事業の財政に係る収支について、その現況及び財政均衡期間における見通しを作成しなければならない。

Answer

[A 6]　厚生労働大臣の権限の一部は、**地方厚生局長**に委任することができ、地方厚生局長に委任された権限は、**地方厚生支局長**に委任することができる。　ご p597/ ×

[A 7]　**保険料全額免除期間**には、**法定免除期間**又は**申請免除期間**だけではなく、「**学生納付特例**」によるものが含まれる（平28 択一）。　ご p598/ ×

[A 8]　正しい。第３号被保険者としての被保険者期間は、保険料を個別に納付する必要はないが、**保険料納付済期間**である。　ご p598/ ○

[A 9]　夫婦間については、法に基づかない事実上の関係を認めている。子は、事実上では足りず、**法的手続**が必要である（権利消滅の事由においては事実上で足りる）。　ご p599/ ○

[A10]　記述のとおり（平 26 選択）。なお、**財政均衡期間**は、財政の現況及び見直しが作成される年以降、概ね **100 年間**とされている。　ご p599/ ○

【ポイント】

① 国民年金事業の**事務の一部**は、**市町村長**が行うこととすることができる。

② 厚生労働大臣の権限（一定の権限を除く）は、**地方厚生局長**に委任することができ、さらに**地方厚生支局長**に委任することができる。

Section
2. 被保険者、届出等

Question

Q11 日本国籍を有しない者は、第１号被保険者とならない。

Q12 日本国内に住所を有する20歳以上60歳未満の者であって、遺族基礎年金の受給権を有する者は、第１号被保険者としない。

Q13 18歳の者が厚生年金保険の被保険者である場合は、日本国内に住所を有していれば国民年金の第２号被保険者である。

Q14 老齢基礎年金及び老齢厚生年金の受給権を有する65歳以上の者は、70歳未満で厚生年金保険の被保険者であっても、第２号被保険者としない。

Q15 第２号被保険者の配偶者であって主として第２号被保険者の収入により生計を維持し、日本国内に住所を有する者のうち、20歳以上65歳未満の者は、第３号被保険者である。

各被保険者の年齢・国内居住要件は、
整理して押さえましょう。

Answer

[A11] 強制加入被保険者は、**国籍を問わない**。（令5選択、令元択一）

ⓒ p601・603/ ×

[A12] 第1号被保険者から除外されるのは、厚生年金保険法に基づく**老齢給付等**の受給権を有する者である。（平25択一）

ⓒ p601/ ×

[A13] **第2号被保険者**とは、厚生年金保険の被保険者をいうが、**年齢要件を問わず、国内居住かどうかも問わない**。（平29択一）

ⓒ p602/ ×

[A14] 厚生年金保険の被保険者は原則として第2号被保険者となるが、**65歳以上**であり、**老齢基礎年金、老齢厚生年金**その他の老齢退職年金給付の**受給権**を有する者は、第2号被保険者としない。（平26・27・令3・4・5択一）

ⓒ p602/ ○

[A15] **第2号被保険者の配偶者**であって主として第2号被保険者の収入により生計を維持する被扶養配偶者のうち、**20歳以上60歳未満**の者を、**第3号被保険者**といい、国内居住要件等がある。（平27・令元択一）

ⓒ p602/ ×

【ポイント】

Q 12 厚生年金保険法に基づく**老齢**を支給事由とする年金たる保険給付その他の**老齢又は退職**を支給事由とする給付であって政令で定めるものを受けることができる者は、60歳未満であっても**第1号被保険者から除外**されている。

Question

Q16

日本国内に住所を有しない者が、観光、保養又はボランティア活動その他就労以外の目的で一時的に海外に渡航する者であれば、他の要件を満たす限り、第３号被保険者となることができる。

Q17

主として第２号被保険者の収入により生計を維持することの認定は、健康保険法、国家公務員共済組合法、地方公務員等共済組合法等における被扶養者の認定の取扱いを勘案して、日本年金機構が行う。

Q18

第２号被保険者としての被保険者期間及び第３号被保険者としての被保険者期間については、政府は国民年金の保険料を徴収せず、また被保険者は保険料を納付することを要しない。

Q19

第３号被保険者は、被扶養配偶者でなくなったときはその翌日に被保険者資格を喪失する。

Q20

日本国内に住所を有する20歳以上60歳未満の者（第２号・第３号被保険者を除く）は、日本国内に住所を有しなくなくなった日の翌日にその資格を喪失する。

Answer

[A16] **日本国内に住所を有しない者**は、渡航目的その他の事情を考慮して**日本国内に生活の基礎がある**と認められる場合には、**第3号被保険者**となることができる。(令3択一)

ご p527、602〜603/ ○

[A17] 主として第2号被保険者の収入により生計を維持することの認定は、設問のように行われる。(平27択一)

ご p602/ ○

[A18] 第2号・3号被保険者の保険料は、**厚生年金保険の実施者たる政府及び実施機関たる共済組合等**が「**基礎年金拠出金**」として毎年度拠出している(厚生年金保険の保険料に第2号・3号被保険者の基礎年金の保険料相当分が含まれている)。(平30択一)

ご p675/ ○

[A19] 原則として、被扶養配偶者でなくなった日の**翌日**に喪失する。

ご p606/ ○

[A20] 記述のとおり(平25択一)。なお、**日本国籍**を有する者であれば「任意加入」の道が開かれている。

ご p606/ ○

【ポイント】[年齢要件]

Q 13 第2号被保険者については「年齢要件」は問われない。このため、10代で第2号被保険者となることもある。また、60歳以後でも、厚生年金保険の被保険者なら第2号被保険者となる(ただしQ14の例外はある)。20歳前及び60歳以後の第2号被保険者としての期間は、**老齢基礎年金**の支給要件としては**合算対象期間**となる。

Question

Q21 昭和39年4月1日生まれの第3号被保険者は、令和6年4月1日に被保険者の資格を喪失する。

Q22 日本国内に住所を有する60歳以上65歳未満の者（第2号被保険者を除く）は、日本国籍を有する場合に限り厚生労働大臣に申し出て被保険者となることができる。

Q23 日本国籍を有する者（第2号被保険者、第3号被保険者を除く）であって、日本国内に住所を有しない20歳以上65歳未満の者は、任意加入被保険者になることができる。

Q24 日本国内に住所を有する60歳以上65歳未満の任意加入被保険者が、督促状の指定期限までに保険料を納付しないときは、指定期限の翌日に資格を喪失する。

Q25 昭和33年4月1日生まれの国内居住者が、老齢基礎年金の受給権は有しないが障害厚生年金の受給権を有するときは、特例による任意加入被保険者になることができる。

Answer

[A21]　昭和39年4月1日生まれの者は、令和6年（昭和99年に当たる）3月31日に**60歳**に達し、その日に被保険者の資格を喪失する。　ご p606/ ×

[A22]　**日本国内に住所を有する**60歳以上65歳未満の者であって第2号被保険者以外の者は、日本国籍を有しなくとも任意加入をすることができる。（平25択一）　ご p603/ ×

[A23]　強制加入被保険者には該当しないが、任意加入の申出をすると、その申出をした日に**任意加入被保険者の資格を取得**できる。（平29・令5択一）　ご p603/ ○

[A24]　**日本国内に住所**を有する**任意加入被保険者**が、保険料を滞納し、督促状で指定した期限までに保険料を納付しないときは、「**指定期限の翌日**」に資格を**喪失**する。（平29択一）
ご p606〜607/ ○

[A25]　**昭和40年4月1日以前**生まれの者が、国内居住者か、日本国籍を有する国外居住者であり、**老齢退職年金給付の受給権を有しない**ときは、特例による任意加入被保険者となることができる。（令3択一）　ご p604/ ○

【ポイント】
被保険者の**種別に変更**があった月は、**変更後の種別**の被保険者であった月とみなす。同一の月に**2回以上**の種別変更があった月は、**最後の種別**の被保険者であった月とみなす。

Question

Q26 特例による任意加入被保険者が、68 歳で老齢基礎年金の受給権を取得しても、その時点では資格を喪失しない。

Q27 被保険者の資格を取得した日の属する月にその資格を喪失したときは、その月は被保険者でなかった月とみなされる。

＜届出等＞

Q28 第２号被保険者となったときは、その者は厚生労働大臣にその旨を届け出なければならない。

Q29 第１号被保険者又はその世帯主は、①資格の取得及び喪失並びに種別の変更に関する事項、②氏名及び住所の変更に関する事項について、日本年金機構に届け出なければならない。

Q30 第３号被保険者としての被保険者期間について、届出が遅れたために保険料納付済期間に算入されない期間がある場合に、理由を問わず特例で算入されるのは、平成 17 年４月１日以後の期間である。

Answer

[A26]　老齢基礎年金の受給権を取得したときは、目的を達したので、その**翌日**に資格を**喪失**する。なお、厚生年金保険法において、老齢給付等の受給権を取得したときも、翌日に資格を喪失する。

こ p607/ ×

[A27]　被保険者の**資格を取得した月にその資格を喪失**したときは、その月を１カ月として**被保険者期間に算入**する。（平29択一）

こ p607/ ×

[A28]　**第２号被保険者**は、厚生年金保険等で**事業主等が加入手続きを行う**ため、本人の届出を要しない。（平27択一）

こ p610/ ×

[A29]　第１号被保険者又はその者が属する世帯の世帯主は、設問の事項を**市町村長**に届け出なければならない。（平19択一）

こ p608～609・610/ ×

[A30]　理由を問わず特例で算入されるのは、**平成17年４月１日前**の期間である。平成17年４月１日以後の期間については、やむを得ない事由がある場合に限る。（平29・令４択一）

こ p611/ ×

【ポイント】　Q 26
任意加入被保険者の目的…受給資格期間を満たすため又は高額の老齢基礎年金を受給するため。
特例による任意加入被保険者の目的…受給資格期間を満たすため。（令３択一）

Section 3. 通 則

Question

Q31 給付を受ける権利は、その権利を有する者の請求に基づいて、厚生労働大臣が裁定する。

Q32 国民年金の年金たる給付を受ける権利を裁定する場合において、当該年金給付の額又はその加算額に1円未満の端数が生じたときは1円未満を切り捨てて算定する。

Q33 船舶又は航空機の事故により生死が3カ月間わからない場合、行方不明となったときから3カ月経過した時点で死亡したものと推定し、死亡に関する給付を行う。

Q34 未支給の年金給付を受け取ることができる遺族の範囲は、その者の死亡の当時生計を同じくしていた配偶者、子、父母、孫、祖父母、兄弟姉妹又はこれらの者以外の三親等内の親族である。

Q35 老齢基礎年金と遺族厚生年金は、受給権者が65歳以上であれば併給される。

Answer

[A31]　なお、第1号被保険者期間のみを有する老齢基礎年金に係る裁定請求の受理・審査に関する事務は、**市町村長**が行う。 ご p614/ ○

[A32]　**50銭未満が切り捨て**となり50銭以上1円未満は1円に切り上げる。加算額とそれ以外の給付とそれぞれについて端数処理をする。 ご p615/ ×

[A33]　死亡の推定は、**船舶**又は**航空機**が**沈没**、**墜落**、**行方不明となった日**又は**その者が行方不明となった日にその者は死亡したものと推定**する。（平29択一） ご p616/ ×

[A34]　配偶者、子、父母、孫、祖父母、兄弟姉妹又は**これらの者以外の三親等内の親族**であって、その者の死亡当時その者と**生計を同じく**していた者は、未支給年金を請求することができる。 ご p616/ ○

[A35]　記述のとおり。また、障害基礎年金は、65歳以後は、**老齢厚生年金**又は**遺族厚生年金**と併給される。 ご p618/ ○

【ポイント】
年金は、支給すべき事由が生じた日の属する月の**翌月**から、権利が消滅した日の属する**月**まで支給する（平27択一）。支給停止も**翌月**からその**月**までである。（平29択一）

Section
4. 老齢基礎年金

Question

＜支給要件、年金額＞

Q36 保険料納付済期間が１年未満であっても、合算対象期間を合わせて10年を有する者は、老齢基礎年金が支給される。

Q37 老齢基礎年金の受給権は、障害基礎年金の受給権を取得したときは消滅する。

Q38 老齢基礎年金の満額の年金額は「780,900円×改定率」であり、新規裁定者の場合、令和５年度の改定率は1.018のため、795,000円とされている。

Q39 60歳から64歳までの任意加入被保険者として保険料を納付していた期間は、保険料納付済期間となるが、60歳から64歳まで第１号厚生年金被保険者であった期間は、保険料納付済期間として反映されない。

Q40 第３号被保険者期間は、すべて保険料納付済期間となる。

Q41 平成21年４月以後の保険料４分の１免除期間は、原則、４分の３が老齢基礎年金の額に反映される。

年金額計算のルールは興味をもって挑戦。
合算対象期間は、暗記ものと思い学習しましょう。

Answer

[A36] **保険料納付済期間**と**合算対象期間**を合わせ受給資格期間である **10 年**を満たしているため、**保険料納付済期間の月数**を反映した老齢基礎年金が支給される。（令元択一）

ⓒ p622/ ○

[A37] 老齢基礎年金の受給権は、**受給権者が死亡したとき**に消滅する。設問の場合は、**一人一年金の原則**により、老齢基礎年金か障害基礎年金を**選択**する。 ⓒ p617・638/ ×

[A38] 2級の障害基礎年金の額、遺族基礎年金の基本的な額も、令和5年度に 67 歳以下の者は 795,000 円である。

ⓒ p594・626/ ○

[A39] 国民年金に**任意加入し保険料を納付**していた期間は、国民年金の被保険者期間のうち**保険料納付済期間**となる。第1号厚生年金被保険者であった期間のうち保険料納付済期間として反映されるのは、**20 歳から 60 歳まで**の期間とされている。（令4・5択一） ⓒ p623/ ○

[A40] 直接には保険料を納付していないが、**第2号被保険者の保険料とともに**国民年金に拠出されている（「**基礎年金拠出金**」という）ため、保険料納付済期間となる。 ⓒ p623/ ○

[A41] 「4分の3」ではなく「**8分の7**」である。例えば、平成 21 年4月以後の保険料4分の1免除期間が 72 月あるときは、63 月が老齢基礎年金の額に反映される。 ⓒ p626/ ×

Question

Q42 平成21年4月以後の保険料半額免除期間は、原則、8分の5が老齢基礎年金の額に反映される。

Q43 学生納付特例期間は、追納しなくても、その期間の原則として2分の1が老齢基礎年金の年金額に反映される。

Q44 調整期間以外の期間における新規裁定者（68歳到達年度前の受給権者）の改定率の改定は、原則として、物価変動率を基準として改定する。

<合算対象期間>

Q45 昭和61年4月1日以後で、第2号被保険者期間のうち20歳に達した日の属する月前の期間及び60歳に達した日の属する月以後の期間は、老齢基礎年金の適用については、合算対象期間である。

Q46 脱退手当金の計算の基礎となった期間のうち昭和36年4月1日以後の期間（大正15年4月2日以後に生まれた者で昭和61年4月1日以後65歳に達する日の前日までの間に保険料納付済期間又は保険料免除期間を有することとなった場合に限る）は、合算対象期間である。

Q47 旧国民年金法の任意脱退の承認に基づき、国民年金の被保険者期間とされなかった期間は、合算対象期間とされる。

Answer

[A42]　「８分の５」ではなく「**４分の３**」である。例えば、平成 21 年４月以後の保険料半額免除期間が 40 月あるときは、30 月が老齢基礎年金の額に反映される。　ご p626/ ×

[A43]　学生納付特例期間は、追納しない限り、**老齢基礎年金の額に反映されない**。（令４択一）　ご p623/ ×

[A44]　**新規裁定者**（68 歳到達年度前）の改定率は、原則として「**名目手取り賃金変動率**」を基準として改定し、**既裁定者**（68 歳到達年度以後）の改定率は、原則として「**物価変動率**」を基準として改定する。　ご p630/ ×

[A45]　第２号被保険者期間のうち **20 歳前**及び **60 歳以後**の期間は「**合算対象期間**」として取り扱われ、老齢基礎年金の年金額の計算の基礎としない（＝カラ期間）。（平 28・令４・５択一）　ご p624/ ○

[A46]　**脱退手当金**の計算の基礎となった期間のうち設問の期間は、**合算対象期間**である。（平 25 択一）　ご p625/ ○

[A47]　旧国民年金法の**任意脱退の承認**に基づき、“国民年金の被保険者期間とされなかった” 期間は、**合算対象期間**とされる。（平 23 択一）　ご p624/ ○

Question

Q48 昭和 61 年４月１日前の期間で、任意加入できた期間のうち被保険者とならなかった期間（60 歳前の期間に限る）は、合算対象期間とされる。

Q49 昭和 36 年４月１日から昭和 61 年３月 31 日までの任意加入未納期間は、合算対象期間とされる。

Q50 日本国籍を有し日本国内に住所を有しなかった期間（20 歳以上 60 歳未満の期間に限る）のうち、昭和 36 年４月１日から昭和 61 年３月 31 日までの期間は、合算対象期間とされる。

Q51 日本国内に住所を有する外国人が国民年金法の適用が除外されていたのは、昭和 61 年３月 31 日までである。

<繰上げ支給>

Q52 令和４年４月１日以後に 60 歳に達する者が、60 歳に到達した月に老齢基礎年金の支給繰上げを行うと、30 %減額された老齢基礎年金が支給される。

Answer

[A48] 昭和61年4月1日以後の期間で、国民年金に**任意加入できた期間**のうち**被保険者とならなかった期間**（第2号被保険者又は第3号被保険者の期間を除き、**60歳前**の期間に限る）も、同様に**合算対象期間**とされる。（平23択一）

こ p624/ ○

[A49] 任意加入となったが保険料を納付しなかった場合の期間を「**任意加入未納期間**」といい、合算対象期間として扱われる。（平26択一） こ p624・625/ ○

[A50] **日本国籍を有し日本国内に住所を有しなかった期間**のうち、**昭和36年4月1日から昭和61年3月31日まで**の期間は、**合算対象期間**とされるが、**20歳以上60歳未満**の期間に限られている。（平14択一） こ p625/ ○

[A51] "昭和61年3月31日"ではなく、"**昭和56年12月31日**"である。（平25択一） こ p625/ ×

[A52] 24％（**0.4％×60月**）を減額された老齢基礎年金が、**生涯を通じて支給**される。 こ p634～635/ ×

【ポイント】
「**合算対象期間**」は、主に「任意加入できる期間に任意加入しなかった」期間＝**保険料を納めていない期間**であり、保険料を納めた期間は一部を除き「**保険料納付済期間**」となる。「合算対象期間」は老齢基礎年金の年金額には反映されない。そのため「**カラ期間**」ともいわれる。

Question

Q53 繰上げ請求をした老齢基礎年金の受給権は、請求を行った日の翌日に発生し、その日の属する月の翌月から支給が開始される。

Q54 寡婦年金の受給権者が老齢基礎年金を繰上げ受給したときは、寡婦年金の受給権は消滅する。

Q55 60 歳以上 65 歳未満の任意加入被保険者は、老齢基礎年金の繰上げ支給の請求をすることができる。

Q56 昭和 36 年４月１日以前生まれの者であって繰上げ支給の老齢基礎年金を受給している者が、国民年金の被保険者となったときは、その間、その支給を停止する。

<繰下げ支給>

Q57 66 歳に達する前に老齢基礎年金の裁定請求をした者は、老齢基礎年金を繰り下げて受給することはできない。

Q58 60 歳代前半の老齢厚生年金の支給を受けていた者は、老齢基礎年金の支給繰下げの申出をすることができる。

Q59 繰下げによる増額率は、0.7 %に、受給権を取得した日の属する月から繰下げの申出をした日の属する月の前月までの月数（その月数が 120 を超えるときは 120）を乗じて得た率である。

Answer

[A53]　受給権は、請求を行った**日**に発生する。実際の年金の支給は受給権が発生した日の属する月の「**翌月**」から開始される。（平 29 択一）　ご p634/ ×

[A54]　65 歳に達しているとみなされるため、**寡婦年金の受給権は消滅**する。（平 29・令 5 択一）　ご p635/ ○

[A55]　任意加入被保険者は、**繰上げ請求できない**。繰上げ支給の受給権者が**任意加入被保険者**となることもできない。（平 21 選択）　ご p634/ ×

[A56]　**昭和 16 年 4 月 1 日以前**生まれの者が、厚生年金保険などに加入し国民年金の**第 2 号被保険者**となったときは、その間、老齢基礎年金は**全額支給停止**される。　ご p636/ ×

[A57]　老齢基礎年金の受給権を取得した日から 1 年経過する前に裁定請求をした者は、支給の繰下げはできない。（令元択一）　ご p636/ ○

[A58]　老齢基礎年金を繰り下げて受給することができる。ただし**65 歳に達したとき**又は**65 歳に達した日までの間**に、①他の年金給付（付加年金を除く）、又は②厚生年金保険法による年金たる保険給付（**老齢**を支給事由とするものを**除く**）の受給権者となったときは、繰下げはで**きない**。（平 17・令元択一）　ご p636・637/ ○

[A59]　正しい。繰下げできるのは、最大 10 年である。最大で、**0.7 %×120 月＝84 %**の増額が可能となっている。なお、昭和 16 年 4 月 1 日以前生まれの者は、繰下げ増額率が年単位とされていた。（平 30 選択）　ご p638/ ○

Question

Q60 老齢基礎年金の繰下げ支給を受ける場合、付加年金についても繰下げ支給が行われるが、付加年金については、繰下げによる一定割合の加算は行われない。

Q61 65 歳で受給権を取得し、繰下げの申出をすることができる者が、71 歳の時に老齢基礎年金の請求をし、繰下げ申出をしない場合は、直近５年分は受給できるがその前の分は時効消滅する。

<振替加算>

Q62 振替加算の対象となる者は、大正 15 年４月２日から昭和 61 年４月１日までの間に生まれた一定の者である。

Q63 老齢基礎年金を繰下げ受給したときは、振替加算も増額される。

Q64 老齢基礎年金の受給権者が、障害基礎年金、障害厚生年金の支給を受けることができるときは、その間、振替加算の支給を停止する。

Q65 振替加算が行われている老齢基礎年金の受給権者が離婚しても、当該加算部分は支給停止されない。

Q66 合算対象期間と学生納付特例期間を合算した期間のみが 10 年以上あり、老齢基礎年金の受給権があるものとみなされたものに対する老齢基礎年金の額は、振替加算額に相当する額である。

Answer

[A60]　老齢基礎年金の繰下げ支給を受けると、付加年金についても**老齢基礎年金**と同様の**一定割合が加算**される。（令5択一）

ご p638・660/ ×

[A61]　この場合、請求をした日の**5年前の日**（66歳）に**繰下げ申出があったとみなす**。その前の1年は繰下げ待機期間となり、8.4％増額される。

ご p638/ ×

[A62]　「昭和61年」は「**昭和41年**」である。なお、振替加算の額は、**224,700円×改定率×生年月日に応じた率**である。

ご p632/ ×

[A63]　繰上げ・繰下げによる減額・増額はない。なお、老齢基礎年金を繰り上げたときは、**65歳から**振替加算が行われる。（平30択一）

ご p633/ ×

[A64]　老齢基礎年金の受給権者が障害基礎年金、障害厚生年金等、障害を支給事由とする年金給付の支給を受けることができるときは、その間、**振替加算に相当する額の支給を停止する**。（平30・令3択一）

ご p633～634/ ○

[A65]　なお、離婚分割により離婚時みなし被保険者期間が加わったことで、"厚生年金保険240月以上" とみなされて支給停止される場合はある。（平15・21択一）

ご p634/ ○

[A66]　**合算対象期間**と**学生納付特例期間**を合算して**10年以上**ある場合、原則として老齢基礎年金は支給されないが、例外として、**振替加算額相当額の老齢基礎年金**が支給されることがある。（平27択一）

ご p633/ ○

Section
5. 障害基礎年金

Question

Q67 障害基礎年金は、障害認定日において、被保険者又は被保険者であった一定の者に支給される。

Q68 初診日とは、初めて医師又は歯科医師の診療を受けた日をいい、当該初診日において、保険料納付要件が問われる。

Q69 初診日が令和８年４月１日前にある場合は、初診日の属する月の前月までの１年間に、保険料の滞納期間がなければ、保険料納付要件を満たすとされている。ただし、初診日において65歳未満の者に限られる。

Q70 障害基礎年金の保険料納付要件に係る保険料免除期間には、学生納付特例期間及び納付猶予期間も含まれる。

Q71 厚生年金保険の被保険者期間のうち20歳前と60歳以後の期間は、障害基礎年金では保険料納付済期間とされる。

Q72 初診日から起算して１年６カ月を経過する日前でも、障害等級が認定されることがある。また、傷病が治っていなくても初診日から起算して１年６カ月を経過した日が障害認定日となる。

事後重症、基準傷病などは、厚生年金保険法とも共通。国民年金で、考え方を身につけましょう。

Answer

[A67]「**初診日において**」被保険者又は被保険者であった者が、一定の要件を満たせば支給されるが、「初診日に被保険者であった者」は、日本国内に住所を有し、かつ、60 歳以上 65 歳未満であることが必要である。 ご p639/ ×

[A68] 保険料納付要件は、**初診日の前日**でみる。具体的には、“当該初診日の属する月の前々月” までに**被保険者期間**があり、かつ、被保険者期間に係る「保険料納付済期間」と「保険料免除期間」とを合算した期間が、当該被保険者期間の**3分の2**以上（原則）あれば、保険料納付要件を満たす。（令元択一）

ご p639・640/ ×

[A69] 前月ではなく**前々月**である。例えば、令和６年７月１日が初診日である場合は、令和６年５月までの**1年間**に保険料滞納期間がなければよい。特例による任意加入被保険者等は、65 歳以上なのでこの特例は適用されない。（令３択一）

ご p640/ ×

[A70] 例えば、被保険者期間のすべてが学生納付特例期間（１円も納付していない）でもよい。（令元択一） ご p639/ ○

[A71] なお、この期間は老齢基礎年金では合算対象期間とされる。（平 24 択一） ご p640/ ○

[A72] **障害認定日**とは、初診日から起算して**１年６カ月を経過した日**又はその期間内にその傷病が治った場合には、**その治った日**をいう。（平 27・令４択一） ご p639/ ○

Question

Q73 障害認定日に障害等級１級又は２級に該当しなかった者が、同日後 65 歳に達する日の前日までの間に、障害等級２級に該当したときは、その期間内に障害基礎年金を請求できる。

Q74 事後重症の障害基礎年金の請求は、障害厚生年金の受給権者について障害等級３級から２級に額の改定が行われた場合であっても行わなければならない。

Q75 はじめて２級による障害基礎年金（基準傷病）は、65 歳に達する日の前日までに基準障害と先発障害を併合して障害等級１級又は２級に該当し、かつ 65 歳に達する日の前日までに請求しなければならない。

Q76 障害基礎年金の受給権者に、さらに障害基礎年金を支給すべき事由が生じたときは、前後の障害を併合した障害基礎年金が支給され、従前の障害基礎年金は支給停止される。

Q77 旧国民年金法による障害年金の受給権者に対して、障害基礎年金を支給すべき事由が生じたときは、併合された障害の程度による障害基礎年金が支給され、従前の障害年金の受給権は消滅する。

Q78 障害等級１級の者に支給する障害基礎年金の額は、障害等級２級の者に支給する額の 100 分の 200 に相当する額である。

Answer

[A73] これを**事後重症**という。なお、同一の傷病により、旧国民年金法、旧厚生年金保険法による障害年金又は共済組合が支給する障害年金の受給権を有していたことがあれば支給されない。(平 21 択一) ご p641〜642/ ○

[A74] 障害厚生年金の受給権者について障害等級３級から２級に額の改定が行われた場合には、**あらためて事後重症の障害基礎年金の請求を行う必要はない。** ご p642/ ×

[A75] **はじめて２級による障害基礎年金**（**基準傷病**）は、65 歳に達する日の前日までの間に前後の障害を併合して障害等級１級又は２級に該当すればよく、**65 歳に達する日の前日までに請求する必要はない。**(平 29 択一) ご p642〜643/ ×

[A76] 「前後の障害を**併合**した障害の程度による障害基礎年金」が支給されるが、その場合、**従前**の障害基礎年金の受給権は**消滅**する。(令元・３択一) ご p644/ ×

[A77] 従前の**旧国民年金法による障害年金の受給権は消滅しない**。Q 76 が原則であるが、旧法の障害年金の受給権を有する場合には、併合された新法の障害基礎年金との**選択**になる。(令元択一) ご p644/ ×

[A78] 正しくは **100 分の 125** に相当する額である。(平 30 択一) ご p645/ ×

Question

Q79 障害基礎年金の受給権者が、その受給権発生後に生計維持関係にある子を有するに至っても、その後、当該子に係る子の加算は行われない。

Q80 障害基礎年金の子の加算額は、３人目の子からは 74,900 円×改定率となる。

Q81 障害基礎年金の加算額の対象となっていた子が受給権者の父の養子となっても、年金額は減額改定されない。

Q82 障害基礎年金の加算対象者である子が 18 歳に達した日以後の最初の３月 31 日が終了したときは、障害状態にかかわらず該当月の翌月から障害基礎年金が減額改定される。

Q83 子の加算の対象となっていた子が婚姻をしたときは、18 歳到達年度末が終了していなくても、翌月から障害基礎年金の額を改定する。

Q84 障害基礎年金の受給権者は、65 歳に達した日以後にその障害の程度が増進したときは、障害基礎年金の額の改定を請求することはできない。

Q85 障害の程度が増進したことが明らかである場合を除き、障害基礎年金の受給権を取得した日、又は厚生労働大臣の診査を受けた日から起算して１年を経過した日後でなければ、当該障害基礎年金の額の改定請求はできない。

Answer

[A79]　障害基礎年金の受給権者が、その受給権発生後に生計維持関係にある子を有するに至った場合には、その**翌月**から、子の加算額が**加算**される。（平 25 択一）　ご p645/ ×

[A80]　**2 人目までは 224,700 円×改定率**、**3 人目以降**が**74,900 円×改定率**である。（平 21 択一）　ご p645/ ○

[A81]　受給権者の**配偶者以外**の者の養子となったときは、その日の属する月の**翌月**から年金額を減額改定する。
ご p646/ ×

[A82]　18 歳に達した日以後の最初の 3 月 31 日が終了したとしても、当該子が**障害等級 1 級又は 2 級に該当**する障害の状態にあるときは、減額改定の対象とはならない。　ご p646/ ×

[A83]　子が**婚姻**したときは、**翌月**から障害基礎年金の額を改定する。　ご p646/ ○

[A84]　障害の程度が増進したことによる額の改定請求は、原則として、**65 歳以後でも請求できる**。（平 29 択一）
ご p647/ ×

[A85]　**障害の程度が増進したことが明らか**な場合には、1 年を経過しなくとも当該障害基礎年金の額の改定請求が**できる**。（平 26・令 2・5 択一）　ご p646〜647/ ○

Question

Q86

障害基礎年金の受給権者に、さらに障害等級2級に該当しない程度の障害（その他障害）が発生し、障害の程度が増進したときは、65歳に達する日の前日までに、年金額の改定を請求できる。

Q87

障害基礎年金は、受給権者が障害等級に該当する程度の障害の状態に該当しなくなったときは、その障害の状態に該当しない間、その支給を停止する。

Q88

障害基礎年金は、受給権者が日本国内に住所を有しない間、その支給を停止する。

Q89

障害基礎年金（20歳前傷病に係るものを除く）は、その受給権者が当該傷病による障害について、労災保険法の規定による障害補償年金を受けることができるときでも、その支給は停止されない。

Q90

64歳の時に障害厚生年金の3級程度の障害の状態に該当しなくなった者が65歳に達したときは、障害基礎年金の受給権は消滅する。

Q91

正当な理由なく療養に関する指示に従わず、障害の程度を増進させた者に対する障害基礎年金は、その全部の支給を行わない。

Answer

[A86] これを**その他障害**による障害基礎年金という。繰上げ支給の老齢基礎年金の受給権者は**65 歳以上**とみなされ、改定請求できない。（平 26 択一）
こ p647/ ○

[A87] この場合に、その他障害と併合して障害等級 2 級以上となったときは、支給停止が解除される。（令 4 選択）
こ p648/ ○

[A88] 設問の場合、**20 歳前に初診日**がある障害に基づく障害基礎年金については、支給停止されるが、それ以外のものについては、**支給停止されない**。（令 4 択一）
こ p648〜649/ ×

[A89] 労災保険法による障害補償年金を受けることができるときであっても、その**支給は停止されない**。なお、20 歳前傷病による障害基礎年金は支給停止となる。（令元択一）
こ p276・648/ ○

[A90] 原則として、障害等級 3 級に該当しない者が、**65 歳に達したとき**に失権する。ただし、65 歳に達した日に、障害等級 3 級の状態に該当しなくなった日から起算して **3 年**を経過していないときは **3 年を経過したとき**に消滅する。（令元択一）
こ p647〜648/ ×

[A91] 「**全部**又は**一部**」を**行わない**ことができる。（平 26 選択）
こ p668/ ×

Question

＜20歳前傷病による障害基礎年金＞

Q92 国民年金法30条の4の規定による障害基礎年金（いわゆる20歳前傷病による障害基礎年金）の支給決定では、受給権者となる者の保険料納付要件は問われない。

Q93 初診日に20歳未満の第2号被保険者が、障害認定日において障害等級に該当する程度の障害状態にあれば、その後20歳に達した日に、障害基礎年金の受給権が発生する。

Q94 いわゆる20歳前傷病による障害基礎年金は、受給権者の前年の所得額により全部又は2分の1が支給停止され、支給停止期間はその年の10月から翌年の9月までである。

Q95 いわゆる20歳前傷病による障害基礎年金は、少年院等に収容されているとき（厚生労働省令で定める場合に限る）は、その間、その支給を停止する。

Q96 20歳前傷病による障害基礎年金の受給権者は、原則として、指定日までに、指定日前3月以内に作成された障害基礎年金所得状況届等を日本年金機構に提出しなければならない。

[A92] 「**20歳前傷病**による障害基礎年金」は、国民年金の被保険者でない20歳前に発生した傷病による障害について**福祉政策**の観点から支給されるものであるため、受給権者となる者の**保険料納付要件は問われない**。 ㋙ p649/ ○

[A93] **初診日に被保険者である者**は、国年法30条の（本来の）**障害基礎年金の受給権が発生する**。したがって、20歳未満でも要件を満たすと障害基礎年金は支給される。（平22・令5択一） ㋙ p643/ ×

[A94] 20歳前傷病による障害基礎年金は、福祉的な意味もあるため、**国内居住要件**や**所得要件**等の**制限**がある。（平30・令5択一） ㋙ p649～650/ ○

[A95] **少年院**その他これに準ずる施設に収容されているとき、又は刑事施設、労役場その他これらに準ずる施設に拘禁されているとき（厚生労働省令で定める場合に限る）は、**支給停止**される。（平30・令3・5択一） ㋙ p649/ ○

[A96] 「3月」ではなく「**1月**」である。指定日までに提出する書類は、**障害基礎年金所得状況届**、**受給権者**（前年の所得が370万4千円を超えるものに限る）**の控除対象扶養親族の有無及び数**についての**市町村長の証明書**などがある。（令4択一） ㋙ p650/ ×

Section
6. 遺族基礎年金

Question

Q97 被保険者が死亡したとき、又は被保険者であった者であって日本国内に住所を有し、かつ、60 歳以上 65 歳未満であるものが死亡したときの遺族基礎年金は、保険料納付要件を問われる。

Q98 老齢基礎年金の受給権者（保険料納付済期間と保険料免除期間及び合算対象期間を合算して 25 年以上である者に限る）又は保険料納付済期間と保険料免除期間及び合算対象期間を合算して 25 年以上である者が死亡したときは、保険料納付要件を問わず遺族基礎年金を支給する。

Q99 昭和 26 年 4 月 1 日生まれの男子は、40 歳（船員・坑内員は 35 歳）に達した月以後の第 1 号厚生年金被保険者期間が 19 年以上あれば、25 年以上の要件を満たす。

Q100 遺族基礎年金の保険料納付要件をみる場合、厚生年金保険の被保険者期間のうち、昭和 61 年 4 月前の期間及び 20 歳前と 60 歳以後の期間は、保険料納付済期間に含めない。

【ポイント】［旧法の年金の裁定替え］
昭和 61 年 3 月 31 日において、**母子福祉年金**又は**準母子福祉年**

老齢・障害に比べて得点しやすい項目です。
支給停止や失権は、正確に覚えましょう。

Answer

[A97]　保険料納付要件は、障害基礎年金と同様である（“初診日”を“死亡日”と読み替える）。（平30・令4択一）

ご p651/ ○

[A98]　平成29年改正により老齢基礎年金の受給資格期間は25年から10年に短縮されたが、遺族基礎年金については改正されていない。（令4択一）　ご p651/ ○

[A99]　大正15年4月2日から昭和26年4月1日までの間に生まれた者は、**40歳**（**女子、船員・坑内員**は**35歳**）に達した月以後の**第1号厚生年金被保険者期間**が**15年から19年以上**あれば、遺族基礎年金の受給要件**25年**を満たす。（平28択一）

ご p652・653/ ○

[A100]　厚生年金保険の被保険者期間のうち**昭和61年4月前**の期間及び**20歳前と60歳以後**の期間は、**障害基礎年金及び遺族基礎年金**では**保険料納付済期間**とみなされる。なお、**老齢基礎年金**では**合算対象期間**となる。（平30択一）

ご p640・651/ ×

金の受給権を有する者については、昭和61年4月1日以後、**遺族基礎年金**を支給する。

Question

Q101

生計を維持されていた配偶者であっても、遺族基礎年金の受給権を有する子と生計を同じくしなければ、当該配偶者は遺族基礎年金の受給権者となれない。

Q102

遺族基礎年金の受給権者となる「子」には、被保険者又は被保険者であった者の死亡後、18歳到達年度末までの間に障害等級1級又は2級の障害の状態となり20歳未満である子も含まれる。

Q103

被保険者の死亡当時、胎児であった子が生まれたときは、妻はその子と生計を同じくしていたものとみなされ、死亡当時に遡って遺族基礎年金が支給される。

Q104

死亡した男性と前妻との間に15歳の子があり、その子と当該男性の後妻が生計を同じくしている場合、後妻と子の間に法的な養子縁組関係がなければ、子のみが遺族基礎年金の受給権者となる。

Q105

死亡した夫との間には子がなく、自分と前夫の間に5歳の子がある女性は、当該子が死亡した夫と養子縁組をしていなくても遺族基礎年金を受給することができる。

Q106

遺族基礎年金の受給権者が18歳到達年度末までの子が3人いる妻である場合、780,900円×改定率に224,700円×改定率、74,900円×改定率×2を加算した額が支給される。

Answer

[A101] 配偶者については、**遺族基礎年金の受給権を有する子と生計を同じく**していなければ、遺族基礎年金の受給権者になることはできない。（平 29 択一） ⓒ p654/ ○

[A102] 「**子**」には、被保険者又は被保険者であった者の死亡後に障害要件を満たした子も含まれるが、**18 歳到達年度末終了後の障害は考慮されない**。（平 16・令 4 択一） ⓒ p654/ ○

[A103] 死亡当時に遡らない。胎児は出生のときに、被保険者の死亡当時その者により生計を維持していた子とみなし、妻は死亡当時、その子と生計を同じくしていたものとみなされ、**将来に向かって**遺族基礎年金の受給権が発生する。（令 3・5 択一） ⓒ p654/ ×

[A104] 「**配偶者**」「**子**」は、それぞれ、**死亡した者との関係**を指す。残された配偶者と子に法的な養子縁組関係がなくてもよい。設問では後妻は遺族基礎年金を受給できる。（令 3 択一） ⓒ p599・617・654/ ×

[A105] 配偶者は、**死亡した者の法律上の子**と生計を同じくしていなければ、遺族基礎年金を受給できない。（令 3 択一） ⓒ p654/ ×

[A106] **配偶者**（設問では妻）に支給する遺族基礎年金に加算される**子の加算額**は、**2 人目まで**は「**224,700 円 × 改定率**」、**3 人目以降**は「**74,900 円×改定率**」である。設問の場合は子は 3 人であり、加算額は「224,700 円×改定率 × 2」「74,900 円×改定率」となる。（令 3 択一） ⓒ p654/ ×

Question

Q107 配偶者に支給する遺族基礎年金は、加算の対象となっていた子（２人以上に限る）のうちの１人が婚姻をしたときは、その該当することとなった日の属する月の翌月から年金額を改定する。

Q108 遺族基礎年金の受給権者である子が、祖母の養子となっても、失権しない。

Q109 遺族基礎年金の受給権者である妻は、再婚すれば失権するが、子の遺族基礎年金の受給権は、子が再婚した妻の夫の養子となっても失権しない。

Q110 子の有する遺族基礎年金の受給権は、離縁によって、死亡した被保険者又は被保険者であった者の子でなくなったときは、消滅する。

Q111 子の有する遺族基礎年金の受給権は、17 歳の時に障害等級１級又は２級の障害の状態に該当しなくなっても、その時点では消滅しない。

Q112 遺族基礎年金は、労災保険法の遺族補償年金が支給されるときは、その間、その支給を停止する。

Answer

[A107] 子が**婚姻**（事実婚を含む）をすると、その子は加算の対象から**除外される**ため、配偶者に支給する年金額は**減額**され、その翌月から改定される。 こ p654～656/ ○

[A108] 子が**直系**血族又は**直系**姻族の養子となったときは、**失権しない**（平7・16・令元・5択一）。「直系」と「傍系」の違いに注意すること。 こ p656/ ○

[A109] 妻（配偶者）は再婚したため失権するが、子は**直系姻族の養子**となったため遺族基礎年金の受給権は失権しない。（令元択一） こ p656/ ○

[A110] 死亡した被保険者等と**親族関係が終了**するため、遺族基礎年金の受給権は**失権**する。 こ p657/ ○

[A111] 障害等級1級又は2級の障害の状態に該当しなくなっても、**18歳到達年度末まで**は、失権しない。 こ p657/ ○

[A112] 遺族補償年金が支給されても支給停止されない。**労働基準法の遺族補償が**行われるべきものであるときは、6年間支給停止となる。（平20・26択一） こ p657/ ×

> **【ポイント】**
> **Q 108** 子のある配偶者の場合、すべての子が**直系血族又は直系姻族の養子**となったときは、**配偶者の受給権は消滅**するが、**子の受給権は消滅しない**。なぜならば、配偶者は、生計を同じくする子がいなくなるので、要件に該当しなくなる。子は、直系血族又は直系姻族の養子となったため、受給権は消滅しない。

Question

Q113

遺族基礎年金の受給権を有する子が２人以上ある場合において、その子のうち１人以上の子の所在が１年以上明らかでないときは、他の子の申請により、１年を経過したときから、その支給を停止する。

Q114

子に対する遺族基礎年金は、夫が遺族基礎年金の受給権を有するとき（その支給を停止されているときを除く）は、その間、その支給を停止する。

Q115

配偶者に対する遺族基礎年金が、配偶者の申出により支給停止されている間でも、子に対する遺族基礎年金は支給停止される。

Q116

子に対する遺族基礎年金は、生計を同じくするその子の父若しくは母があるときも支給される。

Q117

遺族基礎年金は、被保険者又は被保険者であった者を故意に死亡させた者には、支給されない。

Q118

遺族基礎年金の受給権は、他の受給権者を重大な過失によって死亡させたときは、消滅する。

Answer

[A113]　子のうち1人以上の**子の所在が1年以上明らかでない**ときは、他の子の申請により、その**所在が明らかでなくなった時にさかのぼって**、その**支給が停止**される。（平15択一）

こ p658/ ×

[A114]　配偶者が遺族基礎年金を受給している間は、**子の遺族基礎年金は支給停止**される。　こ p657〜658/ ○

[A115]　子に対する遺族基礎年金は、配偶者が遺族基礎年金の受給権を有するときは支給停止されるが、設問の場合は**支給停止が解除**される。（平28択一）　こ p658/ ×

[A116]　生計を同じくするその子の**父**若しくは**母**があるときは、子に対する遺族基礎年金はその間、**支給停止**される。（平30択一）　こ p658/ ×

[A117]　遺族基礎年金、寡婦年金又は死亡一時金は、被保険者又は被保険者であった者を**故意に死亡させた者**には**支給しない**。（令元択一）　こ p668/ ○

[A118]　遺族基礎年金の受給権は、他の受給権者を**故意に**死亡させたときは、消滅する。　こ p668/ ×

【ポイント】

子の受給権は、**20歳**に達したときは失権するが、18歳の場合は、18歳ではなく、「**18歳に達した日以後の最初の3月31日が終了したとき**」に失権する。

Section 7. 第１号被保険者の独自給付

Question

<付加年金>

Q119 付加年金は、付加保険料に係る保険料納付済期間を有する者が、老齢基礎年金の受給権を取得したときに支給される。

Q120 付加保険料納付済期間が 156 月ある場合の付加年金の額は、原則として 31,200 円である。

Q121 付加年金は、老齢基礎年金がその全額につき支給停止されているときでも支給停止されない。

<寡婦年金>

Q122 寡婦年金の額は、第１号被保険者としての保険料納付済期間と保険料免除期間を基礎とし、老齢基礎年金の計算の例により算出した額の３分の２相当額である。

Q123 寡婦年金は、寡婦が少なくとも 60 歳に達しなければ支給されない。

覚えていれば得点につながる項目。複雑な事項も少ないので、取りこぼしなく学習しましょう。

Answer

[A119]　**1月でも付加保険料を納付した者**は、老齢基礎年金の受給権を取得したときに付加年金が支給される。　ご p659/ ○

[A120]　付加年金の額は、**200円×付加保険料納付済期間の月数**である。設問の場合、200円×156月＝31,200円となる。なお、納付した付加保険料は400円×156月＝62,400円であり、2年で元が取れる。（平27・28・令4択一）　ご p659/ ○

[A121]　付加年金は、老齢基礎年金の支給が全額停止されている間は**全額支給停止**となる。（平25択一）　ご p660/ ×

[A122]　寡婦年金の額は、**老齢基礎年金**の額の“**4分の3**”となる。なお、老齢基礎年金の額の計算においては、「学生納付特例期間又は50歳未満納付猶予期間」は**除かれる**ため、これらは寡婦年金の額にも**反映されない**。（平28択一、令4選択）

ご p662/ ×

[A123]　寡婦年金の受給権が60歳未満で発生しても、実際の支給は、**60歳に達した日の属する月の翌月からである**。（平20択一）　ご p661/ ○

【ポイント】

付加年金の額は、**調整期間**でも**調整されない**。付加保険料の額も「400円」で**固定**されている。

Question

＜死亡一時金＞

Q124

65歳以上70歳未満の特例による任意加入被保険者が死亡したときは、その遺族の選択により、死亡一時金又は寡婦年金が支給される。

Q125

死亡一時金の額は、保険料納付済期間等の月数に応じて12万円から32万円までの範囲で定められているが、付加保険料納付済期間が３年以上ある者の遺族に支給する死亡一時金には、8,500円が加算される。

＜脱退一時金＞

Q126

国民年金の被保険者であるときや日本国内に住所を有する間は、脱退一時金を請求することはできない。

Q127

保険料納付済期間を１月、保険料４分の１免除期間を12月有する者は、他の要件を満たす限り脱退一時金を受給できる。

Q128

脱退一時金の支給額は基準月の属する年度における国民年金保険料の額×1/2×保険料納付済期間等の月数に応じて政令で定める数（最大60）である。

【ポイント】　Q124関連 **［特例任意加入被保険者］**

昭和40年4月1日以前に生まれ、**65歳以上70歳未満**で、老齢又は退職を支給事由とする年金給付の**受給権を有しない者**は、その受給権（老齢給付等の受給権）を取得するために、任意加入することができる。

Answer

[A124] **特例**による任意加入被保険者が死亡した場合は、**死亡一時金**が支給されることはあるが、**寡婦年金が支給されることはない。**（令2択一）　ご p604・661・663/ ×

[A125] 記述のとおり。「**8,500円**」は、寡婦年金等には加算されない。なお、死亡一時金の額には、**改定率の適用はない。**（平29・令2択一）　ご p664/ ○

[A126] 脱退一時金は、「短期滞在の外国人の保険料掛け捨て防止」の目的があり、**日本国内に住所がある**とき、**国民年金の被保険者である**ときは請求できない。（令2択一）　ご p665/ ○

[A127] **保険料4分の1免除期間**は**4分の3**の月数が算入される。このため、1月＋12月×3/4＝10月となり、支給要件の「**6月以上**」を満たす。（平29択一）　ご p665/ ○

[A128] 例えば、保険料納付済期間等を合計した月数が40月となった場合は、「36月以上42月未満」に該当し、政令で定める数は36となる。　ご p666〜667/ ○

① 特例任意加入被保険者は、**付加保険料**を納付できず、**保険料免除は受けられない。**
② 特例任意加入被保険者は、**死亡一時金は支給**されるが、**寡婦年金は支給されない。**

Section 8. 費用等

Question

<費用>

Q129 令和６年度の国民年金の保険料は、17,000円×保険料改定率（0.999）≒16,980円である。

Q130 平成16年１月１日生まれの国内居住者が、第２号被保険者及び第３号被保険者に該当しない場合は、第１号被保険者として令和５年12月分から保険料を納付することとなる。

Q131 市町村は、毎年度、被保険者に対し、各年度の各月に係る保険料について、保険料の額、納期限その他厚生労働省令で定める事項を通知する。

Q132 国民年金基金又は国民年金基金連合会は、国民年金の第１号被保険者の委託を受けて、保険料の納付に関する事務を行うことができる。

Q133 産前産後期間の保険料免除は、多胎妊娠であって出産予定月が３月の場合は、前年の12月からの６カ月間の保険料が免除される。

国民年金での出題率 No.1。保険料額をはじめ、免除制度も押さえておきたいです。

Answer

[A129]　令和6年度の国民年金の保険料は、**17,000円**×**0.999**（令和6年度保険料改定率）＝16,983円の**5円未満を切り捨て、**16,980円とされた。（令5択一）　ご p676/ ○

[A130]　平成16年1月1日生まれの国内居住者は、令和5年（平成35年に当たる）12月31日に**20歳**に達し、**12月分**から保険料が発生する。　ご p601・605・675/ ○

[A131]　市町村ではなく、**厚生労働大臣**が通知する。（平15・28択一）　ご p677/ ×

[A132]　**国民年金基金**又は**国民年金基金連合会**は、**国民年金基金の加入員**のみを対象として、その**委託**を受けて**保険料の納付に関する事務**を行うことができる。（令元択一）　ご p677/ ×

[A133]　多胎妊娠の場合は、3月前から出産予定月の翌々月までの**6カ月間**の保険料が免除される。（令元択一）

ご p677～678/ ○

【ポイント】［基礎年金拠出金］

「厚生年金保険の実施者たる**政府**」は、毎年度、基礎年金の給付に要する費用に充てるため、**基礎年金拠出金を負担**する。

「実施機関たる**共済組合等**」は、毎年度、基礎年金の給付に要する費用に充てるため、**基礎年金拠出金を納付**する。

Question

Q134 障害基礎年金の受給権を有する第１号被保険者は、法定免除事由に該当するため、保険料を納付することはできない。

Q135 法定免除により納付することを要しないものとされた期間に係る保険料について、既に前納していたときは、いかなる場合も当該保険料の還付を請求することはできない。

Q136 生活保護法による生活扶助以外の扶助を受ける者も、法定免除の対象となる。

Q137 保険料の免除申請があったときは、申請のあった日の属する月の２年２月（保険料の納期限に係る月であって、当該納期限から２年を経過したものを除く）前の月から当該申請のあった日の属する年の翌年６月までの期間のうち必要と認められる期間の保険料が免除される。

Q138 前年の所得が一定額以下であることによる保険料免除について、「一定の額」は、単身者の場合、４分の１免除は 168 万円、半額免除は 128 万円、４分の３免除は 88 万円である。

Answer

[A134] 法定免除事由に該当する被保険者等から**保険料を納付する旨の申出**があったときは、当該申出のあった期間に係る保険料について**納付することができる**。(平 29・令2択一)

ご p678〜679/ ×

[A135] **法定免除に該当した月分以後の分**については、還付を受けることができる。 ご p679/ ×

[A136] 生活保護法による**生活扶助**を受ける者は、法定免除の対象となる。**生活扶助以外**の扶助なら、**申請免除**等の対象となる。(令2択一) ご p678・680/ ×

[A137] **保険料免除**の申請をした場合、**厚生労働大臣が指定する期間**の保険料が免除されるが、厚生労働大臣が指定する期間は、設問のように規定されている。(平 26 択一)

ご p680/ ○

[A138] これらの免除は、**世帯主又は配偶者**が免除事由に該当しないときは免除されない。**学生納付特例**は**本人の所得のみ**で判断され、その所得要件は「128 万円以下」である。(平 29 選択) ご p682/ ○

【ポイント】 [保険料が免除される期間]

① **法定免除**……免除の要件に該当するに至った日の属する月の前月からこれに該当しなくなる日の**属する月**まで

② **その他の免除**……**厚生労働大臣**が指定する期間

Question

Q139 前年の所得が一定額以下であることによる保険料の申請免除について、扶養親族が２人の場合の「一定額」は137万円となる。

Q140 保険料の免除を受けた者は、追納の承認を受けた日の属する月以前10年以内の期間に限り、保険料を追納することができる。

Q141 遺族基礎年金の受給権者である50歳の被保険者は、厚生労働大臣の承認を受けて、過去の一定期間の保険料を追納することはできない。

Q142 前納された保険料について保険料納付済期間又は保険料４分の３免除期間、保険料半額免除期間若しくは保険料４分の１免除期間を計算する場合においては、前納に係る期間の各月が経過した際に、それぞれその月の保険料が納付されたものとみなす。

Q143 保険料を前納した後、前納に係る期間の経過前において、第１号被保険者が第３号被保険者となった場合においては、その者の請求に基づき、前納した保険料のうち未経過期間に係るものは還付される。

Q144 付加保険料を納付する者となった者が、国民年金基金の加入員となったときは、その加入員となった日に、付加保険料を納付しない旨の申出をしたものとみなされる。

Answer

[A139]　申請免除の場合は、“**（扶養親族等の数＋１）×35万円＋32万円**”以下であることとなる。設問は、“（２＋１）×35万円＋32万円＝137万円以下であれば所得要件を満たす。（平30択一）

ⓒ p682/ ○

[A140]　追納の承認を受けた日の属する**月前10年以内**の期間に限り、保険料を追納できる。なお、学生納付特例期間（又は納付猶予期間）を含む保険料の追納は、原則、法定免除等に係る保険料に**優先**して行われる。（平30択一）　ⓒ p683/ ×

[A141]　保険料の**追納**ができないのは、**老齢基礎年金の受給権者**（繰上げによる者を含む）である。（平28・令5択一）

ⓒ p683/ ×

[A142]　記述のとおり。なお、前納は原則として**6月**又は**年**を単位とするが、２年前納なども認められている。（平30択一）

ⓒ p684/ ○

[A143]　その者の請求に基づき、前納した保険料のうち**未経過期間に係るものを還付する**こととされている。（平29択一）

ⓒ p685/ ○

[A144]　保険料が免除されている者及び国民年金基金の加入員は、付加保険料を納付することができない。したがって、国民年金基金の加入員となったときは、付加保険料を納付しない旨の申出をしたものとみなされる。（令元択一）　ⓒ p685/ ○

Question

Q145

付加保険料を追納することはできない。

Q146

保険料その他この法律の規定による徴収金を滞納する者があるときは、厚生労働大臣は、期限を指定して、これを督促することができる。

Q147

保険料滞納者に督促をしたときは、徴収金額に納期限の日から徴収金完納又は財産差押の日までの日数に応じ年 14.6 %（当該督促が保険料に係るものであるときは、当該納期限の翌日から３月を経過する日までの期間は年 7.3 %）の割合を乗じて計算した延滞金が徴収される。

<その他>

Q148

保険料その他の徴収金に関する処分に不服がある者は、社会保険審査会に対し審査請求をすることができる。

Q149

死亡一時金の支給を受ける権利の消滅時効は、５年である。

Answer

[A145] 付加保険料には保険料の免除の規定は適用されず、**追納することもできない。**（平 26 択一） ご p685/ ○

[A146] 正しい。なお、督促状により指定する期限は、**督促状を発する日から起算して 10 日以上経過した日**でなければならない。（平 27 択一） ご p686/ ○

[A147] **延滞金**は、**納期限の翌日**から**徴収金完納又は財産差押の日の前日**までの期間の日数に応じ徴収される。（令元択一） ご p687/ ×

[A148] 国民年金法における保険料その他の徴収金に関する処分に不服があるときは、「社会保険**審査官**」に対して審査請求をする。健康保険法、厚生年金保険法が、社会保険**審査会**である。（平 18 択一） ご p688/ ×

[A149] 時効が 5 年とされているのは、**年金給付を受ける権利**である。時効が **2 年**とされているのは、①**保険料の徴収及びその還付**を受ける権利、②**死亡一時金**を受ける権利である。（平 27 択一） ご p689/ ×

【ポイント】
Q 148 **健康保険法**及び**厚生年金保険法**では、**保険料**その他の徴収金に関する処分に対する不服は、**社会保険審査会**に対して、直接**審査請求**する。

Section
9. 国民年金基金

Question

Q150 地域型国民年金基金とは、1（吸収合併後存続する地域型基金にあっては、1以上）の都道府県の区域の全部で組織した基金である。

Q151 加入員の資格を取得した日の属する月にその資格を喪失したときは、その月を1カ月として加入員期間に算入する。

Q152 国民年金基金の加入員は、国民年金の保険料を免除（一部免除を含む）されたときは、保険料を納付することを要しないものとされた月の初日に、その資格を喪失する。

Q153 老齢基礎年金の受給権者に支給される基金の年金額は、400円×基金の加入員として掛金を納付した期間の月数を超えるものでなければならない。

Q154 国民年金基金連合会は、中途脱退者及びその会員である基金に係る解散基金加入員に対し、年金又は脱退を支給事由とする一時金を支給する。

第1号被保険者の上乗せ給付です。
付加年金の額を意識しているところに注目。

Answer

[A150] 国民年金基金は、**地域型**国民年金基金以外に、**職能型**国民年金基金がある。職能型国民年金基金は、**同種の事業又は業務**に従事する**第1号被保険者**で組織し、それぞれの事業又は業務につき**全国を通じて1個**とされている。 ご p694/ ○

[A151] 加入員の資格を取得した日の属する月にその資格を喪失したときは、その資格を**取得した日**に遡って、**加入員でなかった**ものとみなす。つまり加入員期間には算入されない。(平12 択一) ご p695/ ×

[A152] 保険料免除には、4分の3免除、半額免除及び4分の1免除が含まれる。設問では「**月の初日**」を覚えておこう。(平24・27・令5択一) ご p696/ ○

[A153] 基金の年金の額は、基金の加入員として掛金を納付した期間について、**付加年金**の額に相当する額（**200円**×加入員期間の月数）を**超える**ものでなければならない。(平22 択一) ご p697/ ×

[A154] **連合会**は、**中途脱退者**及び**解散基金加入員**に対し、**年金又は死亡を支給事由とする一時金**を支給する。なお、中途脱退者とは、基金から支給される年金の受給権を有する前に加入員期間が**15年**に満たないまま加入員の資格を喪失した者をいう。(平23 択一) ご p699/ ×

【知っトク知識】

■国民皆年金と世代間扶養

公的年金制度の特徴として国民皆年金と世代間扶養があげられます。

国民皆年金とは、文字どおり「**すべての国民が、必ず公的年金制度に加入する**」という意味です。

国民年金は、自営業者などの年金制度として、昭和 34 年 11 月に**無拠出型の福祉年金**として登場し、昭和 36 年 4 月に保険料を徴収する**拠出型年金制度**となりました。既に民間のサラリーマンを対象とする厚生年金保険や、公務員などの共済組合がありましたから、**昭和 36 年 4 月 1 日**をもって「**国民皆年金**」が実現したといわれています。

また、**世代間扶養**ですが、これは年金制度を理解する上で大きな鍵となります。世代間扶養とは「**現役世代が納めた保険料によって、その時の高齢者世代を支える**」という考え方です。

つまり、年金を受給している人達の給付は今の現役の人が納めた保険料で賄い、将来、現役世代が受給世代になったときは、そのときの現役世代の保険料を充てるというものです。年金制度は「国が作った**親孝行のしくみ**」そのものなのです。

こうしたことより、少子高齢化は、世代間扶養はもちろん、年金制度そのものを揺るがしかねない深刻な問題であることがわかるでしょう。国は「国庫負担割合の増加」や「年金積立金の取り崩し」「マクロ経済スライド」などを導入し、何とか対策を講じています。

マクロ経済スライドとは、賃金や物価が上がっても、少子高齢化の数値をもとに年金額の上昇を抑えるといったものです。今後は、年金財源の確保とともに給付水準の抑制をはかり、現役世代の負担の増加を抑えることが必要不可欠となっています。

Chapter 8 厚生年金保険法

Question & Answer

60歳代前半においては、定額部分が支給される場合でなければ、加給年金額は加算されない

Q52参照

Section
1. 沿革、総則

Question

Q1 被用者年金一元化が実現したのは平成 27 年 10 月からである。

Q2 厚生年金保険法は、国民の老齢、障害又は死亡について保険給付を行うこととされている。

Q3 厚生年金保険は、政府が管掌する。なお、厚生労働大臣の権限に係る事務の一部は日本年金機構に行わせるものとする。

Q4 政府は、財政の現況及び見通しを作成し、少なくとも５年ごとに年金額の計算に用いる再評価率の改定を行わなければならない。

Q5 将来の一定の期間にわたって財政の均衡を保つことができないと見込まれる場合に、年金たる保険給付の額のみを調整する期間のことを調整期間という。

【ポイント】［厚生年金保険法の沿革］

昭和 17 年６月：労働者年金保険法の施行
（対象者は現業の男子労働者のみ）
⇒**昭和 19 年 10 月**：厚生年金保険法に改称
（対象者に女子や事務職の労働者を追加）
⇒**昭和 29 年５月**：大改正（現在の形がほぼ完成）

厚年法の導入部分です。問題にしたのは、必ず暗記しておかなければならないものばかりです。

Answer

［A 1］ この改正により、昭和 20 年 10 月 2 日以後生まれの一定の者は、平成 27 年 10 月 1 日に被保険者の資格を取得することとされた。（平 28 択一） ご p703/ ○

［A 2］ 設問中の「国民」は、「**労働者**」である。国民に対して給付を行うのは国民年金法である。（平 30 択一） ご p703/ ×

［A 3］ なお、被保険者の資格、標準報酬、保険給付、保険料等についての具体的な事務は、「実施機関」が行う。

ご p704/ ○

［A 4］ 再評価率の改定は、５年ごとではなく、原則として**毎年度**行われる。平成 16 年改正の前は、５年に一度の財政再計算の結果、法改正によって改定されていた。 ご p706・739/ ×

［A 5］ 調整期間に調整されるのは、**保険給付の額**であるから、一時金も対象となる。なお、国民年金法では付加年金を除く年金給付が調整の対象となる。 ご p707/ ×

⇒**昭和 61 年４月**：基礎年金制度の導入

（厚生年金保険は２階部分を担当）

⇒**平成 16 年 10 月**：財政方式等の大改正

（保険料水準固定方式などの導入）

⇒**平成 27 年 10 月**：被用者年金制度の一元化

（共済年金制度を厚生年金保険に統合）

Section
2. 適用事業所及び被保険者

Question

Q6　常時３人の従業員を使用する法人の事業所は、任意適用事業所である。

Q7　常時６人の従業員を使用する個人経営の弁理士の事務所は、強制適用事業所である。

Q8　船員法１条に規定する船員として船舶所有者に使用される者が乗り組む船舶は、強制適用事業所である。

Q9　常時４人の従業員を使用する個人経営の海事代理士の事務所が任意適用事業所の認可を受けるには、従業員のうち２人以上の者の同意が必要である。

Q10　任意適用事業所となった事業所の事業主が、その事業所を適用事業所でなくするためには、使用される者（適用除外者を除く）の４分の３以上の同意を得て申請する必要がある。

Q11　二以上の適用事業所（船舶を除く）の事業主が同一である場合には、事業主は、厚生労働大臣の承認を受けて、その二以上の事業所を一の適用事業所とすることができる。

【ポイント】［個人経営の事業所の取扱い］
① 個人経営の事業所で、常時５人以上の従業員を使用する適用業種（製造業等の 17 業種）の事業所⇒**強制適用**

健康保険法との違い、被保険者の要件の特色が得点源です。

Answer

[A 6] 国、地方公共団体又は**法人**の事業所は、**常時**（1人でも）従業員を使用する場合には、**強制適用事業所**となる。（平15択一） ご p708/ ×

[A 7] 弁理士は適用業種であり、**個人経営**でも従業員が常時**5人以上**なら強制適用事業所となる。 ご p708・709/ ○

[A 8] 記述のとおり。厚生年金保険法においては、設問の**船舶**も、強制適用事業所となる。（平28択一） ご p708/ ○

[A 9] **2分の1以上**の者の**同意**が必要である。なお、海事代理士の事務所は、個人経営でも、常時5人以上の従業員を使用する場合は強制適用となる。 ご p709/ ○

[A10] 申請し、**厚生労働大臣の認可**を受けたときは、同意しなかった者を含め、全員が被保険者の資格を喪失する。（平30・令5択一） ご p709/ ○

[A11] 記述のとおり。なお二以上の船舶の船舶所有者が**同一**である場合には、その二以上の船舶は、承認不要で、一の適用事業所とする。（平9記述、令3選択、平25択一）

ご p709/ ○

② 個人経営の事業所で、常時5人未満の従業員を使用するもの及び非適用業種（農林水産業、サービス業、宗教業）の事業所
⇒任意適用

Question

Q12 適用事業所に使用される70歳未満の者は、当然被保険者となる。ただし適用除外者を除く。

Q13 適用事業所以外の事業所に使用される70歳未満の者は、その事業所の事業主の同意を得た上で申請し、厚生労働大臣の認可を受けて、任意単独被保険者となることができる。ただし、適用除外者を除く。

Q14 70歳以上の者が、障害を支給事由とする年金たる給付の受給権を有する場合、高齢任意加入被保険者となることはできない。

Q15 70歳以上の者が、適用事業所以外の事業所に使用される場合であっても、実施機関への申出により高齢任意加入被保険者となることができる。

Q16 高齢任意加入被保険者の保険料（初めて納付すべき保険料を除く）が滞納となり、督促状の指定期限までに納付しないときは、例外なく被保険者の資格を喪失する。

【ポイント】

［1．高齢任意加入被保険者となるための要件］

①**適用事業所**に使用される**70歳以上**の者	➡	老齢厚生年金・老齢基礎年金その他の**老齢又は退職**を支給事由とする年金たる給付であって政令で定める給付の**受給権を有しない**もの	➡	実施機関に**申出**
②適用事業所**以外**の事業所に使用される**70歳以上**の者	➡		➡	**事業主の同意**＋厚生労働大臣の**認可**

Answer

[A12] 記述のとおり。ただし、65 歳以上の者であって老齢退職年金給付の受給権を有するものは、国民年金の第２号被保険者とならない。 ご p710/ ○

[A13] 記述のとおり。なお、任意単独被保険者は、**厚生労働大臣**の**認可**を受けて、被保険者の資格を喪失することができるが、**資格の喪失**については、「事業主の同意は**不要**」である。(平 24 択一) ご p712/ ○

[A14] 高齢任意加入被保険者は、老齢・退職年金の受給資格期間を満たすまでのもの。したがって**老齢又は退職を支給事由とする年金たる給付の受給権を有しないこと**が要件。(平 25 択一) ご p712～713/ ×

[A15] 適用事業所**以外**の事業所に使用される場合は、「事業主の**同意**＋厚生労働大臣の**認可**」で、高齢任意加入被保険者となることができる。(平 25 択一) ご p713/ ×

[A16] **適用事業所**に使用される高齢任意加入被保険者が、保険料の納付等について**事業主の同意がない**場合には、設問の資格喪失事由に該当する。(平 27 択一) ご p713～714/ ×

[2. 高齢任意加入被保険者の保険料]

適用事業所の場合は、**事業主の同意**（保険料の折半負担、納付義務、各種届出）**がなければ全額自己負担**し、**自分で納付する**。事業主の同意があれば、保険料滞納による資格喪失事由には該当しない。

適用事業所以外の場合は、保険料納付等についての**事業主の同意が資格取得の前提**となっており、保険料滞納による資格喪失事由には該当しない。

Question

Q17 高齢任意加入被保険者が初めて納付すべき保険料を滞納し、督促状の指定期限までに納付しないときは、納期限の属する月の前月末日に被保険者の資格を喪失する。

Q18 高齢任意加入被保険者は、国民年金の被保険者ではない。

Q19 1週間の所定労働時間及び1カ月間の所定労働日数が、同一の事業所に使用される通常の労働者に比べて4分の3以上である労働者は、特定適用事業所に使用される場合に限り被保険者となる。

Q20 いわゆる4分の3基準を満たさない短時間労働者が、特定適用事業所に使用され、1週間の所定労働時間が20時間以上で、賃金月額が88,000円以上である場合、学生であっても被保険者となる。

Q21 地方公務員共済組合の組合員たる厚生年金保険の被保険者を、第3号厚生年金被保険者という。

【ポイント】［厚生年金保険の種別と実施機関］

種別	どのような被保険者か	実施機関*
①第1号厚生年金被保険者	**②～④以外**の厚生年金保険の被保険者	厚生労働大臣
②第2号厚生年金被保険者	**国家公務員共済組合**の組合員たる厚生年金保険の被保険者	国家公務員共済組合及び国家公務員共済組合連合会

＊**実施機関**……各号の厚生年金保険の被保険者・各号の厚生年金被保険者期間に係る資格・標準報酬・保険給付・保険料の徴収などの事務を行う機関

Answer

[A17] 高齢任意加入被保険者が初めて納付すべき保険料を納付しないときは、**被保険者とならなかったものとみなす。**

ご p714/ ×

[A18] 高齢任意加入被保険者は**老齢退職年金給付の受給権を有しない**ため、国民年金の第2号被保険者である（A 12参照)。(平25択一)

ご p713/ ×

[A19] 「又は」ではなく、「**及び**」である。平成28年10月施行の改正で、いわゆる4分の3基準が法律に規定された。(平29・令2・4択一)

ご p711/ ×

[A20] 学生は除かれる。なお、「88,000円以上」の算定に当たり、精皆勤手当、通勤手当、家族手当、臨時に支払われる賃金、時間外労働等の割増賃金等は算入しない。

ご p710～711/ ×

[A21] 記述のとおり。**被用者年金一元化**による**種別**である。

ご p705/ ○

種別	どのような被保険者か	実施機関*
③第3号厚生年金被保険者	**地方公務員共済組合**の組合員たる厚生年金保険の被保険者	地方公務員共済組合、全国市町村職員共済組合連合会及び地方公務員共済組合連合会
④第4号厚生年金被保険者	**私立学校教職員共済制度**の加入者たる厚生年金保険の被保険者	日本私立学校振興・共済事業団

Section

3. 被保険者期間、標準報酬

【注意！】 以後のQについては、複数の種別に該当する者に関して特例が設けられている規定や第１号以外の種別への適用が除外されている規定などからの出題であっても、特に断りがない限り、第１号厚生年金被保険者であり、又は第１号厚生年金被保険者であった期間のみを有する者に適用されるものとして解答すればよいものとする。

Question

Q22 被保険者期間を計算する場合、被保険者の資格を取得した月からその資格を喪失した月までをこれに算入する。

Q23 昭和61年３月31日以前の第３種被保険者（坑内員・船員）であった期間は、実際の期間に５分の６を乗じた期間を、厚生年金保険の被保険者期間とする。

Q24 標準報酬月額は、88,000円から650,000円までの32等級に区分されている。

Q25 標準賞与額の上限は、１月につき200万円である。

Q26 ３歳未満の子を養育する期間中の標準報酬月額の特例は、養育開始月から一定事由に該当した日の翌日の属する月の前月までが対象となる。

【ポイント】［第３種被保険者であった期間の計算の特例］

第３種被保険者であった期間（旧船員保険の被保険者であった期間を含む）については、被保険者期間の計算に際し、右の特例が適用される。

いずれも、特徴的な部分を問題にしました。標準報酬については、健保法との比較が重要です。

Answer

[A22]　「喪失した月の前月」までを算入する。例えば、6月30日に就職して資格取得し、その年の11月30日に退職した場合の被保険者期間は、6月から11月までの6カ月である。(平30・令5択一)　ご p716/ ×

[A23]　設問のように“**5分の6**”を乗じるのは、「**昭和61年4月1日から平成3年3月31日まで**」の第3種被保険者であった期間である（下記【ポイント】参照)。(令4択一)　ご p718/ ×

[A24]　記述のとおり。なお、健康保険の標準報酬月額は、58,000円から1,390,000円までの50等級に区分されている。　ご p719/ ○

[A25]　1月につき**150万円**である。なお、健康保険の標準賞与額の上限は、年度の累計で573万円である。(平24・令3択一)　ご p718/ ×

[A26]　記述のとおり（平30選択)。一定事由とは、子が3歳に達したとき、被保険者の資格を喪失したとき等をいう。　ご p719/ ○

	被保険者期間
昭和61年3月31日までの期間	実期間×**3分の4**＊
昭和61年4月1日～平成3年3月31日までの期間	実期間×**5分の6**
平成3年4月1日以後の期間	実期間（**特例なし**）

＊戦時加算の特例により、さらに優遇されることがある。

Section

4. 保険給付の通則

Question

Q27 厚生年金保険法による保険給付は、老齢厚生年金、障害厚生年金、遺族厚生年金である。

Q28 保険給付を受ける権利は、その権利を有する者（受給権者）の請求に基づいて、実施機関が裁定する。

Q29 障害厚生年金の受給権を有する者が遺族基礎年金の受給権を取得した場合、その者の選択するいずれか一方の年金が支給され、他方の年金は支給停止される。

Q30 遺族基礎年金と老齢厚生年金は、受給権者が65 歳以上であれば、併給が可能である。

Q31 年金の支給は、年金を支給すべき事由が生じた月の翌月から始め、権利が消滅した月の前月で終わるものとする。

【ポイント】［併給の基本的パターンのまとめ］

○併給が可能　×併給は不可

老齢基礎年金を受給するときは**付加年金**も併給される。

国年法の給付の通則と共通する部分もあります。得点源にしたいですね。

Answer

[A27] 「**障害手当金**」が抜けているので誤り。厚生年金保険法による保険給付は、老齢厚生年金、障害厚生年金及び障害手当金、遺族厚生年金である。なお、法附則においては、脱退一時金、特例老齢年金、特例遺族年金、脱退手当金の規定も設けられている。

ご p724/ ×

[A28] 記述のとおり。厚生年金保険法では、裁定を行うのは、実施機関である。 ご p724/ ○

[A29] 記述のとおり。なお、この場合、いつでも、将来に向かって、裁定替え（選択替え）することができる。

ご p726/ ○

[A30] **老齢厚生年金**と併給できる基礎年金は、**老齢基金年金**又は**障害基礎年金**のみである。（平 23・令 4 択一）ご p726/ ×

[A31] 権利が消滅した月で終わるものとされている。（平30 択一）

ご p725/ ×

	老齢厚生年金	障害厚生年金	遺族厚生年金
老齢基礎年金	○	×	○ 65歳以後
障害基礎年金	○ 65歳以後	○	○ 65歳以後
遺族基礎年金	×	×	○

Question

Q32

未支給の保険給付を請求することができるのは、死亡した受給権者の配偶者、子、父母、孫、祖父母、兄弟姉妹又はこれらの者以外の６親等内の親族であって、その者の死亡の当時その者と生計を同じくしていたものである。

Q33

今まで受給していた年金の受給権が消滅し、新たに他の年金の受給権を取得した場合に、従前の年金が引き続き支払われたときは、その支払われた年金は、新たな年金の内払いとみなす。

Q34

第三者行為災害の場合に、受給権者が当該第三者から同一の事由について損害賠償を受けたときは、政府等は、その価額の限度で、保険給付をしないことができる。

Q35

保険給付を受ける権利は、譲り渡し、担保に供し、又は差し押さえることができない。このことについて、例外はない。

Q36

原則として、租税その他の公課は、保険給付として支給を受けた金銭を標準として課することができないが、遺族厚生年金については、租税その他の公課の対象となる。

【過誤払調整】

受給権者が**死亡**し受給権が**消滅**したにもかかわらず、その後にその年金の**過誤払い**が行われた場合に、その過誤払いによる返還

Answer

[A32] 「**これらの者**（配偶者、子、父母、孫、祖父母又は兄弟姉妹）**以外の３親等内の親族**」である。（平 27 択一）

ご p725〜726/ ×

[A33] 記述のとおり。なお、国民年金の年金給付との間で内払調整をすることができる規定もある。（平 25 択一）

ご p727/ ○

[A34] 記述のとおり。なお、保険給付をしないことができる期間は最長で３年間である。

ご p728/ ○

[A35] **老齢厚生年金**を受ける権利を国税滞納処分（その例による処分を含む）により**差し押さえる**ことができる。（平 26 択一）

ご p729/ ×

[A36] 遺族厚生年金は、租税その他の公課の対象とならない。対象となるのは**老齢**厚生年金である。（平 26・令２択一）

ご p729/ ×

金債権に係る債務の弁済をすべき者に支払うべき死亡に係る年金（遺族厚生年金）があるときは、その年金の支払金額をその過誤払いによる返還金債権の金額に**充当**することができる。（平 26 選択）

Section 5.60 歳代前半の老齢厚生年金

Question

Q37 昭和 36 年 2 月 1 日に生まれた一般の男子が、60 歳代前半の老齢厚生年金の受給権を取得した場合、63 歳から報酬比例部分が支給されるが、原則として、定額部分は支給されない。

Q38 昭和 36 年 4 月 2 日以後に生まれた一般の男子については、原則として、60 歳代前半の老齢厚生年金は支給されない。

Q39 昭和 29 年 4 月 2 日から昭和 33 年 4 月 1 日までの間に生まれた一般の女子が、60 歳代前半の老齢厚生年金の受給権を取得した場合、60 歳から報酬比例部分が支給されるが、原則として定額部分は支給されない。

Q40 昭和35年12月31日に生まれた一般の女子が、60 歳代前半の老齢厚生年金の受給権を取得した場合、報酬比例部分の支給開始年齢は 62 歳である。

Q41 60 歳代前半の老齢厚生年金を受給するために必要な厚生年金保険の被保険者期間は、1 年以上とされている。

【ポイント】

一般の女子（**第 1 号厚生年金被保険者であり、又は第 1 号厚生年金被保険者期間を有する者**に限る）は、60 歳代前半の老齢厚生

厚年法で最難関といえる部分の一つです。ここで取り上げた論点はしっかり覚えておきましょう。

Answer

[A37]　昭 28.4.2～昭 30.4.1 生まれは 61 歳から、昭 30.4.2～昭 32.4.1 生まれは 62 歳から、昭 32.4.2～昭 34.4.1 生まれは 63 歳から、**昭 34.4.2～昭 36.4.1 生まれは 64 歳から、報酬比例部分**が支給される。（平 26・令３択一）　ご p734/ ×

[A38]　記述のとおり。なお、繰上げ支給の老齢厚生年金を請求することはできる。　ご p732/ ○

[A39]　記述のとおり。設問の４年間に生まれた者には、60 歳からの５年間、原則として報酬比例部分のみ支給される。

ご p734/ ○

[A40]　一般女子の報酬比例部分は、昭 33.4.2～昭 35.4.1 生まれは 61 歳から、**昭 35.4.2～昭 37.4.1 生まれは 62 歳から**、昭 37.4.2～昭 39.4.1 生まれは 63 歳から、昭 39.4.2～昭 41.4.1 生まれは 64 歳から支給される。（令３択一）

ご p732、734/ ○

[A41]　なお、**65 歳から**支給される老齢厚生年金を受給するために必要な厚生年金保険の被保険者期間は、**１カ月以上**である。（令元択一）　ご p733/ ○

年金の支給開始年齢の引上げスケジュールが、男子より**５年遅れ**となっている。**第２号～第４号厚年女子（共済組合等の女子）は、男子と同じ**である。

Question

Q42 報酬比例部分の老齢厚生年金の支給が61歳以降となる者は、報酬比例部分の支給開始年齢に達する前に老齢厚生年金の繰上げ支給を請求することができる。

Q43 昭和34年4月2日から昭和36年4月1日までの間に生まれた男子が、障害等級3級の障害の状態にあり、被保険者でなく、かつ、障害者の特例の請求をした場合には、64歳から定額部分をあわせた老齢厚生年金が支給される。

Q44 昭和35年4月2日から昭和37年4月1日までの間に生まれた一般女子が、厚生年金保険の被保険者期間が44年あり、かつ、退職して被保険者の資格を喪失している場合には、63歳から定額部分をあわせた老齢厚生年金が支給される。

Q45 60歳代前半の老齢厚生年金は、65歳までの有期年金であり、65歳に達したときは、その受給権は消滅する。

Q46 定額部分の額は、定額単価（原則として、1,628円×改定率）に被保険者期間の月数を乗じて計算するが、その被保険者期間の月数については、最高で420の上限が設けられている。

Q47 報酬比例部分の額は、原則として、被保険者であった全期間の平均標準報酬額の1,000分の5.481に相当する額に被保険者期間の月数を乗じて得た額である。

Answer

[A42] 記述のとおり。なお、老齢厚生年金の支給繰上げの請求をする場合、**老齢基礎年金の支給繰上げの請求を同時に**行わなければならない。 ご p734/ ○

[A43] 生年月日だけでみると報酬比例部分しか支給されない者に対して、定額部分も支給される特例である。障害者の特例は**請求が必要**であることにも注意しよう。(平 20 択一)

ご p735〜736/ ○

[A44] 「63 歳」を「**62 歳**」とすると、正しい文章となる。なお、長期加入者の特例は、障害者の特例と異なり**特例の請求をする必要はない**。(平 27 選択) ご p735〜736/ ×

[A45] 記述のとおり。したがって、65 歳からの老齢厚生年金については、改めて**裁定請求**が必要となる。なお、60 歳代前半の老齢厚生年金は繰下げできない。 ご p732、755/ ○

[A46] **定額部分**の額の計算に用いる**被保険者期間の月数**については、480(**生年月日**によっては 468〜420)の**上限が設けられている**。(平 25 択一) ご p738/ ×

[A47] なお、平成 15 年 4 月前の期間(総報酬制導入前)については、**平均標準報酬月額**と 1,000 分の 7.125(原則)を用いる(平 23 選択)。被保険者期間の月数の上限はない。

ご p738/ ○

Question

Q48 報酬比例部分の額の計算に用いる「平均標準報酬額」とは、被保険者期間の計算の基礎となる各月の標準報酬月額と標準賞与額に再評価率を乗じて得た額の総額を、その被保険者期間の月数で除して得た額である。

Q49 再評価率の基準となっているのは、物価の変動のみである。

Q50 調整期間において用いられる調整率は、「再評価率×0.997」と計算される。

Q51 老齢厚生年金の受給権者である63歳の者が8月31日に退職したことにより老齢厚生年金の資格を喪失した場合は、退職時改定により9月分から年金額が改定される。

Q52 60歳代前半においては、定額部分が支給される場合でなければ、加給年金額は加算されない。

【発　展】［退職時の改定］

「被保険者」である「老齢厚生年金の受給権者」がその**被保険者の資格を喪失**し、かつ、被保険者となることなくして被保険者の資格を喪失した日から起算して**1カ月**を経過したときは、「その被保険者の資格を**喪失した月前**における**被保険者であった期間**」を老齢厚生年金の額の**計算の基礎**とする。

Answer

[A48]　記述のとおり（平 23 選択、令 4 択一）。報酬比例部分の年金額は、**再評価率**の改定等により改定される。再評価率には、国民年金法で学習した「改定率」の要素が織り込まれている。　ご p738～739/ ○

[A49]　再評価率の基準となっているのは、"**賃金の変動**（**名目手取り賃金変動率**）又は**物価の変動**（**物価変動率**）"である。なお、調整期間においては再評価率の伸びが抑制される。（平18・23 選択）　ご p739/ ×

[A50]　「**公的年金被保険者総数変動率×0.997**（平均的な年金受給期間を勘案した**一定率**）」である。　ご p740/ ×

[A51]　8 月 31 日から起算して **1 月を経過した日の属する月**は 9 月である（**退職の場合は退職日起算**となる）。このため **9 月分**から年金額が改定される。　ご p756～757/ ○

[A52]　記述のとおり。逆にいえば、60 歳代前半においては、報酬比例部分のみが支給される場合には、加給年金額は加算されない。（令 4 択一）　ご p743/ ○

この場合、資格を喪失した日（退職など一定の場合には、その日）から起算して 1 カ月を経過した日の属する月から年金額が**改定**される。

注）この規定は、60 歳代前半の老齢厚生年金と 65 歳からの老齢厚生年金に**共通**して適用される規定である。

Question

Q53 加給年金額の対象者の生計維持要件の金額は、年収 130 万円以下であり、近い将来にこの範囲内に該当すると認められる場合でもよい。

Q54 加給年金額の対象となる配偶者は、60 歳未満の者に限られる（ただし、大正 15 年４月１日以前に生まれた配偶者を除く）。

Q55 加給年金額の対象となる子は、18 歳未満である子及び 20 歳未満で障害等級の１級又は２級に該当する障害の状態にある子に限る。

Q56 子の加給年金額は、２人目の子までは、74,900 円×改定率である。

Q57 老齢厚生年金の受給権者が昭和９年４月２日以後に生まれた者であるときは、配偶者加給年金額に、特別加算が行われる。

Q58 配偶者加給年金額の特別加算の最高額は、「165,800 円×改定率」である。

Q59 加給年金額の加算対象配偶者が、算定基礎となる被保険者期間の月数が 240 月以上の老齢厚生年金の支給を受けることができるときは、その間、その者に係る加給年金額は支給停止される。

Answer

[A53]　正しくは年収 850 万円未満である。なお、近い将来とは、概ね**5 年以内**をいう。（平 27 択一）　ⓒ p743/ ×

[A54]　加給年金額の対象となる配偶者は、**65 歳未満**の配偶者に限られる（大正 15 年 4 月 1 日以前に生まれた配偶者は 65 歳以上でも対象となる）。　ⓒ p743・747/ ×

[A55]　設問中の「18 歳未満である子」は、正しくは「**18 歳に達する日以後の最初の 3 月 31 日までの間にある子**」である。なお、「20 歳未満で……」という記述は正しい。　ⓒ p743/ ×

[A56]　**3 人目以降**が、**74,900 円×改定率**である。（令 5 択一）　ⓒ p745/ ×

[A57]　記述のとおり。なお、子の加給年金額には、特別加算は行われない。　ⓒ p745/ ○

[A58]　記述のとおり。**老齢厚生年金の受給権者**が**昭和 18 年 4 月 2 日以後生まれ**の場合はこの金額となる。原則の加給年金額の 224,700 円×改定率と合計して、満額の老齢基礎年金（780,900 円×改定率）の約半額が加算されることとなる。（平 30 択一）　ⓒ p745/ ○

[A59]　記述のとおり。「240 月以上」は、中高齢の期間短縮特例該当者の場合は「15～19 年以上」となる。また、加算対象配偶者が**障害厚生年金**等の支給を受けられるときも、その間、配偶者加給年金額は支給停止となる。（平 28・令 4 択一）　ⓒ p746/ ○

Question

Q60 60歳代前半の在職老齢年金では、基本月額と総報酬月額相当額の合計が支給停止調整額以下であれば支給停止されない。

Q61 62歳の老齢厚生年金の受給権者が被保険者であり、老齢厚生年金の額が120万円、標準報酬月額が44万円、その月以前1年間の標準賞与額の総額が24万円である場合は、令和5年度の在職老齢年金により支給停止される年金月額は80,000円となる。

Q62 雇用保険の基本手当との調整による60歳代前半の老齢厚生年金の支給停止は、求職の申込みがあった日の属する月の翌月から、受給期間が経過するか所定給付日数分の支給を受け終わった日の属する月まで（調整対象期間）について行われる。

Q63 雇用保険の高年齢雇用継続給付との調整により支給停止される老齢厚生年金の月額は、標準報酬月額が雇用保険法のみなし賃金日額に30を乗じて得た額の61％未満の場合、原則として「標準報酬月額×6％」である。

Answer

[A60]　基本月額と総報酬月額相当額の合計が**支給停止調整額**（令和 5 年度は 48 万円）以下であれば支給停止されない。

ご p751/ ○

[A61]　基本月額は 120 万円÷12＝10 万円、総報酬月額相当額は 44 万円＋24 万円÷12＝46 万円の事例である。支給停止月額は、**(46 万円＋10 万円－48 万円)×1/2＝40,000 円**となる。

ご p751/ ×

[A62]　記述のとおり。なお、各月について、**基本手当の支給を受けた日とみなされる日及びこれに準ずる日が 1 日もない場合**は、その月については老齢厚生年金が支給される。（平 10 記述、平 24 択一）

ご p752/ ○

[A63]　記述のとおり。なお、標準報酬月額が「雇用保険法のみなし賃金日額×30」の 75 %以上又は高年齢雇用継続給付の支給限度額を超えるときは、調整は行われない。（平 22 選択、平 30・令 4 択一）

ご p754～755/ ○

【ポイント】［在職老齢年金の仕組み］

	支　給　停　止　額
総報酬月額相当額＋基本月額が 48 万円*以下	支給停止はなし
総報酬月額相当額＋基本月額が 48 万円*を超える	1 月について次の額の**支給を停止** **(総報酬月額相当額＋基本月額－48 万円*)×1/2**

＊ **48 万円**…令和 5 年度の「**支給停止調整額**」である。

Section 6. 65歳からの老齢厚生年金（本来の老齢厚生年金）

Question

Q64 65歳から支給される老齢厚生年金は、老齢基礎年金の受給資格期間を満たしている者が、厚生年金保険の被保険者期間を２カ月しか有していない場合も支給される。

Q65 65歳から支給される老齢厚生年金の額は、60歳代前半の老齢厚生年金の報酬比例部分の額と同額であるが、当分の間、これに経過的加算が加算されることがある。

Q66 在職定時改定とは、４月１日を基準日とし、その翌月からの年金額を改定する仕組みである。

Q67 在職定時改定は65歳未満の老齢厚生年金の受給権者は対象としていない。

Q68 老齢厚生年金と障害基礎年金が併給される場合に、障害基礎年金で子の加算が行われている子があるとき（当該子の加算の全額につき支給停止されているときを除く）は、その間、当該子についての加給年金額は支給停止となる。

60歳代前半との違いを押さえることが重要です。
ここで取り上げた問題は重要なものばかりです。

Answer

[A64] 65 歳から支給される老齢厚生年金については、厚生年金保険の被保険者期間を **1 カ月**でも有していれば、支給される。（平 30 択一）　ご p755/ ○

[A65] 記述のとおり。経過的加算は、定額部分と老齢基礎年金の差額に相当する額。当分の間、定額部分の額が老齢基礎年金の額を上回るケースが多いため設けられている。
ご p757/ ○

[A66] 在職定時改定とは、**9 月 1 日を基準日**とし、**翌月**からの年金額を改定する仕組みである。　ご p755～756/ ×

[A67] 在職定時改定は **65 歳以上**の老齢厚生年金の受給権者を対象としている。　ご p756/ ○

[A68] **子の加給年金額**は、**障害基礎年金の子の加算と同額**である。このため、調整が行われる。　ご p746/ ○

【ポイント】［65 歳からの老齢厚生年金の支給要件］

① **65 歳以上**であること
② 厚生年金保険の**被保険者期間**を有すること
③ 国民年金の保険料納付済期間と保険料免除期間とを合算した期間が **10 年以上**あること

Question

Q69 60 歳代後半の在職老齢年金では、繰下げ加算額及び経過的加算額を含めて支給停止が行われる。

Q70 68 歳の老齢厚生年金の受給権者が被保険者であり、老齢厚生年金の額が 144 万円、老齢基礎年金の額が 79 万円、標準報酬月額が 36 万円、その月以前1年間の標準賞与額の総額が 36 万円である場合、令和5年度の在職老齢年金により支給停止されるものはない。

Q71 老齢厚生年金の受給権を取得したときに、遺族厚生年金の受給権を有する者は、老齢厚生年金の支給繰下げの申出をすることができない。

Q72 老齢厚生年金の受給権を取得した日から起算して5年を経過した日後に繰下げの申出をした者は、一定の場合を除き、当該5年を経過した日に申出をしたものとみなす。

Q73 老齢厚生年金の受給権を取得した日から起算して 15 年を経過した日以後に請求し、繰下げ申出をしない場合は、5年前の日に支給繰下げの申出があったものとみなされる。

【ポイント】［5年前時点でのみなし繰下げ］（令5択一）
　老齢厚生年金の支給繰下げの申出をすることができる者が、その**受給権を取得した日から起算して5年を経過した日後**に当該老齢厚生年金を**請求**し、かつ、**当該請求の際に支給繰下げの申出をしないとき**は、次のいずれかに該当する場合を除き、**当該請求を**

Answer

[A69]　**繰下げ加算額**及び**経過的加算額**は在職調整の**対象とならない**。（平 29・令 4 択一）　ご p760～761/ ×

[A70]　**基本月額**は 144 万円÷12＝12 万円、**総報酬月額相当額**は 36 万円＋36 万円÷12＝39 万円の事例である。合計で 51 万円となり、**支給停止調整額（48 万円）**を超える部分の 2 分の 1（15,000 円）が支給停止される。（令 4 択一）

ご p761/ ×

[A71]　老齢厚生年金の受給権を取得したときに、“**他の年金たる給付**”の受給権を有する者は、老齢厚生年金の支給繰下げの申出をすることができないが、遺族厚生年金は、その“他の年金たる給付”に該当する。（平 28 択一）　ご p758～759/ ○

[A72]　「5 年」ではなく、「10 年」である。例えば 65 歳で受給権を取得した者が 78 歳で繰下げの申出をすると、一定の場合を除き、**75 歳で申出をしたものとみなす**。　ご p759/ ×

[A73]　一定の場合は 5 年前の日に繰下げ申出をしたものとみなす制度であるが、受給権取得日から起算して **15 年を経過した日以後**にあるときは適用されない。　ご p760/ ×

した日の 5 年前の日に**支給繰下げ申出があったものとみなす**。
- ㋑　当該老齢厚生年金の受給権を取得した日から起算して **15 年を経過した日以後**にあるとき
- ㋺　当該請求をした日の **5 年前の日以前**に**他の年金たる給付の受給権者**であったとき

Section 7. 障害厚生年金、障害手当金

Question

Q74 障害厚生年金は、初診日において被保険者（厚生年金保険の被保険者）である場合でなければ、支給されない。

Q75 初診日の前日において、初診日の属する月の前々月までに国民年金の被保険者期間があるときは、そのうち４分の３以上が保険料納付済期間又は保険料免除期間であることを要する。

Q76 初診日の属する月の前々月までの１年間のうちに保険料納付済期間及び保険料免除期間以外の被保険者期間がなければ保険料納付要件を満たすこととする特例は、初診日が令和８年４月１日前にある場合に限り適用され、年齢要件はない。

Q77 20歳以後学生であった期間について国民年金の保険料を納付していなかった者が、卒業直後の４月１日に就職して被保険者資格を取得し、その１週間後に初診日がある傷病によって一定の障害の状態となった場合には、障害厚生年金は支給されない。

【ポイント】［障害厚生年金の支給要件（原則）］

① 初診日において**被保険者**であること。
② 障害認定日において、**障害等級**（１級、２級又は３級）に該当する程度の障害状態にあること。
③ **保険料納付要件**[*]を満たしていること。

障害厚生年金・障害手当金の学習は、国年法の障害基礎年金の学習の延長線上にあります。

Answer

[A74] **初診日**に被保険者であればよい。なお、初診日とは、その傷病につき初めて**医師又は歯科医師の診療**を受けた日のことである。(平 26・令 2 択一) ご p763/ ○

[A75] 「4分の3」ではなく「3分の2」である。例えば、初診日が令和6年7月1日なら、令和6年5月までの保険料納付実績をみる。なお、入国直後の外国人のように**保険料納付要件を問えない**場合は、他の要件を満たしていれば障害厚生年金が支給される。 ご p763/ ×

[A76] この特例は初診日において **65 歳以上**の者には適用されない。例えば高齢任意加入被保険者(70 歳以上)には適用されない。 ご p764/ ×

[A77] 保険料納付要件を満たしていない(20 歳以後の学生の期間がすべて**滞納期間**である)ため支給されない。(平 5 択一) ご p764/ ○

＊「**保険料納付要件**」…**初診日**の前日において、当該初診日の属する月の前々月までの間に国民年金の被保険者期間があるときは、**保険料納付済期間**と**保険料免除期間**とを合算した期間が当該被保険者期間の **3 分の 2 以上**であることが必要(初診日が令和8年4月1日前にある場合等には、**特例**がある)。

Question

Q78

障害認定日に障害等級に該当しなかった繰上げ支給の老齢基礎年金の受給権者は、その後、65歳に達する日の前日までの間に障害等級３級に該当すれば、事後重症の障害厚生年金の支給を請求することができる。

Q79

基準障害による障害厚生年金は、基準傷病の初診日が、基準傷病以外の傷病に係る初診日以降であることが必要である。

Q80

先発障害が当初から引き続き障害等級３級である場合には、法48条の併給の調整の対象とならない。

Q81

障害厚生年金の額に係る報酬比例部分の額は、基本的には、老齢厚生年金の報酬比例部分の額と同様であるが、その額を計算する場合の被保険者期間が300月に満たないときには、それを300月として計算する。

Q82

障害厚生年金の額を計算する際、報酬比例の年金額は、昭和21年４月１日以前に生まれた者については老齢厚生年金と同様に給付乗率の読替えがある。

Q83

障害厚生年金の額には、最低保障額（国民年金法の障害基礎年金２級の額の４分の３）が設けられているが、これが適用されるのは、３級の障害厚生年金に限られている。

[A78] 事後重症の障害厚生年金は**65歳到達前に請求**する必要があるが、老齢基礎年金の受給権者は**65歳に達しているものとみなされる**ため、請求できない。（令元択一）　ご p765/ ×

[A79] 記述のとおり。なお、初診日要件及び保険料納付要件は**基準傷病**について問われる。（平29択一）　ご p765/ ○

[A80] 記述のとおり。**なお、当初は障害等級2級以上で現在は3級に軽減している場合**に、2級以上の後発障害が生じたときは、併給の調整の対象となる。（平29択一）

ご p766・772/ ○

[A81] 記述のとおり。なお、障害手当金や、短期要件の遺族厚生年金にも、被保険者期間**300月**の保障がある。（令元択一）　ご p769/ ○

[A82] 障害厚生年金の給付乗率は、**生年月日による読替えはない**。読替えがあるのは、老齢厚生年金及び長期要件の遺族厚生年金である。（平28択一）　ご p768/ ×

[A83] 最低保障額が適用されるのは、「国民年金法の**障害基礎年金を受けることができない場合**」である（3級の場合に限られない）。　ご p769/ ×

Question

Q84 障害等級１級又は２級に該当する障害厚生年金には、加給年金額が加算されるが、その対象者は、一定の配偶者である。

Q85 実施機関は、障害厚生年金の受給権者の障害の程度を診査することができるが、その額を改定することはできない。

Q86 障害厚生年金の受給権者は、原則として、実施機関に対し、障害の程度が増進したことによる障害厚生年金の額の改定を請求することができる。

Q87 障害厚生年金は、その受給権者が当該傷病につき労働基準法の規定による障害補償を受ける権利を取得したときは、６年間、その支給が停止される。

Q88 ２級の障害基礎年金及び障害厚生年金の受給権者が、その後、３級の障害の状態になり、65歳以降に再び障害の程度が増進して２級の障害の状態になったとき、２級の障害基礎年金及び障害厚生年金が支給される。

Q89 障害等級２級の障害厚生年金の受給権者について、当該障害の程度が３級に該当しない程度に軽快したために支給停止されていたが、その後「その他障害」により65歳に達する日の前日までに当該障害厚生年金の支給事由となった元の障害と併合して障害の程度が１級になった場合、支給停止は解除され、障害厚生年金の額の改定を請求することができる。

Answer

[A84]　記述のとおり（令4択一）。なお、子についての加算は、障害基礎年金で行われる。（平14・29択一）

ご p768・770/ ○

[A85]　実施機関は、障害厚生年金の受給権者の障害の程度を診査し、その程度が従前の障害等級以外の障害等級に該当すると認めるときは、その**障害の程度**に応じて、障害厚生年金の額を**改定**することができる。 ご p770〜771/ ×

[A86]　記述のとおり。 ご p771/ ○

注）例外的な規定もあるので、最終的にはその**例外部分**も覚えよう。

[A87]　記述のとおり。設問中の「**6年間**」という期間は必ず覚えておこう。（平28択一） ご p773/ ○

[A88]　2級以上の障害がいったん軽減して、その後悪化した事例である。**65歳**になる前に2級以上に該当したことがあれば、65歳以降でも2級以上への改定が行われる。

ご p771/ ○

[A89]　記述のとおり。なお、「**その他障害**」による額の改定は、**65歳に達する日の前日**までに該当し、請求することとされている。老齢基礎年金の繰上げ受給者、老齢厚生年金の繰上げ受給者は、**65歳に達している者として扱われる**ため、その他障害による併合改定を行わない。 ご p771/ ○

Question

Q90

障害厚生年金の受給権は、障害等級に該当する程度の障害の状態に該当しなくなった日から起算して障害等級に該当する程度の障害の状態に該当することなくして３年を経過したときには、必ず消滅する。

Q91

64 歳で障害等級に該当する程度の障害の状態に該当しなくなった障害厚生年金の受給権者が、66 歳になった時点で再度障害等級に該当する程度の障害の状態に該当した場合は、支給が停止されていた障害厚生年金は再び支給が開始される。

Q92

障害手当金は、障害認定日に厚生年金保険の被保険者でなければ、支給されない。

Q93

障害手当金は、初診日から起算して３年を経過する日までの間に傷病が治り、残った障害が３級より軽い一定の程度であるときに支給される。

Q94

障害手当金は、障害の程度を定めるべき日において、労働基準法の規定による障害補償を受ける権利を有する者には、支給されない。

Q95

障害手当金の額は、報酬比例部分の額の２倍に相当する額であるが、最低保障額（障害厚生年金の最低保障額×２）が定められている。

【ポイント】［障害手当金の最低保障額］

Q 95　障害基礎年金の２級の額は、780,900 円 × 改定率である。令和５年度は、67 歳以下の者については 780,900 円 ×1.018≒795,000

Answer

[A90]　設問の場合でも、その３年を経過した日において受給権者が65歳未満であるときは、**65歳になるまで**は、消滅しない（障害等級不該当で３年を経過したときか、65歳に達したときの、いずれか遅い方に消滅する）。　ご p773～774/ ×

[A91]　記述のとおり。64歳で障害等級に該当しなくなって支給停止され、３年が経過する前に再び障害等級に該当した例である。　ご p773・774/ ○

[A92]　**初診日**に厚生年金保険の被保険者でなければ支給されない。なお、保険料納付要件は障害厚生年金と同様である。（平23択一）　ご p774/ ×

[A93]　３年ではなく**５年**である。なお、障害手当金の額の計算においては、障害厚生年金と同様、被保険者期間300月の保障がある。（平26選択、令２択一）　ご p774/ ×

[A94]　記述のとおり。その他、労災保険法の規定による障害補償給付などを受ける権利を有する者にも、支給されない。（平25択一）　ご p775/ ○

[A95]　記述のとおり。なお、障害厚生年金の最低保障額は、障害基礎年金（２級）の額の４分の３である。（平26選択、平18・29・令５択一）　ご p775/ ○

円とされている。**障害厚生年金の最低保障額**は795,000円×3/4≒596,300円となり、**障害手当金の最低保障額**は596,300円×2＝1,192,600円となる。

Section
8. 遺族厚生年金

Question

Q96 被保険者（失踪の宣告を受けた被保険者であった者であって、行方不明となった当時被保険者であった者を含む）が死亡したときには、保険料納付要件を満たし、一定の要件に該当する遺族がいれば、遺族厚生年金が支給される。

Q97 被保険者の資格喪失後、被保険者であった間に初診日がある傷病により、当該資格喪失日から起算して５年を経過する日前に死亡したときには、保険料納付要件を満たし、一定の要件に該当する遺族がいれば、遺族厚生年金が支給される。

Q98 障害等級２級の障害厚生年金の受給権者が死亡したときは、保険料納付要件を満たせば、一定の遺族に遺族厚生年金が支給される。

Q99 老齢厚生年金の受給権者（保険料納付済期間と保険料免除期間とを合算した期間が原則 25 年以上である者に限る）が死亡したときは、保険料納付要件を満たし、一定の遺族があれば遺族厚生年金が支給される。

Q100 老齢基礎年金の受給資格期間を満たした者が死亡したときは、一定の遺族があれば長期要件の遺族厚生年金が支給される。

遺族厚生年金は、よくある出題パターンに
慣れておくことが必要です。

Answer

[A96]　記述のとおり。なお、保険料納付要件は、障害厚生年金の「初診日」を「**死亡日**」と読み替える（令２択一）。なお、被保険者が月の末日に死亡したときは、被保険者の資格喪失日は翌月１日となるが、遺族厚生年金の受給権は死亡した日に発生する。

ご p776/ ○

[A97]　**５年**の起算日は**初診日**である。例えば、初診日が令和元年６月１日で、令和６年７月１日に被保険者資格を喪失し、令和６年７月20日に死亡した場合は、この要件に該当しない。（平28・令２択一）

ご p776/ ×

[A98]　障害等級１級または２級の障害厚生年金の受給権者の死亡による遺族厚生年金は、保険料納付要件を問わない。（平15・令５択一）

ご p776/ ×

[A99]　この場合、**保険料納付要件は問わない**。（令２択一）

ご p776/ ×

[A100]　「保険料納付済期間と保険料免除期間とを合算した期間が**25年以上**である者」が死亡したときは、**長期要件**の遺族厚生年金が支給される。平成29年８月の改正で老齢基礎年金の受給資格期間が25年から10年に短縮されたが、遺族給付の要件では短縮されていない。（令５選択）

ご p776/ ×

Question

Q101 遺族厚生年金の受給権者となる遺族は、被保険者又は被保険者であった者（被保険者等）の死亡の当時、その者によって生計を維持していた者に限られる。

Q102 遺族厚生年金の受給権者となる遺族には、被保険者又は被保険者であった者の兄弟姉妹、事実上の養子、事実上の配偶者、子のない夫は含まれない。

Q103 子又は孫については、被保険者等の死亡の当時、18 歳に達する日以後の最初の 3 月 31 日までの間にあるか又は 20 歳未満で障害等級の 1 級若しくは ２級に該当する障害の状態にあれば、現に婚姻していても、遺族厚生年金の受給権者となる。

Q104 夫、父母又は祖父母については、原則として被保険者等の死亡の当時、65 歳以上である場合に限り、遺族厚生年金の受給権者となる。

Q105 被保険者又は被保険者であった者の死亡の当時胎児であった子が出生したときは、将来に向かって、その子は、被保険者又は被保険者であった者の死亡の当時その者によって生計を維持していた子とみなす。

【ポイント】［遺族厚生年金の遺族の範囲］

被保険者又は被保険者であった者の死亡の当時、その者によって生計を維持していた次の者に支給する（法 59 条、昭和 60 年法附則 72 条 2 項）。

イ　妻

ロ　18 歳に達する日以後の最初の 3 月 31 日までの間にあるか又は 20 歳未満で障害等級 1 級若しくは 2 級の障害状態にあり、か

Answer

[A101]　記述のとおり。「生計を同じく」という言葉ではないこと、**死亡当時**で判断されることに注意しよう。(平 29 択一)

ご p777/ ○

[A102]　兄弟姉妹、事実上の養子は含まれないが、**子のない夫**は 55 歳以上（原則）なら遺族の範囲に含まれる。事実上の配偶者も、他の要件を満たせば遺族の範囲に含まれる。（平 11 択一）

ご p777・778/ ×

[A103]　**子・孫**については、設問の年齢等であっても、**現に婚姻**している場合には、遺族厚生年金の**受給権者とならない。**（平 7 択一）

ご p777/ ×

[A104]　65 歳以上ではなく **55 歳以上**である。なお、**60 歳**に達するまでの間は、遺族基礎年金の受給権を有する夫を除き、**支給停止**される。（平 24・令 4 択一）

ご p777/ ×

[A105]　記述のとおり。なお、被保険者等の死亡の当時胎児であった子が出生したときは、**父母、孫又は祖父母**が有する遺族厚生年金の**受給権は消滅**する。（平 27 択一）

ご p777/ ○

つ、現に婚姻していない子又は孫

ハ　55 歳以上の夫、父母又は祖父母（原則として、60 歳になるまでは支給停止）

ニ　障害等級 1 級又は 2 級の障害状態にある夫、父母又は祖父母（平成 8 年 3 月 31 日以前に被保険者等が死亡した場合に限る）

注）支給順位は、次のとおり。

①配偶者（妻・夫）及び子⇒②父母⇒③孫⇒④祖父母

Question

Q106

被保険者の子が遺族厚生年金の受給権者となった場合は、その後、子が失権しても被保険者の父母は遺族厚生年金の受給権を取得しない。

Q107

遺族厚生年金の額は、原則として、報酬比例部分の額の４分の３とされている。

Q108

遺族厚生年金の額は、「本来の遺族厚生年金の額の３分の２＋受給権者の老齢厚生年金の２分の１」とされることがある。

Q109

遺族厚生年金の額を計算する場合、被保険者期間が 300 月に満たない場合には、必ず、300 月を用いてその額が計算される。

Q110

中高齢の寡婦加算が加算されるのは、遺族厚生年金の受給権を取得した当時（夫の死亡の当時）に、40 歳以上 65 歳未満であって、子がいないために国民年金の遺族基礎年金を受けることができない妻に限られる。

Q111

中高齢寡婦加算の額は、遺族基礎年金の額の４分の３である。

【ポイント】［中高齢寡婦加算が加算される者（次のいずれかの妻に限られる）**］**

① 夫が死亡した当時 40 歳以上 65 歳未満であって、子がいないために遺族基礎年金を受けることができない妻（令４択一）

② 40 歳に達した当時、子があり、遺族基礎年金を受けていた妻（ただし、中高齢の寡婦加算が加算されるのは、子が 18 歳到達

Answer

[A106]　記述のとおり。遺族厚生年金には、労災保険の遺族補償年金のような**転給の制度はない**。 ⓒ p778/ ○

[A107]　記述のとおり。（平 28 択一） ⓒ p778/ ○

[A108]　受給権者が、「死亡した者の配偶者で 65 歳以上」であって、老齢厚生年金の受給権を有する場合には、本来の額と設問の額とを比較して、いずれか高い方の額が、遺族厚生年金の額とされる。（令 3 択一） ⓒ p778/ ○

[A109]　遺族厚生年金に係る報酬比例部分の額の計算方法は、短期要件と長期要件とで異なる。**短期要件**に該当する場合は、設問のとおりであるが、**長期要件**に該当する場合は、被保険者期間の 300 月保障はされない。（平 26 択一） ⓒ p779/ ×

[A110]　中高齢の寡婦加算は、40 歳に達した当時に、子があって、**遺族基礎年金を受けていた妻**にも加算される（下記【ポイント】参照）。（平 16・27 択一） ⓒ p780/ ×

[A111]　中高齢寡婦加算の額は、**遺族基礎年金の額（780,900 円×改定率）の 4 分の 3** である。（平 29 選択、令 3 択一）

ⓒ p781/ ○

年度末に達する等して遺族基礎年金を失権したときから 65 歳に達するまでの間となる）

注）長期要件に該当する遺族厚生年金が支給されるときは、夫の被保険者期間が 240 月（中高齢の期間短縮特例に該当するときは、その期間の月数）以上あることが必要である。

Question

Q112 中高齢寡婦加算は、遺族基礎年金の支給を受けることができるときは、その間、支給を停止する。

Q113 経過的寡婦加算（その者の中高齢の寡婦加算と老齢基礎年金に相当する額との差額）が加算される妻は、昭和 41 年４月１日以前に生まれた者である。

Q114 経過的寡婦加算の額は、中高齢寡婦加算額－老齢基礎年金の満額×妻の生年月日に応じた率と計算される。

Q115 子に対する遺族厚生年金は、配偶者が遺族厚生年金の受給権を有する期間、原則として、その支給が停止される。

Q116 遺族厚生年金の受給権を取得した当時、30 歳未満で子がない妻の遺族厚生年金は、５年間の有期年金とされる。

Q117 遺族厚生年金の受給権者が、直系血族・直系姻族（祖父母など）の養子となっても、その受給権は消滅しない。

Q118 遺族厚生年金と老齢厚生年金の受給権を有する場合、受給権者の年齢にかかわらず、遺族厚生年金の額のうち老齢厚生年金の額に相当する部分の支給が停止される。

Answer

[A112]　中高齢寡婦加算は、遺族基礎年金を受けられる妻とのバランス上、設けられているためである。（令５択一）

こ p780/○

[A113]　昭和 41 年ではなく**昭和 31 年**である。**昭和 61 年４月１日において 30 歳以上**である一定の妻に加算される。（令３択一）

こ p781/×

[A114]　正しい。なお、障害基礎年金の受給権者は、障害基礎年金が支給停止されている場合を除き、経過的寡婦加算額が支給停止される。（平 15・21 択一）

こ p782/○

[A115]　記述のとおり。設問中の「**配偶者**」という部分に注意。（平 22 択一）

こ p784/○

[A116]　記述のとおり。また、遺族基礎年金と遺族厚生年金の受給権を取得した妻が、**30 歳に達する前に遺族基礎年金を失権したとき**は、そこから５年経つと遺族厚生年金も失権する。（平 26・令３択一）

こ p783/○

[A117]　記述のとおり。養子になったことにより失権するのは、直系血族及び直系姻族以外の者（伯父・伯母など）の養子となったときである。（平 29・令３択一）

こ p783/○

[A118]　設問のように調整されるのは、受給権者が「**65 歳以上**」の場合に限られる。例えば、老齢厚生年金の額が 80 万円で遺族厚生年金の額が 100 万円の場合には、老齢厚生年金 80 万円が優先して支給され、遺族厚生年金は 20 万円が支給される。（平 29・令３択一）

こ p785/×

Section
9. 脱退一時金

Question

Q119 脱退一時金は、日本国籍を有する者には支給されない。

Q120 脱退一時金は、日本国内に住所を有する者には支給されない。

Q121 脱退一時金は、老齢厚生年金の受給資格期間を満たしているが支給開始年齢に達していない者には支給される。

Q122 脱退一時金は、障害厚生年金の受給権を有したことがある者には支給されない。

Q123 脱退一時金の額は「平均標準報酬額×支給率」と計算され、支給率は原則として、「最終月の属する年の前年 10 月の保険料率× 2 分の 1 × 被保険者であった期間に応じて政令で定める数」と計算される。

脱退一時金は出題頻度が高いです。国民年金法を復習しながら覚えましょう。

Answer

[A119]　脱退一時金は、いわゆる**短期在留の外国人**のために設けられた制度であり、**日本国籍を有する者**には**支給されない**。（平 13 択一）　ご p789/○

[A120]　記述のとおり。なお、短期滞在を繰り返す外国人について、脱退一時金の**支給回数に制限はない**。（平 20 択一）　ご p789/○

[A121]　脱退一時金は、**老齢厚生年金の受給資格期間を満たしている者**には支給されない。（平 7・18・26 択一）　ご p789/×

[A122]　記述のとおり。**障害厚生年金**その他政令で定める保険給付（**障害手当金**、旧法の障害年金等）の受給権を有したことがある者には支給されない。（令 2 択一）　ご p789/○

[A123]　記述のとおり。（平 26・27 択一）　ご p789/○

【ポイント】［脱退一時金の支給要件］

① 厚生年金保険の被保険者期間が 6 カ月以上である**日本国籍**を有しない者であること（国民年金の被保険者でないものに限る）

② 老齢厚生年金等の**受給資格期間**を満たしていないこと

注）日本国内に住所を有しているとき、**障害厚生年金**等の受給権を有したことがあるときなど、一定の場合には、脱退一時金は支給されない。

Section 10. 厚生年金の分割

Question

Q124 平成19年4月1日施行の「離婚等をした場合における特例」は、離婚等をした夫婦の標準報酬の合計を、50％を限度として、当事者間で分割するものである。

Q125 「離婚等をした場合における特例」の請求は、標準報酬の持分（厳密にいうと按分割合）についての当事者の合意がなければ、いかなる場合でもすることができない。

Q126 「離婚等をした場合における特例」の請求は、離婚等をしたときから5年を経過する前にしなければならない。

Q127 平成20年4月1日施行の「被扶養配偶者である期間についての特例」は、厚生年金保険の被保険者又は被保険者であった者の標準報酬を、被扶養配偶者の請求により自動的に50％に分割するものである。

Q128 離婚時みなし被保険者期間及び被扶養配偶者みなし被保険者期間は、老齢基礎年金の受給資格期間、老齢厚生年金の加給年金額の240月要件等に算入される。

【ポイント】［平成20年4月1日施行の「被扶養配偶者である期間についての特例」に係る基本的認識］

被扶養配偶者に対する年金たる保険給付に関しては、被扶養配

2つの分割の制度について、違いを押さえておきましょう。

Answer

[A124] 「離婚等をした場合における特例」は、当事者の標準報酬の合計を、50％（2分の1）を限度として、当事者間で分割するものである。(平29選択・平21択一)　ご p793/ ○

[A125] 当事者の合意が調わない場合でも、**家庭裁判所**が按分割合を決定したときは、請求できる。　ご p792/ ×

[A126] 5年ではなく**2年**である。実施機関に対し、請求を行うために必要な一定の情報の提供を請求できるのも、離婚等をしたときから2年以内である。(令2選択・平21・令3択一)　ご p792/ ×

[A127] 記述のとおり。**相手の同意なしで分割できる**点が、Q124〜Q126の「離婚等をした場合における特例」と異なる。(平29択一)　ご p796/ ○

[A128] 算入されない。また、60歳代前半の老齢厚生年金の「被保険者期間**1年以上**」、脱退一時金の支給要件の「**6月以上**」等にも算入されない。なお、振替加算を行わない場合の「**240月以上**」には**算入される**。(平24・令3択一)　ご p794、797/ ×

偶者を有する被保険者が負担した保険料について、当該被扶養配偶者が**共同して負担**したものであるという基本的認識の下に、法に定めるところによる。

Section
11. 費用の負担など

Question

Q129 特別会計積立金の運用は、日本年金機構が年金積立金管理運用独立行政法人に委託することにより行う。

Q130 厚生年金保険の実施者たる政府が負担する基礎年金拠出金の額について、国庫は、毎年度、2分の1に相当する額を負担することとされている。

Q131 保険料率は、平成16年改正で保険料水準固定方式が導入され、原則として平成29年9月以後は1,000分の183に固定されている。

Q132 被保険者が船舶に使用され、かつ、同時に事業所に使用される場合には、船舶所有者以外の事業主が保険料の納付義務を負う。

Q133 被保険者が同時に2以上の事業所に使用される場合は、各事業所の報酬月額を合算して得た標準報酬月額に保険料率を乗じて得た額が標準報酬月額に係る保険料となる。

【ポイント】［積立金の運用］

専ら厚生年金保険の**被保険者の利益**のために、**長期的な観点**から、**安全かつ効率的**に行うことにより、将来にわたって、厚生年

最終的には、各科目との横断整理が必要。まずは、
厚年法の規定の特徴を押さえておきましょう。

Answer

[A129]　特別会計積立金の運用は、**厚生労働大臣**が**年金積立金管理運用独立行政法人**に特別会計積立金を**寄託**することにより行う。（平 26 選択）　ご p803/ ×

[A130]　また、国庫は毎年度、**予算の範囲内**で、一定の厚生年金保険事業の**事務の執行に要する費用**を負担する。（平 29 選択）　ご p804/ ○

[A131]　記述のとおり。なお、**私学教職員**については**令和９年４月**から 1,000 分の 183 とされる。（令元択一）　ご p805/ ○

[A132]　**船舶所有者**が当該被保険者に係る保険料の半額を負担し、被保険者の負担する保険料とあわせて納付する義務を負う。（平 27・30 択一）　ご p807/ ×

[A133]　この場合に、各事業主が負担すべき標準報酬月額に係る保険料の額は、**各事業所における報酬月額で按分した額の半額**となる。（平 28 択一）　ご p806〜807/ ○

金保険事業の運営の安定に資することを目的として行うものとする。

Question

Q134 育児休業等の期間が令和５年 11 月 30 日から令和６年 10 月３日までの場合は、令和５年 12 月分から令和６年９月分までの保険料が、被保険者負担分、事業主負担分ともに免除される。

Q135 育児休業等を開始した日の属する月と、その育児休業等が終了する日の翌日が属する月とが同一である場合は、育児休業等の日数が 10 日以上であれば、当該月の保険料が免除される。

Q136 被保険者が連続する二以上の育児休業等をしている場合、保険料の免除の規定の適用については、その全部を一の育児休業等とみなす。

Q137 厚生労働大臣は、納入した保険料額が当該納付義務者が納付すべき額を超えていることを知ったときは、その納付の日の翌日から３カ月以内の期日に納付すべき保険料について納期を繰り上げてしたものとみなすことができる。

Q138 被保険者の使用される船舶が滅失、沈没又は全く運航にたえなくなるに至ったときは、保険料の繰上徴収の対象となるが、船舶所有者の変更があったときは対象とならない。

Answer

[A134]　育児休業等期間中の保険料免除の期間は、Q135の場合を除き、育児休業等を**開始した日の属する月**から、その育児休業等が**終了する日の翌日が属する月の前月まで**である。設問の場合は**令和5年11月**から令和6年9月分までとなる。

㋛ p807/ ×

[A135]　10日以上ではなく、**14日以上で**ある。なお、賞与の保険料は、育児休業等が**1月以下**の場合は免除されない。

㋛ p807/ ×

[A136]　土日等の休日や年次有給休暇等の労務に服さない日を挟んで複数回の育児休業等を取得した場合も、一の育児休業等とみなす。 ㋛ p807/ ○

[A137]　納付の日の**翌日**から**6カ月**以内の期日に納付すべき保険料について納期を繰り上げてしたものとみなすことができる。（平30選択、平25択一） ㋛ p808〜809/ ×

[A138]　**船舶所有者の変更**があったときも**繰上徴収の対象となる**。（平27・令元択一） ㋛ p810/ ×

【ポイント】［保険料免除制度の整理］
○**産前産後休業**→免除制度あり
○**育児休業等**（3歳に満たない子を養育するための休業）→免除制度あり
×**介護休業**→免除制度なし

Section 12. 雑則など

Question

Q139 被保険者又は被保険者であった者が、故意に障害又はその直接の原因となった事故を生じさせたときは、その障害を支給事由とする障害厚生年金又は障害手当金の全部又は一部を支給しないことができる。

Q140 受給権者が、正当な理由なく、法に規定する届出をせず、又は書類その他の物件を提出しないときは、保険給付の支払を一時差し止めることができる。

Q141 受給権者は、厚生労働大臣に対し、必要な届出を行う必要があるが、受給権者の属する世帯の世帯主その他その世帯に属する者に、そのような届出義務は課されていない。

Q142 老齢厚生年金の受給権者は、加給年金額対象者である配偶者が65歳に達したときは、10日以内に加給年金額対象者不該当届を日本年金機構に提出しなければならない。

Q143 厚生労働大臣による保険料の賦課・徴収の処分に不服がある者は、社会保険審査会官に対して審査請求をすることができる。

支給制限、不服申立て、時効などを取り上げました。得点源にしたいところです。

Answer

[A139] 設問のように「**故意**」があった場合には、当該障害を支給事由とする障害厚生年金又は障害手当金は、**支給しない。**（平 15・令元択一） ご p799/ ×

[A140] 記述のとおり。「支給停止」ではないことに注意。差止め事由が消滅すれば、差止めされていた保険給付が支給される。（平 22・27 択一） ご p800/ ○

[A141] **受給権者の所在が不明**（1 月以上不明）の場合、**受給権者の属する世帯の世帯主その他その世帯に属する者**が、届出を行う必要がある。（令元択一） ご p802/ ×

[A142] 加給年金額対象者不該当届は、加給年金額対象者である配偶者が 65 歳に達したときは、**提出する必要はない**。（平 21・令元択一） ご p801/ ×

[A143] 厚生労働大臣による保険料等の賦課・徴収の処分、脱退一時金に関する処分に不服がある場合は、**社会保険審査会**への審査請求の**一審制**となっている。（平 29 択一） ご p814～815/ ×

Question

Q144 厚生労働大臣による被保険者の資格、標準報酬及び保険給付に関する処分に不服がある場合は社会保険審査官に審査請求をすることができ、社会保険審査官の決定に不服がある場合は社会保険審査会に対して再審査請求をすることができる。

Q145 厚生労働大臣がした厚生年金保険原簿の訂正をする旨・訂正をしない旨の決定については、社会保険審査官又は社会保険審査会に対して審査請求をすることができる事項に含まれない。

Q146 障害手当金を受ける権利の消滅時効の期間は、保険料等を徴収し、又はその還付を受ける権利の消滅時効の期間と同様、２年である。

Q147 保険給付の返還を受ける権利は、これを行使することができる時から５年を経過したときは、時効によって消滅する。

Q148 年金受給権の時効は、その年金が全額支給停止されている間も、進行する。

【ポイント】［厚生労働大臣による処分についての不服申立て］

処分	請求
被保険者資格 標準報酬 保険給付 } ⓐ	社会保険審査官に審査請求→不服→社会保険審査会に再審査請求
保険料等} ⓑ 脱退一時金} ⓒ	社会保険審査会に審査請求

Answer

[A144]　記述のとおり。なお、審査請求をしてから**2月**を経過しても決定がないときは、社会保険審査官が審査請求を**棄却したものとみなすことができる**。その後は、**再審査請求**をするか、**処分の取消しの訴え**を提起するか、選択できる。

ご p814/ ○

[A145]　設問の事項については、**行政不服審査法**に基づく審査請求をすることはできる。（平30択一）　ご p815/ ○

[A146]　障害手当金も保険給付であるため、これを受ける権利の消滅時効の期間は、**5年**である。（平29択一）ご p815/ ×

[A147]　記述のとおり。なお、設問の権利と、保険料等の徴収金を徴収し、若しくはその還付を受ける権利の時効については、**援用を要せず**、また、**その利益を放棄することができない**。

ご p816/ ○

[A148]　年金受給権の時効は、その年金が**全額支給停止**されている間は、「**進行しない**」。（平23・30択一）　ご p815/ ×

注）裁判所への処分の取消しの訴えの提起（提訴）との関係
　ⓐの処分は社会保険審査官の決定を経た後、ⓒの処分は社会保険審査会の裁決を経た後でなければ、提訴できない（ⓑの処分にはこのような制限はない）。

〈**補足**〉厚生労働大臣以外の実施機関が行った処分についての不服申立ては、共済各法の規定によって行うことになっている。

【知っトク知識】

■年金の改正は得点しやすい！

年金制度には改正がつきものですが、試験対策としては、これは大いに歓迎したいところです。新しい制度については、ひねった出題がなく、得点しやすいためです。また、「最近改正されたところ」や「改正が予定されているところ」も出題されやすい傾向にあります。これらをおさえながら学習していけば、年金に親しみがわき、総得点もアップするでしょう。

<近年の大きな改正>

●適用業種の拡大（健保・厚年共通）

これまで非適用業種とされていた、個人経営の一定の士業の事務所について、**常時５人以上**の従業員を使用する場合は強制適用となりました。

> **<適用拡大の対象となった士業>**
>
> 弁護士、公認会計士、公証人、司法書士、土地家屋調査士、行政書士、海事代理士、税理士、社会保険労務士、沖縄弁護士に関する政令第１条に規定する沖縄弁護士、外国法事務弁護士、弁理士。

●５年前時点でのみなし繰下げ

老齢基礎年金や老齢厚生年金の消滅時効は、**５年**です。このため従来は、請求が遅くなると、５年より前の分は時効消滅してしまい、受け取れませんでした。これを改め、“請求時に支給繰下げの申出をしないが、繰下げの要件を満たしている人”について、一定期間内なら、**５年前に繰下げをしたものとみなす**こととしました。例えば、65歳で受給権を取得し、73歳（8年後）で請求した場合、「３年間、繰下げ待機した」ということにして、0.7％×36月＝25.2％**増額**となります。

Chapter

9 労務管理その他の労働に関する一般常識

Question & Answer

労働協約には、
必ず有効期間を定める
必要がある

×

Q51 参照

Section
1. 労働諸法令

Question

<労働施策総合推進法>

Q1 事業主は、原則として、労働者の募集及び採用について、その年齢にかかわりなく均等な機会を与えなければならない。

Q2 事業主は、新たに外国人を雇い入れた場合又はその雇用する外国人が離職した場合には、その者の氏名、在留資格、在留期間等について確認し、その事項を厚生労働大臣に届け出なければならない。

Q3 職場において行われる優越的な関係を背景とした言動であって、業務上必要かつ相当な範囲を超えたものにより労働者の就業環境が害される、いわゆるパワハラ問題については、事業主に雇用管理上の措置が義務づけられている。

<職業安定法>

Q4 有料職業紹介事業は、①港湾運送業務に就く職業、②建設業務に就く職業、③その他厚生労働省令で定める職業についてはすることができない。

出題対象となる法律について、核となる部分を取り上げました。確実に覚えるようにしましょう。

Answer

[A 1] 設問の規定は、「与えなければならない」という**義務規定**である。（平 20・26 択一） ご p825/ ○

[A 2] 記述のとおり。**義務規定**であることに注意。なお、この届出は、**すべての事業主**に義務づけられている。（平 20 択一） ご p825/ ○

[A 3] 記述のとおり。事業主は相談に応じ、適切に対応するために必要な体制の整備等を**しなければならない**（令 3 択一）。なお、事業主は自らも労働者に対する言動に必要な注意を払うように努めなければならない。 ご p826/ ○

[A 4] 記述のとおり。なお、有料職業紹介事業者は、自己の名義をもって、他人に有料職業紹介事業を行わせてはならない。 ご p827/ ○

【ポイント】［有料・無料職業紹介事業］

<table>
<tr><th>職業紹介事業</th><th>禁止職業</th><th>要　件</th><th colspan="2">有効期間</th></tr>
<tr><td>有料職業紹介事業</td><td>禁止職業あり</td><td rowspan="2">厚生労働大臣の許可</td><td>新規
3 年</td><td rowspan="2">更新
5 年</td></tr>
<tr><td>無料職業紹介事業</td><td>—</td><td>新規
5 年</td></tr>
<tr><td>学校等・特別の法人の行う無料職業紹介事業</td><td>—</td><td>厚生労働大臣に届出</td><td colspan="2">—</td></tr>
</table>

Question

Q5 学校等の長は、厚生労働大臣の許可を受けることにより、無料職業紹介事業を行うことができる。

＜労働者派遣法＞

Q6 労働者派遣事業を行おうとする者は、厚生労働大臣の許可を受けなければならない。

Q7 労働者派遣事業は、①港湾運送業務、②建設業務、③警備業務、④その他政令で定める業務については、行うことができない。

Q8 派遣先が派遣労働者を受け入れる期間は、原則として、派遣可能期間（5年）を超えてはならない。

Q9 派遣元事業主は、その雇用する労働者であって、派遣労働者として雇い入れた労働者以外のものを新たに労働者派遣の対象としようとするときは、あらかじめ、当該労働者にその旨を明示し、同意を得なければならない。

＜高年齢者雇用安定法＞

Q10 事業主は、一定の業務を除き、その雇用する労働者について60歳を下回らない範囲内で定年を定めなければならない。

Answer

[A5] 学校等の長は、**厚生労働大臣への届出**により、無料職業紹介事業を行うことができる。 ご p827/ ×

[A6] なお、新規の許可の有効期間は**3年**、更新の場合の有効期間は**5年**である。 ご p828/ ○

[A7] 記述のとおり。なお、政令で定める業務として、一定の医業などが定められている。(平7択一) ご p828/ ○

[A8] 「5年」ではなく「**3年**」である。なお、派遣先の事業所の過半数労働組合等の意見を聴くなどの要件を満たせば、さらに3年間、**派遣可能期間の延長が可能**(延長を繰り返すことも可)。ただし、同一組織単位(課)における同一の派遣労働者の受入れは、3年が限度である。 ご p829/ ×

注) 派遣期間に制限のない派遣もある(無期雇用の派遣労働者に係る労働者派遣など)。

[A9] 記述のとおり。これに対し、労働者を派遣労働者として雇い入れようとするときは、あらかじめその旨を明示すれば足りる。(平16択一) ご p831/ ○

[A10] 一定の業務(**坑内作業**の業務)を除き、**定年を定める場合**には、**60歳**を下回ることができない。定年を定めなくてもよい。(平10択一) ご p834/ ×

Question

Q11　定年（70 歳未満のものに限る。）の定めをしている事業主は、高年齢者雇用確保措置を講じなければならない。

Q12　事業主は、高年齢者雇用等推進者を選任しなければならない。

Q13　事業主は、労働者の募集及び採用をする場合において、やむを得ない理由により一定の年齢（65 歳以下のものに限る）を下回ることを条件とするときは、求職者に対し、その理由を示さなければならない。

<障害者雇用促進法>

Q14　民間の一般企業の障害者雇用率は 100 分の 2.5 とされている。

Q15　障害者雇用調整金の月額は超過 1 人につき原則として 29,000 円、障害者雇用納付金の月額は不足 1 人につき 50,000 円である。

【ポイント】［障害者雇用率制度］

障害者雇用率制度とは、『常時雇用労働者数（短時間労働者は「1 ×0.5」と計算）×障害者雇用率＊1』≦『実際に常時雇用する障害者数＊2』となれば OK という制度。

＊1　障害者雇用率は、一般事業主〔民間企業〕では 2.5 %。特殊法人等については別途規定。

＊2　実際に常時雇用する障害者数は、右のようにカウントする。

Answer

[A11] 「70 歳」ではなく「**65 歳**」である。なお、高年齢者雇用確保措置の種類は、定年の引上げ、**継続雇用制度の導入**、定年の定めの廃止の３種類である。 ⓒ p834/ ×

[A12] 事業主は、高年齢者雇用等推進者を選任するように**努めなければならない**。 ⓒ p835/ ×

[A13] 記述のとおり。やむを得ない理由により**一定の年齢を下回る**ことを条件とするときは、求職者にその**理由**を示さなければならない。（平 17・19 択一） ⓒ p836/ ○

[A14] 記述のとおり。障害者の雇用義務は、雇用者数が常時 **40 人以上**（1 ÷**2.5 %**）で発生する。（令 4 選択）

ⓒ p837/ ○

[A15] 記述のとおり。なお、障害者雇用調整金及び障害者雇用納付金の規定は、**常時 100 人以下**の労働者を雇用する事業主（特殊法人を除く）には適用されない。 ⓒ p838/ ○

		短時間労働者以外	短時間労働者（週所定労働時間 20 時間以上 30 時間未満）
身体障害者・知的障害者		1 人につき **1 人**とカウント	1 人につき **0.5 人**とカウント
	重度の場合	1 人につき **2 人**とカウント	1 人につき **1 人**とカウント
精神障害者		1 人につき **1 人**とカウント	1 人につき **1 人**とカウント

Question

Q16 常時300人以下の労働者を雇用する事業主に限り、障害者雇用の促進等の取組状況が優良であることの認定を受け、商品等に一定の表示を付することができる。

Q17 障害者雇用義務のある一般事業主は、障害者雇用推進者を選任しなければならず、又、障害者雇用状況を毎年1回報告するように努めなければならない。

Q18 事業主は、労働者の募集及び採用について、障害者に対して、障害者でない者と均等な機会を与えなければならない。

＜個別労働関係紛争解決促進法＞

Q19 一般的にいう「個別労働関係紛争」とは、「労働条件その他労働関係に関する事項についての個々の労働者と事業主との間の紛争（労働者の募集及び採用に関する事項についての個々の求職者と事業主との間の紛争を含む）のことである。

＜労働契約法＞

Q20 労働契約法上の「使用者」とは、事業主又は事業の経営担当者その他その事業の労働者に関する事項について、事業主のために行為をするすべての者をいう。

Q21 労働契約法は、国家公務員及び地方公務員、使用者が同居の親族のみを使用する場合の労働契約には適用しない。

[A16]　記述のとおり。Q15の調整金・納付金と整理しておこう。
ご p839/ ○

[A17]　一般事業主は、**障害者雇用推進者**を選任するように**努めなければならない**。**障害者雇用状況**は、毎年1回、報告**しなければならない**。（平25選択）
ご p838～839/ ×

[A18]　記述のとおり（平28択一）。なお、事業主は、賃金の決定、教育訓練の実施、福利厚生施設の利用その他の待遇について、労働者が障害者であることを理由として、障害者でない者と不当な差別的取扱いをしてはならない。
ご p836/ ○

[A19]　記述のとおり。一般的にいう「個別労働関係紛争」には、労働者の**募集及び採用**に関する事項についての個々の求職者と事業主との間の紛争を含むことに注意。
ご p839/ ○

[A20]　労働契約法上の「使用者」とは、**その使用する労働者に対して賃金を支払う者**をいう。「労働者」とは、**使用者に使用されて労働し、賃金を支払われる者**をいう。労働基準法と比較しておこう。（平29択一）
ご p840/ ×

[A21]　なお、**家事使用人**は、労働契約法の「労働者」に該当すれば労働契約法が**適用される**。（平22・24・28択一）
ご p842/ ○

Question

Q22 労働契約は、労働者及び使用者が仕事と家族の生活の調和にも配慮しつつ締結し、又は変更すべきものとする。

Q23 使用者は、労働契約に根拠規定がある場合は、労働者がその生命、身体等の安全を確保しつつ労働することができるよう、必要な配慮をするものとする。

Q24 労働契約は、労働者が使用者に使用されて労働し、使用者がこれに対して賃金を支払うことについて、労働者及び使用者が合意することで成立する。

Q25 使用者が、労働者と合意することなく、就業規則を変更することにより、労働者の不利益に労働契約の内容である労働条件を変更したときは、労働契約法の罰則の適用がある。

Q26 就業規則で定める基準に達しない労働条件を定める労働契約は、その部分については、無効とする。

Q27 同一の使用者との間の２以上の有期労働契約の期間が通算して５年を超える労働者が、使用者に対し無期転換申込をしたときは、期間の定め以外の労働条件も正社員と同様となる。

<男女雇用機会均等法>

Q28 退職の勧奨、定年及び解雇に関する事項については性別を理由とする差別的取扱いが禁止されているが、労働契約の更新に関する事項については、性別を理由とする差別的取扱いは特に禁止されていない。

[A22] 「家族の生活」は「生活」である。なお、労働契約は労働者及び使用者が**対等の立場**で締結・変更すべきこと、**就業の実態**に応じて**均衡を考慮**すること等が規定されている。（平25 択一）
こ p840/ ×

[A23] 使用者は労働契約に特段の根拠規定がなくとも**当然に**、設問の安全配慮義務を負う。（平 22・24 択一）
こ p841/ ×

[A24] **書面がなくても**、合意があれば労働契約は成立する（平 28 択一）。なお、労働条件を詳細に定めていなかった場合でも、労働契約そのものは成立し得る。
こ p841/ ○

[A25] **労働契約法には罰則はない**。また、就業規則の変更による不利益変更が可能な場合として、労働契約法 10 条が規定されている。（平 22 択一）
こ p840・842/ ×

[A26] 就業規則の基準に達しない**部分**が無効となる。無効となった部分は、就業規則で定める基準による。
こ p842/ ○

[A27] 無期転換後の労働条件は、契約期間を除き、**現に締結している契約内容の労働条件と同一**である。
こ p844/ ×

[A28] **退職の勧奨**、**定年**及び**解雇**と同様に、**労働契約の更新**に関する事項についても、**性別**を理由とする差別的取扱いが**禁止**されている。
こ p850/ ×

Question

Q29 労働者の募集若しくは採用、昇進又は職種の変更に関する措置であって、労働者の住居の移転を伴う配置転換に応じることができることを要件とするものを合理的な理由なく講じることは、男女雇用機会均等法において問題とされない。

Q30 事業主は、女性労働者が婚姻し、妊娠し、又は出産したことを退職理由として予定する定めをしてはならない。

Q31 マタニティハラスメント防止措置義務における「労働者」とは、いわゆる正規労働者に限らない。

Q32 事業主は、その雇用する女性労働者が母子保健法の規定による保健指導又は健康診査を受けるために必要な時間を確保することができるようにしなければならない。

Q33 都道府県労働局長は、男女雇用機会均等法に規定する一定の紛争（労働者の募集及び採用についての紛争を含む）について、当該紛争の当事者の双方又は一方から調停の申請があった場合において当該紛争の解決のために必要があると認めるときは、紛争調整委員会に調停を行わせるものとする。

＜育児・介護休業法、女性活躍推進法等＞

Q34 子が１歳に達するまでの育児休業は、原則として３回まで分割して取得することができる。

Answer

［A29］ 設問の措置を合理的な理由なく講じることは**間接差別**に当たり、禁止されている。例えば、コース別雇用管理を導入して総合職と一般職に区分し、総合職は転居を伴う転勤に応じられる者のみ対象とすることが該当する。 ご p850/ ×

［A30］ 記述のとおり。なお、男女雇用機会均等法では、女性労働者が**婚姻したことを理由とする解雇**なども禁止している。 ご p851/ ○

［A31］ ここでいう「労働者」とは、いわゆる正規労働者のみならず、パートタイム労働者、契約社員等いわゆる非正規労働者を含む**事業主が雇用する労働者の全て**をいう。 ご p851 関連 / ○

［A32］ 記述のとおり。なお、事業主は、女性労働者が保健指導又は健康診査に基づく指導事項を守れるようにするため、勤務時間の変更、勤務の軽減等**必要な措置を講じなければならない**。 ご p852/ ○

［A33］ **労働者の募集及び採用**についての紛争は、調停の対象に**含まれない**。なお、調停は**3人の調停委員**が行う。委員会は、調停のため必要があると認めるときは、関係当事者又は関係当事者と同一の事業場に雇用される労働者その他の参考人の**出頭を求め、その意見を聴く**ことができる。 ご p852/ ×

［A34］ 子が1歳に達するまでの育児休業は、原則として**2回まで分割**して取得することができる。 ご p853/ ×

Question

Q35　出生時育児休業とは、原則として子の出生日から起算して6週間を経過する日の翌日までの期間内に2週間以内の期間を定めてすることができる休業であり、その日数は最大で14日である。

Q36　使用者は、出生時育児休業の申出をした労働者が、当該出生時育児休業期間において就業することができる日を申し出た場合であっても、休業期間に就業させてはならない。

Q37　常時雇用する労働者の数が1,000人を超える事業主は、毎年少なくとも1回、その雇用する労働者の育児休業の取得の状況として厚生労働省令で定めるものを公表しなければならない。

Q38　「子の看護休暇」及び「介護休暇」を取得できるのは、いかなる場合でも、一の年度において5日（5労働日）が限度である。

Q39　女性活躍推進法では、常用労働者数が201人以上の一般事業主のみ、一般事業主行動計画を策定し届け出ることが義務づけられている。

Q40　事業主は、①短時間労働者に係る事項についての就業規則の作成・変更の際に、短時間労働者の過半数代表者の意見を聴かなければならず、また、②一定の場合は短時間・有期雇用管理者を選任しなければならない。

Answer

[A35]　原則として子の出生日から起算して**8週間**を経過する日の翌日までの期間内に**4週間**以内の期間を定めてすることができる休業であり、その日数は最大で**28日**である。

ご p854・855/ ×

[A36]　**労使協定**がある場合は、**就業可能日等を申し出た労働者**を、出生時育児休業期間中に労働させることができる。なお、労働者は、就業可能日等の変更や、申出の撤回をすることができる。

ご p854 関連 / ×

[A37]　なお、厚生労働省令で定めるものには、男性の育児休業取得率などがある。

ご p855/ ○

[A38]　子の看護休暇については対象となる子が**2人以上**の場合、介護休暇については対象家族が**2人以上**の場合には、**10労働日**が限度とされる。なお、休暇は、**時間単位**も可能。

ご p855/ ×

[A39]　101人以上の場合に義務づけられている。なお、次世代育成支援対策推進法の行動計画も常時101人以上の場合に義務づけられている。

ご p859/ ×

[A40]　設問の①②は、いずれも「**努めるものとする**」という努力規定である。なお、②は、短時間・有期雇用労働者を**常時10人以上**雇用する事業所に関する規定である。

ご p856・858/ ×

Question

Q41 事業主は、職務内容同一短時間・有期雇用労働者については、短時間・有期雇用労働者であることを理由として、基本給、賞与その他の待遇のそれぞれについて、差別的取扱いをしてはならない。

Q42 通常の労働者と業務の内容が同一の短時間・有期雇用労働者には、通常の労働者と同一の精皆勤手当を支給しなければならない。

Q43 事業主は、短時間・有期雇用労働者を雇い入れたときは、速やかに、労働条件に関する事項のうちいわゆる特定事項を、文書の交付等により明示するよう努めなければならない。

Q44 最低賃金法による最低賃金額は、時間、日、週又は月によって定めるものとされている。

Q45 最低賃金法では、都道府県労働局長の許可を要件として、精神又は身体の障害により著しく労働能力の低い者などの一定の労働者について、最低賃金の規定を適用しないこととする適用除外の規定を設けている。

Q46 地域別最低賃金は、地域における労働者の生計費又は賃金若しくは通常の事業の賃金支払能力を考慮して定められなければならない。

Answer

[A41] 「職務内容同一」の部分は、正しくは「**通常の労働者と同視すべき**」である。 ご p857/ ×

[A42] 記述のとおり。なお、考課上、欠勤についてマイナス査定を行っている者と行っていない者との間で待遇差があることは、問題とならない。 ご p857 関連 / ○

[A43] 正しくは「明示しなければならない」である。なお、特定事項とは、①昇給の有無、②退職手当の有無、③賞与の有無、④雇用管理の改善等に関する事項に係る相談窓口をいう。 ご p856/ ×

[A44] 最低賃金額は、**時間**（のみ）によって定めるものとされている。（平 29 択一） ご p860/ ×

[A45] 最低賃金法では、**都道府県労働局長の許可**を要件に、精神又は身体の障害により著しく労働能力の低い者などの一定の労働者について、減額した最低賃金額を適用する**最低賃金の減額の特例**の規定を設けているが、適用除外の規定は設けていない。（令 5 択一） ご p860/ ×

[A46] 地域における**労働者の生計費及び賃金並びに通常の事業の賃金支払能力**を考慮して定められなければならない。（平 24 選択） ご p861/ ×

【ポイント】［未払賃金の立替払の額の上限］（平 14 択一）

退職日における年齢	未払賃金総額の上限	立替払の上限
30 歳未満の者	110 万円	**110 万円×8 割＝ 88 万円**
30 歳以上 45 歳未満の者	220 万円	**220 万円×8 割＝176 万円**
45 歳以上の者	370 万円	**370 万円×8 割＝296 万円**

Question

Q47 賃金支払確保法による未払賃金の立替払については、一定の年齢の区分に応じて上限が設けられているが、その上限は、30歳未満の者より、45歳以上の者の方が高くなっている。

<労働組合法>

Q48 労働組合法では、労働者が団体行動を行うために自主的に労働組合を組織し、団結することを擁護しているが、使用者の利益を代表する者の参加を許す団体等は、同法の労働組合とは認められない。

Q49 使用者が雇用する労働者の代表者と団体交渉をすることを正当な理由なく拒むことは、労働組合法上、不当労働行為とされる。

Q50 チェック・オフは使用者の経理上の援助には該当せず、不当労働行為とはならないが、労働基準法上の賃金全額払の原則に抵触するため、労使協定の締結が必要である。

Q51 労働組合法上の労働協約には、必ず、有効期間を定める必要があり、その有効期間の上限は、1年間とされている。

Q52 労働協約中の「労働条件その他の労働者の待遇に関する基準」に違反する労働契約は、その部分が無効となり、無効となった部分は、基準の定めるところによる。

Q53 労働協約は、当該労働組合に加入していない労働者の労働契約を規律する効力をもつことはない。

Answer

[A47]　記述のとおり（前頁【ポイント】参照）。なお、未払賃金立替払は、労災保険法の社会復帰促進等事業の一環として行われる。**労災保険が1年以上継続**していたこと等を条件に、政府が弁済する。　ご p862/ ○

[A48]　記述のとおり。なお、**使用者の経理上の援助**（一定のものを除く）を受ける団体等なども、労働組合と認められない。　ご p864/ ○

[A49]　記述のとおり。なお、労働者が**労働組合の組合員であること等を理由として解雇その他不利益な取扱いをすること**なども、不当労働行為に該当する。　ご p865/ ○

[A50]　チェック・オフとは、労働組合と使用者間の協定に基づき使用者が組合員の賃金から組合費を控除し、一括して組合に引き渡すことをいう。（平11記述）　ご p865/ ○

[A51]　**労働協約**には、必ずしも、**有効期間**を定める**必要はない**。なお、**有効期間**を定める場合には、その期間の上限は、**3年間**とされている。　ご p866/ ×

[A52]　これを労働協約の**規範的効力**という。なお、労働協約は、拡張適用され、当該労働組合に加入していない労働者の労働契約を規律する効力をもつことがある。　ご p866/ ○

[A53]　**一般的拘束力**等の規定があり、当該労働組合に加入していない労働者についても効力をもつことがある。

ご p866/ ×

Section

2. 労働経済、労務管理

Question

Q54 完全失業率とは、労働力人口に占める完全失業者の割合をいう。なお、労働力人口とは、18歳以上人口のうち、就業者と完全失業者との合計のことである。

Q55 完全失業率は、景気の遅行指標といわれているが、有効求人倍率（有効求人数÷有効求職者数）は、景気の一致指標といわれている。

Q56 我が国の女性の労働力率は、おおむね、学校卒業後に高くなり、その後、結婚などによっても低下せず、高齢になってから低下する傾向にあり、これをグラフに表すと、台形型のカーブを描く。

Q57 令和３年版労働経済白書では、テレワークについて、「テレワークの適切な導入及び実施の推進のためのガイドライン」において「労働者が情報通信技術を利用して行う事業場外勤務」とされており、その形態は①在宅勤務、②サテライトオフィス勤務、③モバイル勤務があるとしている。

Q58 労働分配率は、付加価値に占める人件費の割合であり、企業にとっての人件費負担の状況をみることができる。景気拡大期に低下し、景気後退局面で上昇する傾向がある。

本試験では必ず出題があります（具体的な数値を問う難問ばかり）。その基礎固めをしましょう。

Answer

[A54] 「18 歳以上」は「15 歳以上」である。なお、令和 5 年平均の完全失業率は 2.6 %である。（平 16 選択） ご p879/ ×

[A55] 記述のとおり。（平 13 択一） ご p880/ ○

[A56] 我が国の女性の労働力率は、おおむね、**結婚などによって一旦低下**するため、グラフに表すと、**M 字型のカーブ**を描く。（平 10 記述、平 17 選択） ご p880/ ×

[A57] ②は労働者の属するメインのオフィス以外に設けられたオフィスを利用するもの、③はノートパソコンや携帯電話等を活用して臨機応変に選択した場所で業務を行うものである。（平 15 択一） ご p877/ ○

[A58] 付加価値（特に営業利益）が景気感応的であるのに対して、分子である人件費が変動しにくいためである。（平 6・9 記述） ご p878/ ○

【ポイント】［労務管理の沿革］

労務管理は、①科学的管理法（テーラーが提唱）→②人間関係論（メーヨー・レスリスバーガーらが提唱）→③行動科学という順序で発展していった。③の行動科学には次のようなものがある。

- **欲求 5 段階説——マズロー**が提唱。人間の欲求は、生理的→安全→社会的→自我→自己実現と 5 つの段階を経ていくと主張し、これに沿った労務管理が必要であるとする。
- **X 理論（人間性悪説）と Y 理論（人間性善説）——マグレガー**が提唱した理論。X 理論と Y 理論を展開した上で、**Y 理論**に基づく労務管理が必要であると主張した。

【知っトク知識】

■一般常識は改正点で得点する！

初めて社労士試験に挑戦する方にとって、大きな壁となるのが一般常識です。「一般常識だから、勉強しなくても大丈夫」と思って試験会場へ行くと、0点になってしまいます。範囲が広いのがこの科目の特徴ですが、対策のしようはあるのです。それは、他の科目にも言えることですが、**改正点を素直に学習する**ということです。

令和6年度は障害者雇用率の引上げがあります。雇用すべき障害者の数は、所定労働時間等により数え方が異なります。1人雇用につき何人雇用したとカウントされるのか、解答できるようにしておきましょう。

1人雇用につき2人とカウント	重度身体障害者、重度知的障害者
1人雇用につき1人とカウント	身体障害者、知的障害者、精神障害者
	短時間で重度身体障害者、重度知的障害者
	短時間で精神障害者（当分の間）
1人雇用につき0.5人とカウント	短時間で身体障害者、知的障害者
	特定短時間で重度身体障害者、重度知的障害者
	特定短時間で精神障害者

短時間＝週所定労働時間が20H以上30H未満
特定短時間＝週所定労働時間が10H以上20H未満

Chapter 10 社会保険に関する一般常識

Question & Answer

船員保険法における傷病手当金には、待期の規定はなく、その支給期間は、支給を始めた日から通算して3年が限度とされている。

◯

Q15 参照

Section

1. 社会保険諸法令

注）以下の問題・解説の記述中の「市町村」には、特別区を含む。また、「市町村長」には、特別区の区長を含む。

Question

＜国民健康保険法＞

Q1　国民健康保険には、都道府県がその都道府県内の市町村及び特別区とともに行うものと、健康保険組合が行うものとがある。

Q2　高齢者医療確保法の被保険者は、国民健康保険の被保険者とならない。

Q3　修学のため住所を移転した学生は、特例として親元の世帯に属するものとして、被扶養者となる。

Q4　保険料の滞納により、被保険者証に代えて、被保険者資格証明書の交付を受けた被保険者には、保険給付が支給されることはない。

Q5　国民健康保険の保険給付のうち、出産育児一時金、出産手当金、傷病手当金は、条例又は規約の定めるところにより行うものとされているが、特別の理由があるときは、その全部又は一部を行わないことができる。

出題対象となる法律について、核となる部分を取り上げました。確実に覚えるようにしましょう。

Answer

[A 1] “健康保険組合” は、正しくは **“国民健康保険組合”** である。(平 25 択一)　ご p883/ ×

[A 2] 記述のとおり。その他、健康保険法等の被用者医療保険制度の被保険者等やその被扶養者なども、国民健康保険の被保険者とならない。(平 20 択一)　ご p884/ ○

[A 3] 被扶養者ではなく、**被保険者**となる。国民健康保険には、原則として被扶養者という概念はない。(平 19・25 択一)　ご p885/ ×

[A 4] 被保険者資格証明書の交付を受けた被保険者には、療養の給付等は行われないが、保険給付として、「**特別療養費**」が支給される。(平 26・令元択一)　ご p885/ ×

[A 5] 設問は、**法定任意給付（出産育児一時金、葬祭費、葬祭の給付）**の説明である。出産手当金、傷病手当金は、**任意給付**（条例又は規約の定めるところにより行うことができる）とされている。(平 26 択一)　ご p886/ ×

【ポイント】 [国民健康保険法の目的] (令 3 択一)
国民健康保険法は、国民健康保険事業の健全な運営を確保し、もって**社会保障及び国民保健の向上**に寄与することを目的とする。

Question

＜高齢者医療確保法＞

Q6 厚生労働大臣は、医療費適正化基本方針を定めるとともに、6年ごとに、6年を1期として、全国医療費適正化計画を定めるものとされている。

Q7 保険者は、特定健康診査等実施計画に基づき、40歳以上の加入者に対し、特定健康診査を行うものとされている。

Q8 後期高齢者医療は、高齢者の疾病、負傷又は死亡に関して必要な給付を行う。

Q9 生活保護法による保護を受けている世帯（その保護を停止されている世帯を除く）に属する者は、後期高齢者医療制度の適用が除外される。

Q10 後期高齢者医療給付のうち、療養の給付の一部負担金の割合は原則1割であるが、課税所得28万円以上の一定以上所得者は3割である。

Q11 後期高齢者医療に要する費用について、都道府県は、政令で定めるところにより、後期高齢者医療広域連合に対し、負担対象総額の12分の3に相当する額を負担する。

【ポイント】［高齢者医療確保法の目的］ 高齢者医療確保法は、国民の高齢期における適切な医療の確保を図るため、**医療費の適正化**を推進するための計画の作成及び保険者による**健康診査**等の実施に関する措置を講ずるとともに、高齢者の医療につい

Answer

[A 6] 都道府県医療費適正化計画、特定健康診査等実施計画も、6年ごとに、6年を1期として定める。(平21択一)

Ⓒ p895/ ○

[A 7] 保険者とは、全国健康保険協会、健康保険組合などの、公的医療保険の保険者のことである。(平20・令5選択)

Ⓒ p895/ ○

[A 8] なお、後期高齢者医療の被保険者は、広域連合の区域内に住所を有する①**75歳以上**の者、②**65歳以上75歳未満**であって一定の**障害**の状態にある旨の当該後期高齢者医療広域連合の認定を受けた者である。(平29択一) Ⓒ p896/ ○

[A 9] 記述のとおり。ほかに、「後期高齢者医療の適用除外とすべき特別の理由がある者で厚生労働省令で定めるもの」も適用除外である。(平28択一) Ⓒ p896/ ○

[A10] 一部負担金は、原則1割、一定以上所得者は**2割**、**現役並み所得者は3割**である。 Ⓒ p897/ ×

[A11] 「12分の3」は、正しくは「**12分の1**」である。**国**は**12分の3**、都道府県・市町村はそれぞれ12分の1で、これに国の**調整交付金12分の1**を加えると、「**公費負担5割**」(12分の6＝2分の1)となる。 Ⓒ p899/ ×

て、国民の共同連帯の理念等に基づき、前期高齢者に係る**保険者間の費用負担の調整**、後期高齢者に対する**適切な医療の給付**等を行うために必要な制度を設け、もって国民保健の向上及び高齢者の福祉の増進を図ることを目的とする。(令3択一)

Question

＜船員保険法＞

Q12 船員保険法の目的条文においては、雇用の継続に関し保険給付を行うことも述べられている。

Q13 船員保険の保険者は、全国健康保険協会である。

Q14 船員保険の被保険者は、船員法第１条に規定する船員として船舶所有者に使用される者のみである。

Q15 船員保険法における傷病手当金には、待期の規定はなく、その支給期間は、支給を始めた日から通算して３年が限度とされている。

Q16 休業手当金は、療養のため労働することができないために報酬を受けることができない最初の３日間は支給されない。

Q17 被保険者が職務上の事由により、行方不明となったときに、被扶養者に対して支給する「行方不明手当金」の支給期間は、行方不明となった日の翌日から起算して１月間が限度とされている。

【ポイント】［船員保険法の目的］

船員保険法は、**船員**又はその**被扶養者**の**職務外の事由**による疾病、負傷若しくは死亡又は出産に関して保険給付を行うとともに、**労働者災害補償保険による保険給付**と併せて船員の**職務上の事由**又は**通勤**による疾病、負傷、障害又は死亡に関して保険給付を行うこと等により、船員の生活の安定と福祉の向上に寄与すること

Answer

[A12] 雇用の継続に関し保険給付を行うことは述べられていない（下記【ポイント】参照）。（令3択一） ご p901/ ×

[A13] なお、被保険者の資格の取得及び喪失の確認等は**厚生労働大臣**が行う。（平30択一） ご p901/ ○

[A14] 船員保険の被保険者は、船員法第1条に規定する船員として船舶所有者に使用される者及び**疾病任意継続被保険者**である。 ご p901/ ×

[A15] 記述のとおり。健康保険法の傷病手当金と異なることに注意。（令5選択、平28・令2択一） ご p903/ ○

[A16] **休業手当金**は、休業最初の3日間（労災保険から支給されない期間）も支給対象となる。 ご p903/ ×

[A17] 行方不明手当金の**支給期間**は、行方不明となった日の翌日から起算して「**3カ月間**」が限度である。（令3選択、平23・令5択一） ご p904/ ×

を目的とする。

注）船員保険法は、小型総合保険としてスタートしたが、現在は、**健康保険**法に相当する部門と**労災保険**法に上乗せする部門を有する制度となっている。…公的年金の部門は厚生年金保険法に統合（昭和61年～）。失業等の部門は雇用保険法に統合（平成22年～）。

Question

＜介護保険法＞

Q18 介護保険の被保険者は、第1号被保険者（市町村の区域内に住所を有する65歳以上の者）と、第2号被保険者（市町村の区域内に住所を有する20歳以上65歳未満の医療保険加入者）の2種類である。

Q19 介護保険の保険給付は、20歳以上65歳未満の者で、その要介護状態の原因である障害が特定疾病によるものにも行う。

Q20 要介護状態に該当すること等の審査・判定を行う機関である介護認定審査会は、都道府県に置かれ、その委員は都道府県知事が任命する。

Q21 指定居宅サービス事業者、指定介護予防サービス事業者、指定地域密着型サービス事業者の指定は、都道府県知事が行う。

Q22 介護給付及び予防給付に要する費用について、市町村は、12.5％を負担している。

＜児童手当法＞

Q23 児童手当法において、「児童」とは、18歳に達する日以後の最初の3月31日までの間にある者をいい、国内居住の要件は一切ない。

Q24 児童手当の額は、3歳未満の児童が3人の場合は、月額30,000円である。

【ポイント】［児童手当の月額（施設入所等児童を除く）］

①	3歳未満	一律 **15,000円**
②	3歳以上小学校修了前の第1子・第2子	**10,000円**

[A18]　**第 1 号被保険者**は、市町村の区域内に住所を有する「**65 歳以上**の者」、**第 2 号被保険者**は、市町村の区域内に住所を有する「**40 歳以上 65 歳未満**の医療保険加入者」である。（平 24・29 択一）　ご p917/ ×

[A19]　「20 歳」は正しくは「**40 歳**」である。特定疾病とは、**加齢**に伴って生じる一定のものをいう。　ご p916 ×

[A20]　介護認定審査会は**市町村**に置かれ、委員は学識経験者から**市町村長**が任命する。（平 17・18・令 3 択一）　ご p918/ ×

[A21]　設問のうち、指定地域密着型サービス事業者の指定は、**市町村長**が行う。（平 26 択一）　ご p919/ ×

[A22]　**市町村**の負担割合は、「**12.5 %**」である。設問の費用については、基本的に、国が 25 %（調整交付金込み）、都道府県・市町村が各々 12.5 %を負担している（公費負担 50 %）。（平 27 択一）　ご p921/ ○

[A23]　「児童」とは、18 歳に達する日以後の最初の 3 月 31 日までの間にある者であって、**日本国内に住所を有するもの又は留学その他の内閣府令で定める理由により日本国内に住所を有しないもの**をいう。（平 25・令 2 択一）　ご p889/ ×

[A24]　「30,000 円」は、正しくは、「**45,000 円**」である。（平 26 選択）　ご p891/ ×

③	3 歳以上小学校修了前の第 3 子以降	**15,000 円**
④	小学校修了後中学校修了前	一律 **10,000 円**

※②③は、18 歳到達年度末までの間にある子を上から数える。

Question

Q25 児童手当の一般受給資格者は、児童手当の支給を受けようとするときは、都道府県知事の認定を受けなければならない。

Q26 被用者に対する児童手当の支給に要する費用は、一般事業主は負担していない。

<確定給付企業年金法>

Q27 確定給付企業年金は、事業主が従業員と給付の内容を約し、高齢期において従業員がその内容に基づいた給付を受けることができるようにする年金制度である。

Q28 確定給付企業年金法で定める確定給付企業年金は、基金（企業年金基金）を設立しなければ実施できない。

Q29 確定給付企業年金法でいう厚生年金保険の被保険者は、種別を問わない。

【ポイント】［児童手当法の過去問］

① **偽りその他不正の手段**により児童手当の支給を受けた者があるときは、市町村長は、地方税の滞納処分の例により、**受給額**

[A25] 一般受給資格者は、児童手当の支給を受けようとするときは、原則として住所地の**市町村長の認定**を受けなければならない。（平 29 選択）　ご p891/ ×

[A26] **被用者に対する３歳未満の児童分**については、**一般事業主**の負担もある。　ご p892/ ×

<児童手当（公務員以外）の費用負担>

	一般事業主	国	都道府県	市町村
被用者：３歳未満の児童分	7/15	16/45	4/45	4/45
上記以外の被用者及び被用者等でない者	負担なし	2/3	1/6	1/6

[A27] 記述のとおり。なお、確定給付企業年金の年金給付は、**終身又は５年以上**にわたり、**毎年１回以上**定期的に支給するものでなければならない。（平 18・19 択一）　ご p923/ ○

[A28] 確定給付企業年金には、基金を設立して実施するもの（**基金型**企業年金）の他、規約を作成して実施するもの（**規約型**企業年金）もある。（平 17・24 択一）　ご p924/ ×

[A29] **第２号厚生年金被保険者（国家公務員）及び第３号厚生年金被保険者（地方公務員）は含まれない**。（平 28 択一）　ご p923/ ×

に相当する金額の全部又は一部をその者から徴収することができる。（平 20 択一）

② 児童手当法の消滅時効は、**２年**である。（平 17 択一）

Question

Q30 確定給付企業年金の給付は、老齢給付金及び脱退一時金を基本とし、規約の定めにより、障害給付金及び遺族給付金の給付も行うことができる。

<確定拠出年金法>

Q31 確定拠出年金は、個人又は事業主が拠出した資金を個人が自己の責任において運用の指図を行い、高齢期においてその結果に基づいた給付を受けることができるようにする年金制度である。

Q32 60 歳以上 65 歳未満の日本国内に住所を有する者として国民年金に任意加入している者は、個人型年金加入者となることはできない。

Q33 個人型年金の老齢給付金の受給権を有する者又はその受給権を有する者であった者は、個人型年金加入者としない。

Q34 老齢基礎年金又は老齢厚生年金を繰上げ請求した者は、個人型年金に加入することはできない。

Q35 国民年金第３号被保険者が個人型年金加入者となった場合、掛金月額の上限は20,000円である。

【ポイント】［確定給付企業年金法と確定拠出年金法の給付・掛金］

	確定給付企業年金法	確定拠出年金法
給付の種類	・老齢給付金、脱退一時金 ・障害給付金、遺族給付金（任意）	老齢給付金、障害給付金、死亡一時金 ＋経過措置で脱退一時金

Answer

[A30]　記述のとおり。なお、給付を受ける権利は、受給権者の請求に基づいて、**事業主等（事業主又は基金）**が裁定する。（平30選択）　🄫 p925/ ○

[A31]　記述のとおり。確定給付企業年金法の目的（Q 27）と比較しておこう。なお、確定拠出年金には、「**企業型**」と「**個人型**」の2つのタイプがある。（平18択一）　🄫 p927～928/ ○

[A32]　設問の**任意加入被保険者**は、個人型年金加入者となることができる。なお、掛金月額は第1号被保険者と同じで68,000円が限度である。　🄫 p928/ ×

[A33]　記述のとおり。なお、企業型年金の老齢給付金を受給した者が個人型年金に加入することは可能である。　🄫 p928/ ○

[A34]　記述のとおり。なお、特別支給の老齢厚生年金を本来の支給開始年齢で受給した者は、個人型年金に加入できる。　🄫 p928/ ○

[A35]　国民年金第3号被保険者が個人型年金加入者となった場合、掛金月額の上限は**23,000円**である。　🄫 p932/ ×

	確定給付企業年金法	確定拠出年金法
掛　金	事業主が拠出 **注**）政令で定める基準に従い規約で定めるところにより、掛金の一部を加入者が負担できる。	［**個人型**］加入者が拠出 ［**企業型**］事業主が拠出（規約で定めるところにより、加入者が自ら拠出できる） **注**）一定額の**拠出限度額**が規定されている。

Question

＜社会保険労務士法＞

Q36 社会保険労務士の業務のうち、個別労働関係紛争解決促進法に規定するあっせんの手続の代理などの紛争解決手続代理業務については、特定社会保険労務士でなければ行うことができない。

Q37 社会保険労務士は、事業における労務管理その他の労働に関する事項及び労働社会保険諸法令に基づく社会保険に関する事項について、裁判所において、補佐人として、弁護士である訴訟代理人とともに出頭し、陳述をすることができる。

Q38 開業社会保険労務士は業務に関する帳簿を、関係書類とともに、帳簿閉鎖の時から５年間（当分の間、３年間）保存しなければならない。

Q39 社会保険労務士は、不正に保険給付を受けること、不正に保険料の賦課又は徴収を免れること、その他労働社会保険諸法令に違反する行為について指示をしてはならないが、相談に応じることは差し支えない。

Q40 社会保険労務士法に規定する懲戒の種類は、戒告、１年以内の業務の停止の２種類である。

Q41 社会保険労務士法人の社員であれば、紛争解決手続代理業務を行うことができる。

Answer

[A36]　記述のとおり。なお、特定社会保険労務士とは、**紛争解決手続代理業務試験**に**合格**し、登録にその旨の**付記**を受けた社会保険労務士をいう。（平 19 選択）　こ p906/ ○

[A37]　記述のとおり。設問の補佐人制度の対象とされているのが、「社会保険労務士（特定社会保険労務士に限られていない）」であることに注意。（平 27・令元・3・4 択一）

こ p907/ ○

[A38]　業務に関する帳簿は、関係書類とともに、帳簿閉鎖の時から **2 年間**保存しなければならない。（平 24 選択）

こ p910/ ×

[A39]　相談に応じることも禁止されている。なお、この規定に違反した場合の罰則は「**3 年以下の懲役又は 200 万円以下の罰金**」であり、社労士法の罰則の中で最も重い。

こ p909/ ×

[A40]　懲戒の種類は、戒告、1 年以内の業務の停止、**失格処分**の 3 種類である。（令 4 択一）　こ p911/ ×

[A41]　紛争解決手続代理業務については、**特定社会保険労務士である社員（特定社員）のみ**が業務を執行する権利を有し、義務を負う。（令 4 択一）　こ p912/ ×

Section 2. 共通事項、沿革

Question

Q42 国民年金の年金たる給付、厚生年金保険の年金たる保険給付、児童手当の支払期月は、２月、４月、６月、８月、10月及び12月の年６期である。

Q43 国民健康保険、後期高齢者医療制度、介護保険の保険料は、特別徴収の場合には老齢退職年金給付からの天引きとなるが、障害又は死亡を支給事由とする年金からは天引きされない。

Q44 健康保険法、国民健康保険法、児童手当法、後期高齢者医療制度、介護保険法の消滅時効は、いずれも２年である。

Q45 保険給付及び保険料等徴収金に関する処分に不服がある場合の審査請求先は、国民健康保険は国民健康保険審査会、後期高齢者医療制度は後期高齢者医療審査会、介護保険は社会保険審査会である。

Q46 社会保険審査会の委員長は厚生労働大臣が任命し、社会保険審査会の委員は委員長が任命する。

得点しやすい箇所です。ここで取り上げたような基礎から、しっかり固めていきましょう。

Answer

[A42] **児童手当**の支払期月は、**2月、6月及び10月の年3期**である。（平29選択・令2択一） ご p615、725、891/ ×

[A43] 老齢若しくは退職、**障害**又は**死亡**を支給事由とする年金たる給付であって政令で定めるもの（老齢等年金給付）から天引きされる。 ご p888、900、922/ ×

[A44] 記述のとおり。（平16・17・25択一） ご p589、889関連、892、901、915/ ○

[A45] 介護保険は**介護保険審査会**である。なお、国民健康保険審査会、後期高齢者医療審査会、介護保険審査会はいずれも一審制であり、**都道府県**に置かれる。（令3択一） ご p889、901、923/ ×

[A46] **委員長及び委員**は、社会保障に関する識見を有し、学識経験を有する者のうちから、両議員の同意を得て**厚生労働大臣**が任命する。（平21択一） ご p935/ ×

【ポイント】［社会保険審査官］
社会保険審査官は、各地方厚生局（地方厚生支局を含む）に置かれている。**厚生労働省の職員**のうちから**厚生労働大臣が任命**する。

Question

Q47 わが国で最初の社会保険は、健康保険といわれている。

Q48 船員保険法が制定・施行されたのは昭和 14 年である。

Q49 国民健康保険法が制定されたのは昭和 33 年である。

Q50 国民健康保険法の改正により退職者医療制度が創設されたのは昭和 49 年である。

Q51 国民皆年金の体制は、拠出制の国民年金法が施行された昭和 36 年４月に整った。

Q52 児童手当法が制定されたのは昭和46年であり、翌年１月に施行された。

Q53 確定拠出年金法と確定給付企業年金法は、いずれも平成 14 年４月から施行された。

【ポイント】　［社会保険の沿革（制度の制定・施行のみ）**］**

大正 11 年	健康保険法制定（昭和２年に全面的に施行）
昭和 13 年	国民健康保険法制定
昭和 14 年	船員保険法制定（昭和 15 年３月施行）
昭和 16 年	労働者年金保険法制定（昭和 17 年６月施行）
昭和 19 年	労働者年金保険法を厚生年金保険法に改称（同年 10 月施行）
昭和 34 年	国民年金法制定（同年 11 月から無拠出制の国民年金施行…無拠出の福祉年金支給開始）
昭和 36 年	・国民皆保険の実現（同年４月）…昭和 33 年の国民健康保険法の改正が浸透 ・国民皆年金の実現（同年４月）…拠出制の国民年金施行

Answer

[A47] 記述のとおり。**健康保険法**は、**大正 11 年**に制定され、**昭和 2 年**から**本格的**に施行された（わが国で初の**社会保険**）。

㋙ p936/ ○

[A48] 船員保険法は**昭和 14 年制定**、**昭和 15 年施行**である。（平 22 択一）

㋙ p936/ ×

[A49] 国民健康保険法の制定は**昭和 13 年**である。（平 19 択一）

㋙ p936/ ×

[A50] 退職者医療制度の創設は**昭和 59 年**である。（平 22 択一）

㋙ p936/ ×

[A51] 記述のとおり。なお、国民皆保険も同時期に実現した。（平 15 選択、平 19 択一）

㋙ p936～937/ ○

[A52] 記述のとおり。（平 19 択一）

㋙ p890/ ○

[A53] 確定拠出年金法は「**平成 13 年 10 月**」、確定給付企業年金法は「**平成 14 年 4 月**」施行である。

㋙ p937/ ×

昭和 46 年	児童手当法制定（昭和 47 年 1 月施行）
昭和 57 年	老人保健法制定（昭和 58 年 2 月施行）
昭和 59 年	国民健康保険法改正→退職者医療制度の創設（同年 10 月施行）
昭和 61 年	基礎年金制度の導入（同年 4 月）…昭和 60 年の年金制度の大改正施行
平成 9 年	介護保険法制定（平成 12 年 4 月施行）
平成 13 年	・確定拠出年金法制定（同年 10 月施行） ・確定給付企業年金法制定（平成 14 年 4 月施行）
平成 20 年	老人保健法・退職者医療制度廃止（同年 4 月）…両者を再編成した高齢者医療確保法実施（同年 4 月施行）

【知っトク知識】

■「年金」と「医療」で約 98 兆円！

医療と年金の給付に使われている費用は、国全体でどのくらいなのでしょうか。最新の数字を見てみましょう。

令和２年度の社会保障給付費	**132 兆 2,211 億円**
<内訳> **「年金」**	**55 兆 6,336 億円**
「医療」	**42 兆 7,193 億円**
「福祉その他」	**33 兆 8,682 億円**

これは、実は社労士試験で出題されることがあるのです。最低限、**「年金が１位」**ということはおさえておきましょう。

国民皆保険・皆年金が実現したのは**昭和 36 年**ですが、当時の社会保障給付費は１兆円未満です。その後、医学の進歩などにより**平均寿命**が延び、**年金受給期間**が長くなり、**介護保険**の利用も広がってきたことから、給付費が膨らんでいます。公的年金の**マクロ経済スライド（年金額抑制）**の仕組みは、このような背景の下に生まれたわけです。令和元年には、ついに消費税が 10 %に引き上げられましたが、増税分はすべて社会保障に充てることとされています。

公的年金は、令和４年度から**「70 歳から 75 歳までの間での繰下げ受給開始」**も可能となりました（改正前は 65 歳から 70 歳までの間に限定）。男性の平均寿命は 81 歳くらいですから（令和４年時点で 81.05 歳、女性は 87.09 歳）、５～６年しか年金をもらえないケースも出てきます。それほどまでに、社会保障制度を維持するのは大変だということでしょう。

しかし、社労士が、そして社労士受験生の皆さんが忘れてはならないのは、**社会保障制度は決してなくならないものであり、なくしてはならない**ということです。そのことを念頭に置いて学習してください。

本書の内容上の正誤に関するお問い合わせは、著者に転送いたしますので、お手数ですが、文書（郵送・FAX）にて、小社「ごうかく社労士」係までご送付ください。電話でのお問合せは、お受けできませんので、ご了承ください。

また、本書の記載範囲を超えるご質問にはお答えしかねることがございます。

なお、追録（法令改正）、正誤表などの情報に関しましては、小社ホームページをご覧ください。

URL：https://www.chuokeizai.co.jp

2024年版

ごうかく社労士　まる覚え 一問一答　　**ごうかく社労士シリーズ**

2020年12月30日　2021年版発行
2022年２月20日　2022年版発行
2023年２月25日　2023年版発行
2024年４月10日　2024年版発行

監修　秋保雅男
著者　秋保雅男
株式会社労務経理ゼミナール
発行所　㈱中央経済グループパブリッシング

〒101-0051　東京都千代田区神田神保町 1-35
電話　03（3293）3381（代表）
https://www.chuokeizai.co.jp
印刷／昭和情報プロセス㈱
製本／誠製本㈱

＊頁の「欠落」や「順序違い」などがありましたらお取り替えいたしますので小社までご送付ください。（送料小社負担）

ISBN978-4-502-50061-9　C2032

法改正に伴う「追録」はWebで

社労士試験は、その年の法令等の適用日（例年４月中旬）に施行されている法令に基づいて出題されます。令和６年度試験に関し、本書発行後、法令等の適用日までに、本書に関する法改正があった場合の追補訂正（以下「追録」）を、弊社ホームページから無料でダウンロードできます（**プリントアウト可**）。

ホームページからの追録ダウンロード方法

弊社ホームページ「サービス」の「オンラインストア」または右上の「ビジネス専門書Online」をクリック
⇒開いたページの一番下にある「ごうかく社労士シリーズ　追録はこちらから」のボタンをクリック
⇒追録データを開き、ダウンロードしてご利用下さい。

■**追録アップロード時期**……2024年６月中旬（予定）
■**弊社ホームページ**……検索→ 中央経済
https://www.chuokeizai.co.jp